U0794960

“十三五”普通高等教育应用型规划教材

人力资源管理

闫飞龙　编著

HUMAN RESOURCE MANAGEMENT

中国人民大学出版社
· 北京 ·

图书在版编目（CIP）数据

人力资源管理/闫飞龙编著．—北京：中国人民大学出版社，2018.4
ISBN 978-7-300-25334-3

Ⅰ.①人… Ⅱ.①闫… Ⅲ.①人力资源管理-高等学校-教材 Ⅳ.①F243

中国版本图书馆 CIP 数据核字（2017）第 323094 号

"十三五"普通高等教育应用型规划教材
人力资源管理
闫飞龙　编著
Renli Ziyuan Guanli

出版发行	中国人民大学出版社		
社　　址	北京中关村大街 31 号	**邮政编码**	100080
电　　话	010－62511242（总编室）		010－62511770（质管部）
	010－82501766（邮购部）		010－62514148（门市部）
	010－62515195（发行公司）		010－62515275（盗版举报）
网　　址	http://www.crup.com.cn		
经　　销	新华书店		
印　　刷	涿州市星河印刷有限公司		
规　　格	185 mm×260 mm　16 开本	**版　　次**	2018 年 4 月第 1 版
印　　张	15.75 插页 1	**印　　次**	2021 年 5 月第 6 次印刷
字　　数	341 000	**定　　价**	35.00 元

前言

PREFACE

人力资源管理是一门实务性非常强的学科，就如同一个人学开汽车，不会把学习的侧重点放在研究发动机的原理和构造上，而是把精力集中在如何驾驶汽车上。本书编写的目的就是让初学者不仅对人力资源管理原理这个“发动机”有个概貌的了解，更注重“如何驾驶汽车”，即侧重阐述如何运用人力资源管理相关方法去解决管理实践中的问题。本书的主要特色如下：

第一，易教易学。

本书的框架和内容都力图遵循学习立方体模型理论。学习立方体模型由欧洲学者费奥和博迈森提出，是学习和培训过程中广泛应用的学习理论。

该理论认为：从横轴（代表实践性）、纵轴（代表交互性）、立轴（代表自主性）三个维度来描述影响学习效果的关键因素时，立方体的八个顶点中，只有实践性、交互性、自主性都高的 D 点，学习效果最佳，如图 0－1 所示。

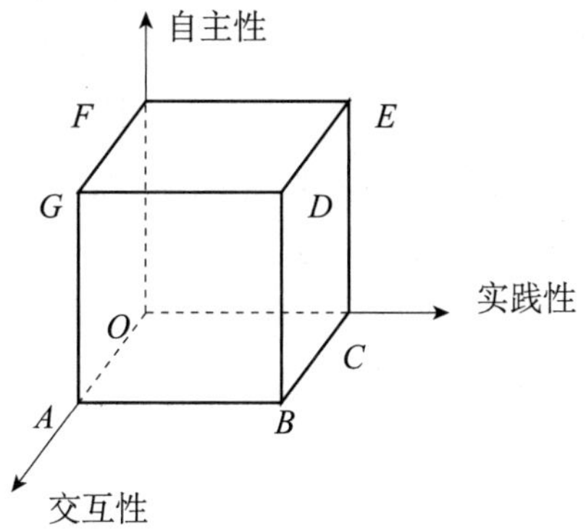

图 0－1　学习立方体模型示意图

依据学习立方体模型原理，为提升学习效果，人们在学习和培训、教学设计、教材编撰时，要理论联系实际、注重练习和实践，以提升实践性；要加强学生间、师生间的互动及讨论，以增强学习的交互性；要运用各种教学方法激发学习者自身的积极性和学习兴趣，以提升学习者学习的自主性。

本书设置了通俗有趣的“阅读材料”专栏，便于激发读者自主学习的积极性，也方便读者更深刻地领会相关理论；教师还可依据这些阅读材料设置课堂上学生间、师生间的互动讨论以增强教学中的交互性。章后配备的练习题意在训练读者运用所学知识分析和解决实际问题的能力，凸显实践性；这些练习题配有参考答案，便于教师进行交互式教学设计，参考答案可登录人大经管图书在线（www. rdjg. com. cn）免费下载。

第二，应用导向贯穿全书。

全书共分 8 章，以人力资源管理的职能为主线。各章均以应用导向为宗旨。

第 1 章　概述，阐明了人事管理与人力资源管理的区别，以及一般经理与专业人力资源经理在人力资源管理职责上的分工。

第 2 章　工作分析，以一个实际企业为例阐述如何运用各种工作分析方法对企业的职务进行分析，以确定各职务的职责、任务以及任职资格。

第 3 章　人力资源规划，介绍了常用的人力资源供需预测的方法及人力资源平衡措施。

第 4 章　员工招聘，阐述了员工招聘的常用渠道和方法。

第 5 章　培训与开发，从培训流程层面详细阐述企业应如何进行员工培训。

第 6 章　绩效管理，阐述了企业组织绩效考核的流程及常用方法。

第 7 章　薪酬管理，以一个实际企业为例阐述了如何进行企业岗位薪酬体系设计和变革。

第 8 章　员工关系管理，阐述了劳务派遣、劳动保护相关问题。

感谢母校南开大学的培养，南开大学“允公允能，日新月异”的校训是指引我工作和生活的明灯！感谢我曾就职的承德石油机械厂、北京东方雨虹防水技术股份有限公司、北京欧伏电气设备有限公司，使我获得并积累企业管理实践经验！感谢河北农业大学，让我得以从事热爱的教学事业，在教学中我也愈加认同这所百年老校“崇德、务实、求是”的校训精神！感谢河北农业大学商学院工商管理系教师同仁：丁森林、刘冬蕾、许俊锋、贾琳、赵卫红、吴丹、陈宁、李逸波、权聪娜、李建民、焦伟伟、李一鸣对本书编撰提出的宝贵意见！感谢中国人民大学出版社的编辑为本书出版所做的严谨、耐心的指导和支持！感谢慈母严父教导我做个善良的人，感谢爱妻李艳红一直以来对我的默默支持，感谢儿子闫誉夫、闫誉恒让我体验到做父亲的责任与幸福！

囿于编者水平有限，错误和瑕疵在所难免。恳请读者提出您的宝贵意见，以便本书再版时得以完善。

编　者

目录

CONTENTS

第1章 概 述

第1节 管理与管理者

一、管理

罗宾斯和库尔塔认为，管理是通过协调和监督他人的活动，有效率、有效果地完成工作。可以从以下两个方面来理解其含义：

（1）管理的要义在于“让他人”来完成工作，而非事必躬亲。

（2）管理追求的“有效”是“有效率”和“有效果”的统一。“有效率”意指低资源消耗、高产出，“有效果”则意味着高目标达成，见图1－1。

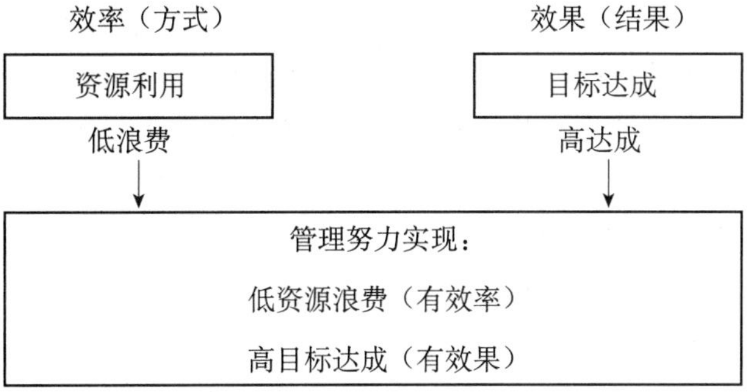

图1－1 管理过程中的有效率和有效果

阅读材料

该聘哪位厨师长?

某家酒店需要招聘一位厨师长。该酒店的湖蟹很有名，每天都能卖出很多份。湖蟹在进蒸笼前要用麻绳绑起来，这是个很烦琐的工序，而且一不小心还会让湖蟹夹住手，几乎所有的厨房员工都不喜欢这个工序。所以，每次绑湖蟹都是由厨师长亲自带头，其他的员工才会陆续加入进来。

有两位应聘者前来应聘，按惯例，两人将各自上岗试工 3 天，6 天后决定聘用谁。第一位试工的厨师长很勤快也很有管理头脑，除了自己带头外，还与其他厨师来一场“绑湖蟹比赛”。比赛的时候，大家都尽量地加快，但无论其他厨师如何加快，也比不上他来得快，包括酒店老板在内的所有人都被他娴熟的技术所折服——他 5 分钟内能绑 20 只湖蟹，其他厨师最多绑 12 只！让老板更加满意的是，他懂得用比赛来提高大家做事的效率——之前他们 5 分钟最多只能绑 10 只。

第二位应聘者也非常有管理经验。而且他与前面那位厨师长一样，也懂得“竞争”的道理，每天一开始绑湖蟹，他就让大家来比赛，但是他不用手表掐时间，光是比画、数个数。

让所有人都没有想到的是，这位厨师长的手脚并不快，虽然他的喊声最大，但是每次一开赛，别的厨师一认真起来就很容易超过他，这几乎成为大家的笑料。

尽管如此，这位厨师长却并没有觉得羞愧，他反而用更大的声音喊着一定要追上其他厨师，他拼命加快速度追，其他的员工自然也就拼命不让他追上。直到第 6 天试工结束，他绑湖蟹的速度依旧落在其他厨师的后面。

很快到了决定聘用谁的时候。第一位应聘者认为老板聘用的一定是他，酒店其他员工也都这样认为。但是当老板作出决定的时候，所有人都怀疑自己是不是听错了——他录用了第二位应聘者！作为一名厨师长，干活儿的效率竟然比手下的员工还慢，怎么服众啊?

酒店老板说出了其中的奥秘：第一位厨师长手脚很快，但是正因为他的速度没有人可以超过，所以尽管开展了比赛，大家却缺乏自信和动力。也就是说，尽管大家都参加了比赛，但实际上大家都觉得这是场不可能赢的比赛，反正都是输，哪里能有真正的动力和积极性呢?

第二位厨师长做事虽然慢，但他的“步步紧追”让大家既兴奋又紧张地拼命加快速度，不让他追上，就在这“追”与“赶”之间，每个人都在无意识中提高了劳动效率。接着，老板让所有员工再绑一次湖蟹做实验，结果几乎让所有员工都感到意外——他们每 5 分钟竟然可以绑 18 只湖蟹了。

员工们没有想到的是，刚才在老板的办公室里，第二位厨师长已经绑过一次湖蟹，他的效率是每 5 分钟绑 25 只。

“我是故意让别人赢的！只有赢才会给人自信和动力!”他说，“我一个人少绑 10 只湖蟹，但是其余10个人由此有了积极性，每个人多绑了6只。也就是说，我一个人少了10只，其余的人却由此而增加了60只。60只减去10只，那么总效率就相当于每5分钟提高了50只!”

作为一个管理人员，他的价值不光在于个人创造的效益如何，而是在于在他管理之下的整体效益如何！输给下属，这是一个管理者的智慧和胸襟。

资料来源：陈亦权．财智寓言·输给下属的智慧．经济参考报，2008-09-12.

二、管理者

（一）管理者技能

根据罗伯特·卡茨的研究，管理者的技能可以分为概念技能、人际技能和技术技能三个方面，不同层次的管理者对这三类技能要求的程度不同，见图1-2。

- 概念技能是指产生新想法并加以处理，以及将关系抽象化的思维能力。具有概念技能的管理者往往把组织视作一个整体，并且了解组织各个部分的相互关系。概念技能对于高层管理者最重要。
- 人际技能是指成功地与他人打交道并与他人沟通的能力。管理者的大部分时间和活动都是与人打交道，对外要与有关的组织和人员联系、接触；对内要联系上下级，特别是要善于激励下属。人际技能对于所有层次的管理者都很重要，管理者只有拥有人际关系技能才能将人员整合到各种协作性的活动之中。
- 技术技能是管理者掌握和熟悉特定专业领域中的过程、惯例、技术和工具的能力。技术技能对于基层管理者最重要，如医院的护士长应该具备给病人打针、输液等护理病人的技能。

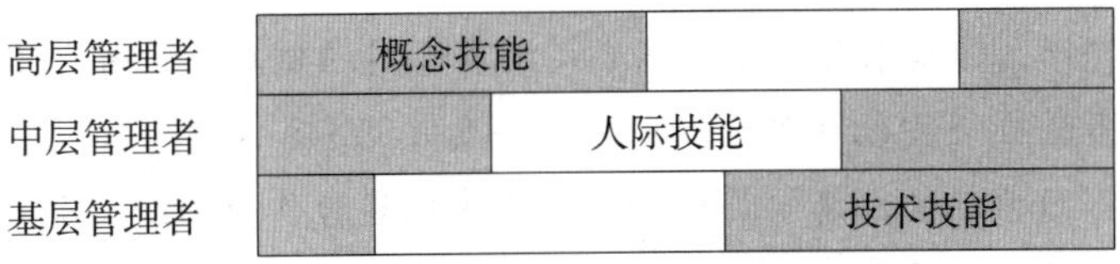

图1-2 不同层次管理者应具备的管理技能

（二）管理者的素质

管理者的素质即管理者要成功地执行管理工作，圆满地实现管理的目标所要具备的条件。早在2 500多年前，孙武就提出：“将者，智、信、仁、勇、严也。”

1. 管理者的智

智，现称智慧，有两层意思。其一是指“知人”，即了解人或事，能够“智者不惑”，这层智慧可以通过勤奋和学习获得；其二是指一个人的概念技能强，遇事思路清晰、能分得清轻重缓急，分析问题和解决问题的能力强，这层智慧可以通过运用时间管理矩阵来逐渐习得，如图 1－3 所示。时间管理矩阵是把一个人要处理的各项任务，按照紧急和重要程度归入 4 个区域：重要不紧急（Ⅰ）、紧急重要（Ⅱ）、紧急不重要（Ⅲ）、不重要不紧急（Ⅳ），并力求把时间和精力按照Ⅰ、Ⅱ、Ⅲ、Ⅳ优先顺序进行分配。

	紧急	不紧急
重要	Ⅱ	Ⅰ
不重要	Ⅲ	Ⅳ

图 1－3　时间管理矩阵

阅读材料

管理的智慧

哈佛商学院是世界上最著名的工商管理学院，被誉为培养公司总裁的工厂。它创立的工商管理硕士学位（MBA），是各国工商界人士梦寐以求的一面金字招牌。

2005 年 8 月，中国一批国有企业的高管来到哈佛商学院，接受为期 3 个月的培训。上管理与企业未来这门课时，根据哈佛最著名的案例教学法，他们拿到的是一份具有测试性质的案例。

请根据下面 3 家公司的管理现状，判断它们的前途——

公司 A：8 点钟上班，实行打卡制，迟到或早退 1 分钟扣 50 元；统一着装，必须佩戴胸卡；每年组织 1 次旅游、2 次聚会、3 次联欢、4 次体育比赛；每个员工每年要提 4 项合理化建议。

公司 B：9 点钟上班，但不考勤。每人一间办公室，每间办公室可以根据个人的爱好布置；在走廊的白墙上信手涂鸦也不会有人制止；饮料和水果免费敞开供应；上班时间可以去理发、游泳。

公司 C：想什么时候来就什么时候来；没有专门的制服，爱穿什么就穿什么，把自家的狗和孩子带进办公室也可以；上班时间去度假也不扣工资。

教授发完答题卡后说，请学员根据各自的管理经验作出判断。最后，96%的人认为第一家公司会有更好的前景。

测试完毕，教授宣布了 3 家公司的真实身份——

公司 A：广东金正电子有限公司。1997 年成立，是一家集科研、制造为一体的多元化高科技企业。2005 年 7 月，因管理不善，申请破产，生存期 9 年。

公司 B：微软公司。1975 年创立，现为全球最大的软件公司和美国最有价值的企业，股票市值 2 883 亿美元。

公司 C：谷歌公司。1998 年由斯坦福大学的两名学生创立，目前每股股价为 402 美元，上市一年翻了 3 倍，超越全球媒体巨人时代华纳，直逼百年老牌可口可乐公司，也是唯一一家能从微软帝国挖走人才的公司。

教授宣布完结果后，开始讲课。

回国后高管们回忆说，那堂课什么也没听进去，因为心情被那个案例搅乱了。后来翻了讲义才知道，教授在讲《管理与企业未来》的第一章：自由是智慧之源。

在这一章里有这么一段：在知识经济时代，财富不过是在自由价值观普及的社会里，无数个人自由活动的副产品。在个人自由得到最大保障的社会，民众的智慧空前活跃，创新的东西也会被不断推出，财富作为副产品就会像火山爆发般喷涌出来。管理则没有这种功能。管理可以聚拢现有的智慧和力量，可以创造一时的强盛，但会使智慧之源枯竭，为强盛后的土崩瓦解埋下伏笔，而且无一例外地都导向衰亡。

只瞩目科技与财富的繁花，却忽略了它们赖以生长的自由土壤，甚至鄙视、仇视自由，这是其他文化模仿西方文化时屡败屡犯的通病。管理的根本是给员工创造自由的氛围，从而让他们呈现出智慧。

资料来源：钱锦国．从哈佛案例看管理风格．http：// www. china-trainers. com/Article/Info/2008930221831. html，2008－09－30.

2. 管理者的信

信，指可信，值得依赖。

阅读材料

希尔顿饭店首任经理

在一个深秋的夜晚，大多数人已经熟睡，一对老夫妻走进一家旅店，可是旅店已经客满。前台侍者不忍心让这对老人再去找住处，就将他们引到一个房间："也许它不是最好的，但至少你们不用再奔波了。"

老人看到整洁干净的屋子，就愉快地住下来。第二天，当他们要结账时，侍者却说："不用了，因为你们住的是我的房间。祝你们旅途愉快！"原来他自己在前台过了一个通宵。老人十分感动，说："孩子，你是我见过的最好的旅店经营人，你会得到报答的。"侍者笑了笑，送老人出门，转身就忘了这件事。有一天，他接到一封信，里面有一张去纽约的单程机票，他按信中指示来到一座金碧辉煌的大楼。

原来，那个深夜他接待的是一个亿万富翁和他的妻子。富翁为他买下了一座大酒店，并深信他会经营管理好这家大酒店。这就是著名的希尔顿饭店和其首任经理的传奇故事。

资料来源：佚名．优秀是一种习惯．http：//gushi. rizhiji. com/news/8348. html，2014－07－19.

阅读材料

靠谱是比能力更重要的品质

巴菲特每年都会同大学生进行座谈，在一次交流会上，有学生问他："您认为一个人最重要的品质是什么？"巴菲特并没有正面回答这个问题，而是分享了一个小游戏，名为：买进你同学的10%。

巴菲特说："现在给你们一个买进你某个同学10%股份的权利，一直到他的生命结束。你愿意'买进'哪一个同学余生的10%？你会选那个最聪明的吗？不一定。你会选那个精力最充沛的吗？不一定。你会选那个官二代或者富二代吗？也不一定。当你经过仔细思考之后，你可能会选择那个你最有认同感的人；那个最有领导才能的人；那个能实现他人利益的人；那个慷慨、诚实，即使是他自己的主意，也会把功劳分予他人的人。然后你把这些好品质写在一张纸的左边。现在再给你一个机会，让你'卖出'某个同学的10%，你会选择谁？你会选那个成绩最差的人吗？不一定。你会选那个穷二代吗？也不一定。当你经过仔细思考之后，你可能会选择那个最令人讨厌的人，不光是你讨厌他，其他人也讨厌他，大家都不愿意和他打交道。因为此人不诚实，爱吃独食，喜欢耍阴谋诡计，喜欢背后说人坏话，喜欢过河拆桥、落井下石，等等。然后你把这些坏品质写在那张纸的右边。

"当你仔细观察这张纸的两边，你会发现能力强不强并不重要，是否美若天仙也无所谓，成绩好不好根本没人在乎。左栏中那些真正管用的品质，全都是你可以做到的，只要你愿意行动，你就能拥有这些品质。而那些坏品质，没有一件是无法更改的，只要你有决心，你一定能改掉。如果你能够做到左栏写的，摒弃右栏那些，你就会成为人人愿意买入10%的人，更好的是你自己本就100%地拥有你自己了。"

资料来源：佚名．巴菲特：靠谱是比能力更重要的品质．http：//blog. sina. com. cn/s/blog_abd72dc20101pp5d. html，2014-05-18.

阅读材料

子贡问政

子贡问政。子曰："足食，足兵，民信之矣。"子贡曰："必不得已而去，于斯三者何先？"曰："去兵。"子贡曰："必不得已而去。于斯二者何先？"曰："去食。自古皆有死，民无信不立。"

意思是：子贡问怎样治理国家。孔子说："粮食充足，军备充足，老百姓信任统治者。"子贡说："如果不得不去掉一项，那么在三项中会先去掉哪一项呢？"孔子说："去掉军备。"子贡说："如果不得不再去掉一项，那么这两项中去掉哪一项呢？"孔子说："去掉粮食。自古以来人总是要死的，如果老百姓对统治者不信任，那么国家就不能存在了。"

资料来源：杨润根．发现论语．北京：华夏出版社，2007.

3. 管理者的仁

中国古代各家学派都有对慈和爱的阐述。道家的《老子》中提出："我有三宝，一曰慈，二曰俭，三曰不敢为天下先。"这里的慈，即慈爱之意。墨家也提出要"兼相爱"，即不分亲疏、贵贱、贫富，一视同仁地爱所有的人。儒家的"亲亲之爱（分层次的爱）、恻隐之心、忠恕之道"都是仁爱的具体体现。"仁者不忧"，因为心存仁爱、心胸豁达，就不会对一些利益得失斤斤计较、怨天尤人。

阅读材料

惊羡二手房

2014 年大年初二，远在美国的中美企业峰会主席沈群应朋友邀请，去看朋友刚刚在美国买下的房子。购房者和卖房者从未见过面，完全委托经纪人。购房者杀价极狠，虽然卖房者吃亏不少，但双方最后还是顺利成交。

推开房门，眼前的情景让沈群和朋友惊呆了。地毯一尘不染，地板甚至闪着光亮，房间没有一丝杂物，就连墙上原来挂画的钉子洞都被填平。伸手开灯，灯是亮的；伸手开水，水是流的。原房主没有断水断电，这让新来的人省了重新申请的麻烦，只需在水电管理机构过户更名即可。

走进厨房，灶台干干净净，旁边堆放着一批全新的用品，纸巾、纸杯、纸盘、抹布，一应俱全。灶台上有一个白色信封，写着“希望你的新家使你梦想成真”。灶台的另一边，是一盆鲜花和一盆绿植，还有一张印着“骏马扬蹄驰万里，洪福常满年有余”的中文贺卡。

对于一个已经过户、完全不属于自己的房子，对于一个从未见过面的外国人，这一对搬走的夫妇竟然做了令人难以置信的这一切，尽管新主人是“把他们要求的原卖价杀到最后一分钱的人”。

那对夫妇还在贺卡上用英文写道：“希望你们能像我们那样享受这个新家。这房间里曾经充满了欢乐、希望和爱。”家是如此，世界也一样。

资料来源：孙贵颂．惊羡二手房．特别专注，2015（181）．

4. 管理者的勇

苏轼认为大勇者，“卒然临之而不惊，无故加之而不怒”，其意为：遇到突发情形毫不惊慌，无缘无故地遭受侮辱也不动怒。

阅读材料

何谓“勇”?

一位老板招聘雇员，有 3 个人应聘。老板对第一个应聘者说，楼道有个玻璃窗，你用拳头把它击碎。应聘者执行了，幸亏那不是一块真玻璃，不然他的手就会严重受伤。老板又对第二个应聘者说，这里有一桶脏水，你把它泼到清洁工身上去，她此刻正在楼道拐角处的那个小屋里休息，你不要说话，推开门泼到她身上就是了。应聘者提着脏水出去，找到那间小屋，推开门，果然看见一位女清洁工坐在那里。他不说话，把脏水泼在她头上后，回头就走，向老板交差。老板此时告诉他，坐在那里的不过是个蜡像。老板最后对第三个应聘者说，大厅里坐着个胖子，你去狠狠击他两拳。这位应聘者说，对不起，我没有理由去打他；即便有理由，我也不能用击打的方法。我可能因此不会被您录用，但我也不能执行您这样的命令。此时，老板宣布，第三位应聘者被聘用，理由是他是一个勇敢的人，也是一个理性的人。他有勇气不执行老板荒唐的命令，当然也更有勇气不执行其他人荒唐的命令了。

戴高乐将军也碰到过这样的勇敢者。那是 1965 年，法国发生民变，巴黎的学生、市民走上街头，要求当时的总统戴高乐下台。戴高乐无计可施，来到德国小镇巴登巴登。当时法军驻德司令部就设在这里。戴高乐要求驻德法军司令带兵回到巴黎平息民变，但戴高乐的两次要求都遭到驻德法军司令的拒绝，那位司令还劝说戴高乐放弃这个命令。后来戴高乐非常感谢那位司令，称颂那位司令勇敢地拒绝执行自己的命令，不然，自己可能就是历史的罪人了。

资料来源：http://zhidao.baidu.com/link? url=mb3avzoXRDTktXu4eheBSIxfZutWaSG6uIZTNmx8xTElLgmFvDzY06mPW2hTuEuC3s1RlS9nsiPLUOgInyccpmACJnextQ78ltpDQUAQ71_，2014-10-05.

5. 管理者的严

在管理中应该有三严。其一，法令严。以“法”而非“人”治，使组织有秩序。其二，律己严。作为管理者，如果在企业中无法做到严于律己、宽以待人，那么必然会无法服众，无人遵从。其三，赏罚严。在管理中如果没有明确严格的赏与罚，那么就会缺乏激励和制约，法令必然也难以贯彻执行。

阅读材料

令行禁止

《左传》记载：孙武去见吴王阖闾，与他谈论带兵打仗之事，说得头头是道。吴王心想：“纸上谈兵管什么用，让我来考考他。”便出了个难题，让孙武替他训练姬妃宫女。孙武挑选了一百个宫女，让吴王的两个宠姬任队长。

孙武将列队操练的要领讲得清清楚楚，但正式喊口令时，这些女人笑作一堆，乱作一团，谁也不听他的。孙武再次讲解了要领，并要两个队长以身作则。但他一喊口令，宫女们还是满不在乎，两个当队长的宠姬更是笑弯了腰。孙武严厉地说道：“这里是演武场，不是王宫；你们现在是军人，不是宫女；我的口令就是军令，不是玩笑。你们不按口令操练，两个队长带头不听指挥，这就是公然违反军法，理当斩首！”说完，便叫武士将两个宠姬杀了。

场上顿时肃静，宫女们吓得谁也不敢出声，当孙武再喊口令时，她们步调整齐，动作划一。孙武派人请吴王来检阅，吴王正为失去两个宠姬而惋惜，没有心思来看宫女操练，只是派人告诉孙武：“先生的带兵之道我已领教，由你指挥的军队一定纪律严明，能打胜仗。”孙武没有说什么废话，而是从立信出发，换得了军纪森严、令出必行的效果。

资料来源：郭丹，程小青，李彬源．左传．北京：中华书局，2012.

第2节 人力资源管理

一、人力资源管理的概念

人力资源（human resource，HR）指一定时期内组织中的人所拥有的能够被企业所用，且对创造价值起重要作用的教育、能力、技能、经验、体力等的总称。人力资源管理是利用人力资源来实现组织的目标。[①] 人力资源管理的目标是提高劳动生产率和员工满意度。

阅读材料

"云"中的HR管理

企业人力资源管理的信息化，在很长一段时间只是实现了"无纸办公"，将人员信息、绩效考核数据进行记录、存储。随着企业的规模越来越大，跨域、甚至跨国界的人员设置给人力资源管理工作带来更大的挑战。

CDP集团首席执行官王炜认为，人力资源管理数据的增加，以及信息和流程愈加频繁的变化，要求HR在管理中必须作出快速的反应和决策，才能帮助企业实现战略目标。原有的信息化手段显然已经不能适应现状，而云计算、大数据技术的运用将会给HR管理带来新的模式。

管理模式的变化

过去，企业招聘到一名新员工，按照流程，HR要将新员工的资料、信息手工填写入档。而在云平台上，新员工只需要在手机上点开一个App，拍照、存档等一系列流程都可以进行自助式操作，再点击上传，资料就传到了企业云端的人力资源管理数据库中，从而为HR节省了人工，简化了流程。同理，员工的加班，休假申请，甚至工作进度都可以在手机端操作，通过人力资源云管理平台，管理者可以随时随地审批下属的各种申请，及时掌握他们的工作情况。王炜说："云管理可以触及员工工作生活的各个方面，员工用手机实时更新，改变了信息化管理的手段和方法。社交化和移动化对企业员工行为方式的管理也提出了新课题。"而在云管理模式下，一个新员工进入公司内部的社交网络，年龄、工种、爱好等都可以在系统中体现出来，他可以选择同事、校友进行横向和纵向的联系。此外，在社交体系中，员工可以对工作、生活等各方面发表自己的意见，当员工成为意见领袖时可以获得相应的荣誉或奖励。同时，他们在社交网络上的表现也可以成为考核的内容。

---

① R. 韦恩·蒙迪，朱迪·B. 蒙迪. 人力资源管理：第11版. 北京：机械工业出版社，2011.

双赢的生意

德国大陆集团是全球五大汽车零部件供应商之一。每个月大陆集团在中国10个分支机构的人力资源经理都会忙着从各部门搜集大量的薪资数据，还要按照不同系统的要求把数据导入人事系统，进行薪资计算，之后还要花大量时间核对计算结果，最后要按照财务部的要求手工制作薪资发放请款单和成本中心统计报表，确保工资在发薪日当天发到超过1万名员工的账户中。以上过程不能有一点差错。同时，由于各分支机构分散进行薪资运算，总部很难对各地公司的薪酬管理进行集中控制，因此很难全面了解中国区的人力成本。为此，大陆集团决定将薪资计算以及一些事务性的工作外包给CDP集团，CDP集团建立了人力资源共享服务中心，进行统一的标准化的薪资运算，并为大陆集团中国区总部提供人力成本的分析。

王炜说，CDP集团提供的是“一站式”的人力资源云服务模式，客户可以像点菜一样选择不同的服务项目，比如薪酬福利、招聘等。相应地，CDP集团开放相应的接口，使HR管理更简单便捷。然而，更具有战略意义的在于，CDP集团提供的这种“共有云”模式的HR管理，能够分析出行业内、行业间的人力资源趋势。比如薪资方面，综合CDP集团的客户资源，可以对比出企业的薪资在行业内是否有竞争力，进而对如何建立有吸引力的薪资结构提出一定的建议。“数据是金矿”已经成为共识，CDP集团在人力资源数据上的积累也为其开辟新的商业模式奠定了基础。

资料来源：佚名．“云”中的HR管理．http：//www.guanaitong.com/article-6-135056-1.html，2016-12-08.

二、人力资源管理与人事管理的区别

在企业的人力资源管理实践中，人事管理与人力资源管理是不加区分的，同是指对公司内部人力资源各模块的管理，如对招聘、培训、绩效、薪酬、员工关系等方面的管理。

但在内涵层面，人事管理与人力资源管理二者有着本质的区别。其一，二者以不同的视角看待人；其二，二者与战略的关系不同。持有人事管理理念的公司，把人当成机器或者成本，人事经理不能参与公司的战略制定，人事活动属于操作和执行层面；持有人力资源管理理念的公司，把人当成宝贵的财富，人力资源经理或者人力资源主管领导参与公司战略的制定，人力资源管理活动属于战略层面。

三、直线经理与人力资源经理的人力资源管理职责分工

直线经理是指除人力资源部经理以外的其他部门的负责人。直线经理对本部门人员的招聘、培训、绩效考核等人力资源管理工作负主要责任，人力资源部经理负有辅助、服务、咨询责任。

以财务部为例，财务部经理和人力资源部经理对财务部的成本会计岗位都具有一定

的人力资源管理职责，但分工不同。财务部经理作为直线经理，对成本会计岗位进行的人力资源管理工作负主要责任，而人力资源部经理对成本会计岗位的人力资源管理负辅助责任。以某公司对成本会计岗位的招聘为例。在招聘前，企业需要准备招聘启事，简要列出成本会计岗位的主要职责及其任职资格。而财务部经理最清楚成本会计岗位的职责及其任职资格，所以应由财务部经理阐述并草拟成本会计岗位的职务说明书，但由人力资源部经理为其提供公司统一的标准化的职务说明书表格，并用工作分析的专业术语来对财务经理草拟的成本会计职务说明书进行修改，据此职务说明书编写成本会计职位的招聘启事。招聘过程中仍然是直线经理负主要责任、人力资源经理负辅助责任——人力资源部经理或招聘主管在初选并对应聘人员进行初试后，在最关键的复试环节中，由财务部经理最终决定到底哪位应聘者胜出。

四、人力资源管理的主要活动

人力资源管理的主要活动，如图1-4所示。

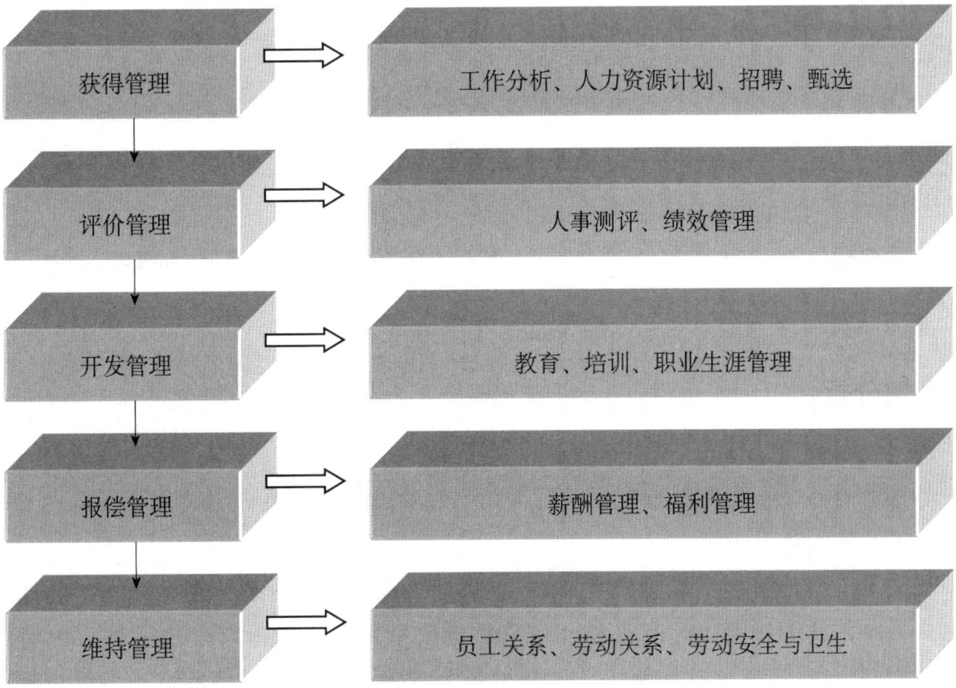

图1-4 人力资源管理的主要活动

选择题（有一个或多个选项是正确的）

1. 张华是某公司会计部经理，张华认为管理者就应该起到模范作用，应该事事以身作则，他认为一个好的会计部经理首先应该是个非常专业的资深会计，所以张华一直兼任公司会计部的成本会计职务。张华非常敬业，每天早来晚走，月底结账时，还要把账务带到家里加班。同时，张华的下属也都很敬重张华，他们说恰是因为张华经理非常能干，所以他们就比较清闲。如果你偶尔去会计部转一圈，你甚至会看到张华的下属在电脑上斗地主。你如何评价张华（　　）。

A. 张华是个优秀的经理，他敬业、勤奋、以身作则、对下属宽厚

B. 张华是个优秀的会计，他勤奋、敬业；且张华也是个称职的会计部经理

C. 张华是个优秀的经理，但他需要改善上班纪律

D. 张华勤奋、敬业、严于律己；但张华不是个称职的会计部经理

2. 管理是管理者让他人有效完成工作的过程。这里的有效包括（　　）。

A. 有效率，即低资源消耗高产出　　B. 有效果，即高的目标达成

C. 正确地做事（有效率）　　D. 做正确的事（有效果）

3. 罗伯特·卡茨提出管理者应该具备的管理技能有（　　）。

A. 概念技能　　B. 人际交往技能

C. 技术技能　　D. 领导技能

简答题

1. 人事管理与人力资源管理的本质区别是什么？

2. 人力资源管理有哪些主要活动？

论述题

直线经理与人力资源经理都负担一定的人力资源管理职责，试阐述其分工有何不同。

案例分析

“人事部”牌子引发的思考

赵罡看着办公桌上刚刚拆下的“人事部”的牌子，再回顾自己跟公司一起成长的这些年，不禁陷入沉思……

2000 年，赵罡从河北工业大学铸造专业毕业后，来到一家石油机械配件制造公司工作。当时，该公司成立时间不长，公司总经理原来是一家国有石油机械厂的销售科长，在 1999 年中国石油系统执行“买断工龄”有偿解除劳动合同时离开公司，利用自己长期在各个油田的销售渠道和人脉关系，开了一家石油机械配件制造公司。一部分产品自己生产，一部分产品去找外协工厂委托加工。由于公司成立时间很短，员工也仅有 41 人，赵罡除了跟一位老铸造工程师学习铸造技术外，还肩负起公司的网络管理员、行政文员、人事专员等行政人事工作。赵罡喜欢电脑，对电脑的软硬件都小有研究，家里的电脑就是赵罡自己买配件攒的。所以当公司的电脑和网络出现问题时，赵罡自愿做起了义务网管，保障公司电脑和网络的正常运行。赵罡的打字速度快，能熟练运用五笔输入法打字，所以公司经理办公室打字的活也都被赵罡承担下来。赵罡还用自己掌握的

数据库技术为公司创建了一个工资保险数据系统，大大提高了核算工资和社保金的工作效率，当然赵罡也就理所当然成了公司的工资社保核算员。

总经理很欣赏赵罡的能干与韧劲，他有意识地不断给赵罡增加新的工作任务。2003年，当公司人数增加到120人时，公司成立了综合部，负责行政及人事事务。赵罡被提拔为综合部的副经理。2005年，公司人数增加到347人，公司成立了人事部，赵罡成为人事部的第一任经理。此时，赵罡只有1名下属——王睿。王睿是赵罡担任综合部副经理时自己招聘并一手培养出来的。公司成立人事部后，王睿就跟赵罡一同调入新的人事部工作。王睿是大专学历，所学专业是机电一体化，由于她有很好的亲和力和沟通能力，又细心，赵罡就把原属于自己的一些工作，比如招聘、培训、工资和社保等都逐渐转给王睿来做。在接下来的两年内，人事部又陆续增添了2名员工。

2007年，赵罡开始读半脱产的MBA，选择的专业方向是人力资源管理。这是赵罡第一次系统学习人力资源管理理论。在此之前，赵罡都是自己在书店买些书自学，在工作中自己去悟。赵罡很珍惜这次重入校园的机会。他不仅修了MBA开设的所有人力资源管理方面的专业课，还去旁听研究生、博士生的人力资源专业课。随着学习的课程越来越多，赵罡的思考也越来越多，原来工作中的很多困惑也逐渐被解开了。

按照公司现行的考勤管理制度，公司实行每周6天工作制，且公司一直保持着创业以来的传统——员工根据公司需要在周一到周六的工作日期间免费加班（一般每天不超过2小时）。公司从来没有想过要给加班费，员工也没有表现出对这种做法有很大的抵触情绪。在需要加班时，大家基本上还是听从公司领导指示进行加班工作的。

但赵罡越来越发现，这几年招聘到的大学生，似乎不如前些年那么勤奋了。他原来认为这是时代的原因。但现在他似乎想明白些了，现在房价很高、新毕业的大学生压力大，还面临结婚、家庭等很多事情。公司没有理由要求所有员工把公司当成自己的家一样去爱，而是首先反思公司自己是否真正把员工当成“家人”了；不能因为自己当年没日没夜地给公司义务加班且不要任何加班费，就要求现在的员工也不顾家庭一心工作，而应该反思自己怎么就没有替员工考虑其真实需要，他们需要休息，需要下班后照顾老人小孩，需要享受生活……

2008年，赵罡在跟老板沟通后，把公司“人事部”的牌子换成了“人力资源部”。赵罡很清楚自己所做的工作还是那些工作，虽然现在自己看待人的视角跟原来不一样了，但那也只是自己的观念变了，他要想办法去影响公司的老板也能够转变观念。赵罡正在酝酿跟老板进行一次深谈，把自己读了MBA后的一些感悟与老板做一次深入的汇报和交流，他希望将来这块“人力资源部”的牌子可以真正名实相符。

思考题：

（1）赵罡所在的公司在把“人事部”牌子更换为“人力资源部”牌子前后，公司的人力资源管理活动有无实质改变？

（2）赵罡要想在公司实现真正的人力资源管理活动，他还须做哪些努力？

麦当劳的人力资源管理

1. 不用天才与花瓶。麦当劳不用所谓“天才”，因为“天才”是留不住的。在麦当劳里取得成功的人，都得从零开始，脚踏实地工作，炸薯条、做汉堡包，是在麦当劳走向成功的必经之路。这对那些不愿从小事做起、踌躇满志想要大展宏图的年轻人来说，是难以接受的。但是，他们必须懂得，麦当劳请的是最适合的人才，是愿意努力工作的人，脚踏实地从头做起才是在这一行业中成功的必要条件。在麦当劳餐厅，女服务员的长相也大都是普通的，既有年轻人也有年纪大的人。与其他公司不同，人才的多样化是麦当劳的一大特点。麦当劳的员工来自不同渠道。麦当劳的人才组合是家庭式的，年纪大的可以把经验告诉年轻人，同时又可被年轻人的活力所带动。因此，麦当劳的员工不一定都是大学生，而是什么人都有。麦当劳不讲求员工是否长得漂亮，只在乎他是否工作负责、待人热情，让顾客有宾至如归的感觉，中看不中用的花瓶是不可能在麦当劳待下去的。

2. 没有试用期。一般企业试用期要 3 个月，有的甚至 6 个月，但麦当劳 3 天就够了。麦当劳招工先由人力资源部门面试，通过后再由各职能部门面试，合适则到店里工作 3 天，这 3 天也给工资。麦当劳没有试用期，但有长期的考核目标。考核，不是一定要让你做什么。麦当劳有一个 360°的评估制度，就是让周围的人都来评估某个员工：同事对你的看法怎么样？上司对你的看法怎么样？以此作为考核员工的一个重要标准。

3. 培训模式标准化。麦当劳的员工培训，也同样有一套标准化管理模式，麦当劳的全部管理人员都要学习员工的基本工作程序。培训从新员工加入麦当劳的第一天开始，与有些企业选择培训班的做法不同，麦当劳的新员工直接走向工作岗位。每名新员工都由一名老员工带着，一对一地训练，直到新员工能在本岗位上独立操作。尤其重要的是，作为一名麦当劳的新员工，从进店伊始，就在日常的点滴工作中边工作边培训，在工作和培训的融合中贯彻麦当劳的 QSC&V 黄金准则，QSC&V 指质量（quality）、服务（service）、清洁（clean）和价值（value）。这就是麦当劳培训新员工的方式，在他们看来，边学边用比学后再用的效果更好，在工作、培训一体化中将企业文化逐渐融入麦当劳每一位员工的日常行为中。

4. 晋升机会公平合理。在麦当劳，晋升对每个人都是公平的，适应快、能力强的人能迅速掌握各个阶段的技术，从而更快地得到晋升。面试合格的人先要做 4～6 个月的见习经理，其间他们以普通员工的身份投入到餐厅的各个基层工作岗位，如炸薯条、做汉堡包等，并参加基本营运（BOC）课程培训，经过考核的见习经理可以升迁为第二副理，负责餐厅的日常营运。之后还将参加基本管理课程（BMC）和中间管理课程（IOC）培训，经过这些培训后员工已能独立承担餐厅的订货、接待、训练等部分管理工作。表现优异的第二副理在进行完 IOC 课程培训后，将接受培训部和营运部的考核，考核通过后将升为第一副理，即餐厅经理的助手。以后他们的培训，全部由设在美国及海外的汉堡大学完成，汉堡大学配备有先进的教学设备及资深的具有麦当劳管理知识的教授，提供两种课程的培训，一种是基本操作讲座课程；一种是高级操作讲习课程。美国的芝加哥汉堡大学对来自全世界的麦当劳餐厅经理和重要职员进行培训。另外，麦当劳还在中国香港等地建立了多所汉堡大学，负责各地重要职员的培训。一个有才华的年轻人升至餐厅经理后，麦当劳公司依然为其提供广阔的发展空间。经过下一个阶段的培训，他们将成为总公司派驻其下属企业的代表，成为“麦当劳公司的外交官”。其主要职责是往返于麦当劳公司与各下属餐厅之间，沟通传递信息。同时，营运经理还肩负着诸如组织培训、提供建议之类的重要使命，成为总公司在各地区的全权代表。

5. 培训成为一种激励。麦当劳的培训理念是：培训就是让员工得到尽快发展。麦当劳的管理人员都要从基层员工做起，升到餐厅经理这一层，就该知道怎样去培训自己的团队，从而对自己的团队不断进行打造。麦当劳公司的总经理每3个月就要给部门经理做一次绩效考核。考核之初，先给定工作目标，其中有两条必须写进目标，那就是如何训练你的下属——什么课程在什么时候完成，并且明确告诉部门经理，一定要培训出能接替你的人，你才有机会升迁。如果未培养出自己的接班人，那么无论谁都不能提级晋升，这是麦当劳一项真正实用的原则。由于各个级别麦当劳的管理者会在培训自己的继承人上花相当的精力和时间，麦当劳公司也因此成为一个发现和培养人才的大课堂，使麦当劳在竞争中长盛不衰。

资料来源：http：//js. winshang. com/news-284918. html，2014 - 09 - 11.

思考题：

麦当劳奉行的是人事管理理念，还是人力资源管理理念，为什么？

第 2 章
工作分析

第 1 节　工作分析概述

一、工作分析的含义

工作（职务）分析（job analysis），是获得有关工作方面信息的过程。通过工作分析可确定各项工作的内容、性质、责任以及担任某一特定工作的员工所应具备的基本条件。通俗地讲，工作分析是确定各个职务是干什么的，以及什么样的人适合干。

工作信息的内容，包括 5W1H：为什么要完成此项工作（目的，why）；员工需要做什么（内容，what）；什么样的人来完成此项工作（承担者，who）；工作在哪里完成（场所，where）；工作将在什么时候完成（时间，when）；员工如何完成工作（方法，how）。

组织在几种情况下需要进行工作分析：新组织建立，工作分析首次被引进；当新的工作产生时；工作由于新技术、新方法、新工艺或新系统的产生而发生重大变化，需要对先前的工作描述和工作规范进行修订时等。

二、工作分析的结果

工作分析的结果是编制出职务说明书，主要是对相关岗位概况、工作职责及其任职资格的完整说明。职务说明书包含工作描述和工作规范。工作描述（job descriptions）

是一份提供有关工作任务、职责信息的文件。工作规范（job specifications）包含完成某项工作所必备的基本素质和条件，如图 2-1 所示。

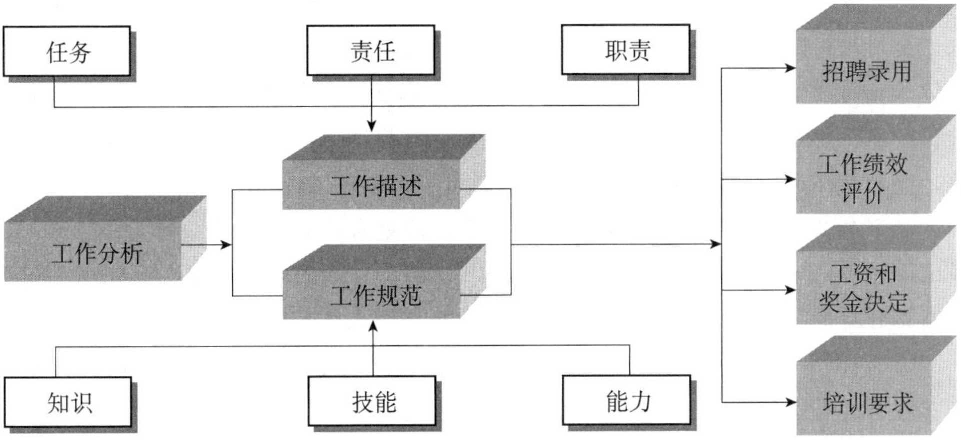

图 2-1　工作分析的结果及意义

三、工作分析的意义

工作分析是人力资源管理的基石。没有工作分析作出对各职务的职责、任务及任职资格的清晰界定，就无法开展有效的招聘、培训、绩效考核、薪酬管理等工作。

工作分析为招聘甄选提供需要雇佣人员的资格条件。工作分析涉及工作责任大小、工作繁简程度、有无危险性或不确定性以及所需知识，为设计薪酬体系提供支持。工作分析为绩效评估提供评价的标准：工作分析指明工作的标准，而绩效评价旨在考察完成的效果。工作分析得出的工作规范，为培训需求分析提供依据。工作分析可以为某些特定工作的安全与健康政策或措施的计划与实施提供有价值的信息。通过工作分析还可以发现一些工作或管理的空白点，以便对其进行调整。

阅读材料

方华的烦恼

2004 年 7 月，方华从北方某大学毕业后，应聘市场部经理助理一职进入了香港锦云公司上海分部。上海分部为整个公司的东南亚市场提供销售和业务支持，分部较重要的员工的录用、考评、薪酬等方面的人力资源管理决策由香港总公司决定。

方华进入公司不久，恰逢市场部经理罗丽即将休 4 个月的产假，分部总经理李治告诉方华："你必须在 9 月初罗丽休假之前快速成长。"接下来的几个月里，方华不仅要完成自己的工作职责，还要承担大部分罗丽原先的职责。尽管方华受到的培训和指导有限，但她学得很快，也很满意自己的工作绩效。

值得一提的是，方华在正式工作后从未见过关于市场部经理助理这一职务的工作内容、工作职责等书面文件，也不太清楚企业是否进行过工作分析，是否制定过工作描述和工作说明书等。而且方华发现上海分部的其他同事也遇到了这样的情况。同时，方华知道自己承担的工作已经大大超出应聘时李治描述的范围。

之后，方华察觉到李治正日益为工作困扰，因为他觉得总公司没有赋予其应有的决策权，公司的岗位职责描述得不明确，管理层的工资与普通员工之间的差异并不是很大。锦云公司的竞争对手通过猎头公司多次聘请他担任高级职务，2004 年 10 月李治正式提出辞呈。锦云公司只能通过不断挽留，恳请他推迟离职期。在罗丽休假结束回到公司后，李治最终于 2005 年 1 月离开了锦云公司。

方华刚来公司时每月拿 1 600 元工资，也很清楚自己当时没有任何工作经验，还有很多需要学习的地方。但后来方华听一些同在上海工作的同学说，这个薪酬水平是不够的。在工作后的一年时间里，她没有储蓄，住房条件也很不理想。

2005 年 6 月，与公司签订的一年期劳动合同快到期了。因为至今薪酬未得到调整，方华正在考虑是否续签合同，也开始计算什么才是“公平”的工资。因为她的房租是每月 900 元，而在上海每月工资最少是房租的 3 倍，即 2 700 元才能维持生存……

资料来源：霍思安．人力资源管理案例．北京：机械工业出版社，2001.

四、工作分析的步骤

为了使工作分析执行顺畅，确保分析结果的有效性，有效获取资料及进行分析，工作分析应遵循一定的步骤，如图 2－2 所示。

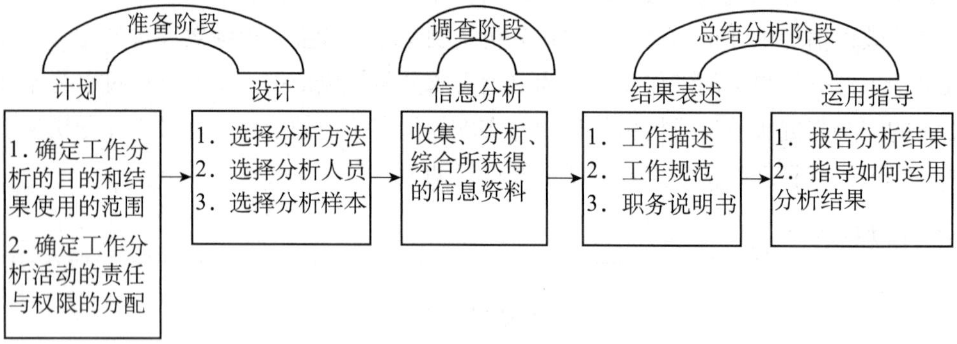

图 2－2　工作分析的步骤

第一步，准备阶段。

● 计划。确定工作分析的目的与结果使用的范围，明确分析的资料用来干什么、解决什么管理问题。明确预算分析的时间、费用与人力。组建工作分析小组，分配任务与确定权限。根据工作分析的任务、程序，将工作分解成若干单元和环节，以便逐项完成。组织有关人员，学习并掌握调查的内容，熟悉具体的实施步骤和调查方法。

● 设计。确定工作分析方法、表格和填写说明。选择工作分析人员，主要从经验、专业知识、个人品质等来决定。界定所要分析的信息的内容，选择分析样本，以保证分析样本的代表性与典型性。选择信息来源，如工作者、主管、顾客、分析专家、词典、文献汇编。做好时间安排，并制定分析标准。

为了做好工作分析，还应做好员工的思想工作，向其说明工作分析的目的和意义，建立友好合作的关系，使有关员工对岗位分析有良好的心理准备。

第二步，调查阶段。

该阶段的主要任务是对工作信息的调查收集、记录描述、比较、衡量、综合归纳与分类。根据调查方案，对岗位进行认真细致的调查研究。在调查中，灵活运用访谈、问卷、工作日志、观察、小组集体讨论等方法，广泛深入地搜集有关岗位的各种信息资料。对各项调查事项的重要程度、发生频率详细记录。

第三步，总结分析阶段。

该阶段首先对岗位调查结果进行深入分析，采用文字图表等形式作出归纳、总结。对岗位的特征和要求作出全面深入的考察，充分揭示其主要任务结构和关键影响因素，并在系统分析和归纳总结的基础上，撰写职务说明书、工作分析运用指导等文件。职务说明书主要是对相关岗位概况、工作职责及其任职资格的完整说明，包括工作描述和工作规范。工作描述，主要是对工作职责和任务，以及对工作环境的记录与说明。工作规范，主要是对任职资格与相关素质要求的说明。工作分析运用指导主要是对工作分析运用范围、原则与方法的规定。

五、工作分析的方法

常用的工作分析方法有观察法、面谈法、问卷法、关键事件法、工作日志法、计量分析法、实作法、综合法，见表2－1。工作分析方法各有其优缺点，见表2－2。

表2－1　　工作分析方法

方法名称	内容说明
观察法	观察法即是实地观察工作的技术及工作流程的方法。当工作分析人员实际分析时，应将工作分析表式样牢记，以便详细记录所需分析的项目
面谈法	面谈法是获得工作分析资料的通用方法。有三种面谈形式可用来收集工作分析资料：个别面谈、集体面谈、管理人员面谈
问卷法	问卷法又称间接调查法，也叫自行分析法。通常被认为是最快捷、最省时间的方法。使用该方法最首要的事情在于决定问卷的结构化程度以及应该包含哪些问题。在一种极端的情形里，问卷是非常结构化的；在另一种极端情形里，问卷的问题形式非常开放。好的问卷应介于这两种极端情形中间，既有结构性问题，也有开放性的问题
关键事件法	关键事件法是指记录工作中特别有效或特别无效的员工行为，对记录的信息进行分析整理
工作日志法	工作日志法是指分析人员要求员工逐日记录所有的工作活动及花费的时间，以实际了解工作的状况

续前表

方法名称	内容说明
计量分析法	计量分析法主要在于决定一项工作的价值及职位高低，一般常用的有职位分析问卷法（position analysis questionnaire，PAQ）、美国劳工部分析法、职能工作分析法
实作法	实作法是指分析者实际参与工作以了解工作
综合法	综合法是以上所说明的各种方法中，对任何两种以上的方法合并使用收集信息的方法。任何方法均有其优缺点，分析人员可依据所需工作数据与资料内容及数量选择以上各种方法加以综合应用，以期获得最佳的结果

表 2-2　各种工作分析方法的优缺点

工作分析方法	优缺点	
观察法	优点	工作人员能够比较深入和全面地了解工作
	缺点	1. 干扰正常工作或工作者的心智活动 2. 无法感受或观察到特殊事故 3. 如果工作本质上偏重心理活动，则成效有限
面谈法	优点	1. 可获得完全的工作资料以免去员工填写工作日志的麻烦 2. 可进一步使员工和管理者沟通观念，以获取谅解和信任 3. 可以不拘形式，问题内容较有弹性，又可随时补充和反问，这是问卷法所不能办到的 4. 收集方式简单
	缺点	1. 信息可能受到扭曲——因受访者怀疑分析者的动机、误解或分析者访谈技巧不佳等因素而造成信息的扭曲 2. 分析项目繁杂时，费时、成本高 3. 占用员工的工作时间，影响生产
问卷法	优点	1. 成本低且迅速 2. 容易进行，可同时分析大量员工 3. 员工有参与感
	缺点	1. 很难设计出一个能够收集完整资料的问卷 2. 一般员工不愿意花时间填写问卷
关键事件法	优点	1. 能深入了解工作的动态性 2. 行为是可观察可衡量的，故记录的信息容易应用
	缺点	1. 须花大量时间收集、整合、分类资料 2. 不适于描述日常工作
实作法	优点	可在短时间内从生理、环境、社会层面充分了解工作。如果工作能够在短期内学会，则不失为好方法
	缺点	不适合需要较长时间才能学会的工作及高危险工作

续前表

工作分析方法	优缺点	
工作日志法	优点	1. 对工作可充分地了解，有助于主管对员工的面谈 2. 在工作活动后及时记录，可以避免遗漏 3. 可以收集到最详尽的资料
	缺点	1. 员工可能会掩饰或隐藏某些行为，夸大另一些行为 2. 费时、成本高且干扰员工工作

第 2 节　工作分析案例

一、案例背景

大丰公司是一家大型汽车生产集团公司。近年来公司发展迅速，员工数量飞速增长，问题也逐渐暴露出来。比较突出的问题就是岗位职责不清。现在使用的职务说明书是几年前的版本，无法对现在的实际工作起到指导作用。由于没有清晰的岗位职责，各职位的用人标准比较含糊，这样在员工招聘选拔方面全凭领导的主观意见，公司的薪酬激励体系也无法与岗位价值相匹配。员工在这方面的意见比较大，士气有所下降。最近，公司进行了一系列重组工作，年轻有为的新高层团队开始发挥作用，他们看到公司面临的问题，决定请专业的咨询顾问进行一次系统的人力资源诊断和设计。由于工作分析是人力资源管理各项活动的基础，因此专家建议首先从工作分析入手。

二、工作分析的目标

通过工作分析，大丰公司各个岗位的职责、权限、主要工作绩效指标和任职者基本要求等内容得到明确清晰的界定，为各项人力资源管理工作打下良好基础。在工作分析的过程中，要调整不合理的岗位职责设置，及时补充新的岗位信息。

三、工作分析的准备工作

（一）成立项目实施小组

成立工作分析项目实施小组，小组成员包括由外部咨询顾问组成的专家组、人力资源部人员和公司主管领导。小组各成员责任与分工如下：

（1）外部专家顾问。作为项目总体策划和实施的负责人，外部专家顾问负责提供技术方案和指导，并通过实施可行的手段达到项目目标。其具体工作包括制定项目实施方案和计划；设计调查表、问卷等工作分析工具；调研、访谈；撰写与修改职务说明书；提供相关的培训等。

（2）人力资源部人员。作为项目的协调与联络人，人力资源部人员配合专家开展工作。其具体工作包括帮助专家收集整理各种资料；分发回收调查问卷；安排其他人员配合专家组的工作；收集公司员工和管理人员对项目实施中的反馈意见，并把意见反馈给专家组和公司领导；协调安排工作所需的场所、材料、设备等；安排专家在公司工作期间的食宿及接待等。

（3）公司领导。把握项目的总体方向和原则，验收工作成果。其具体工作包括对专家组的总体方案和计划提出意见；动员公司员工；检查和监督项目进程；听取阶段性的汇报；验收最终成果等。

（二）准备相关资料

需要准备的相关资料包括组织结构图、各部门职务说明书、工作流程图、职权体系表、参加调查的人员名单等。

（三）设计工作分析工具

本次工作分析所使用的方法见表 2-3。专家组需要事先设计好相关的表格、问卷和访谈提纲。

表 2-3　　工作分析使用方法

方法	适用范围
工作日志法	所有岗位
问卷法	所有岗位
面谈法	所有岗位
观察法	生产岗位

（四）制定工作分析的实施程序和时间表

本次工作分析主要分为准备阶段、实施阶段和结果整合阶段，具体时间见表 2-4。

表 2-4　　工作分析实施程序和时间表

<table>
<tr><th>星期日</th><th>星期一</th><th>星期二</th><th>星期三</th><th>星期四</th><th>星期五</th><th>星期六</th></tr>
<tr><td></td><td></td><td></td><td></td><td>4.28</td><td>4.29</td><td>4.30</td></tr>
<tr><td></td><td></td><td></td><td></td><td colspan="2">准备阶段开始</td><td></td></tr>
<tr><td>5.1</td><td>5.2</td><td>5.3</td><td>5.4</td><td>5.5</td><td>5.6</td><td>5.7</td></tr>
<tr><td></td><td colspan="5">←查看现有资料、设计分析工具、排定实施日程→</td><td></td></tr>
</table>

续前表

星期日	星期一	星期二	星期三	星期四	星期五	星期六
5.8	5.9 实施阶段开始 召开动员会，公布计划日程，发放工作日志和调查问卷，并培训填写方法	5.10 被调查人员记录工作日志，填写调查问卷，专家组进行现场观察，人力资源部排出访谈日程和人员名单	5.11	5.12	5.13	5.14
5.15	5.16 ← 整理工作日志、调查问卷、观察记录 →	5.17	5.18	5.19	5.20	5.21
5.22	5.23 ← 基层员工访谈 →	5.24	5.25	5.26	5.27	5.28
5.29	5.30 ← 基层主管访谈 →	5.31	6.1	6.2	6.3	6.4
6.5	6.6 ← 中层经理访谈 →	6.7	6.8	6.9	6.10	6.11
6.12	6.13 ← 高层经理访谈 →	6.14	6.15	6.16	6.17	6.18
6.19	6.20 结果整合阶段开始 整理收集来的各种信息，撰写职务说明书初稿 →	6.21	6.22	6.23	6.24	6.25
6.26	6.27	6.28	6.29	6.30	7.1	7.2
7.3	7.4 →	7.5	7.6 →	7.7	7.8	7.9
7.10	7.11 →	7.12	7.13	7.14	7.15 职务说明书初稿形成	7.16
7.17	7.18 修改职务说明：高层领导提出意见，各级管理人员和员工对有关内容进行补充	7.19	7.20	7.21	7.22	7.23
7.24	7.25	7.26	7.27	7.28	7.29 职务说明书修改稿完成	7.30
7.31	8.1 验收、公布、实施	8.2				

四、工作分析的过程

我们以公司的行政管理部门集团办公室中的岗位为例，来看如何通过工作分析的各种方法最终形成岗位的职务说明书。

（一）基本信息

画出公司的组织结构图，如图 2－3 所示。

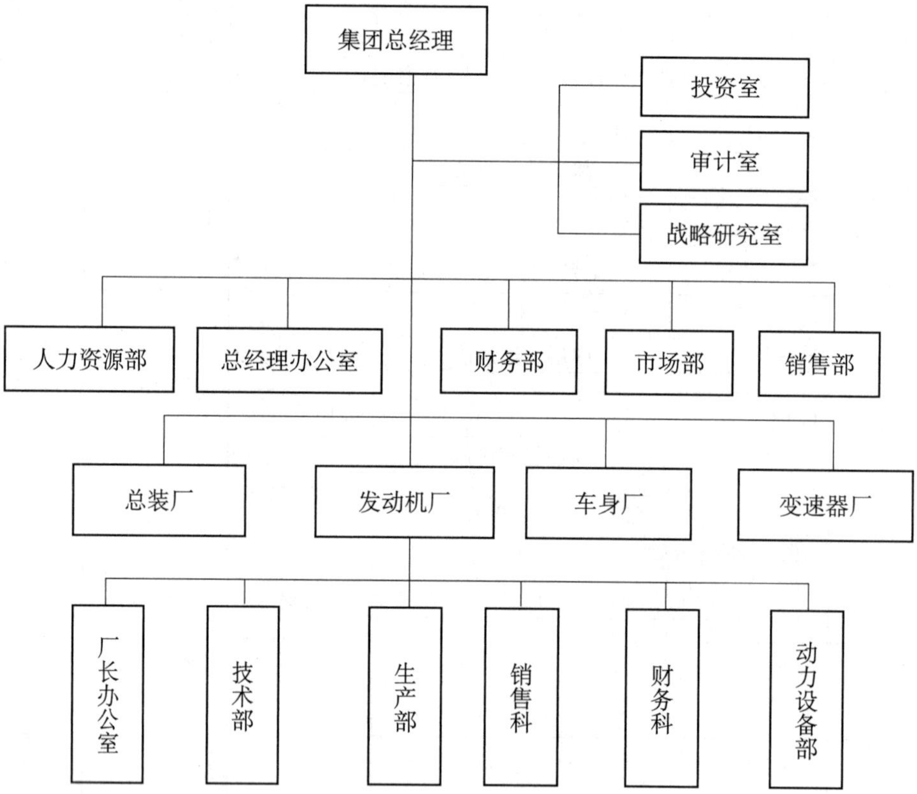

图 2－3　公司的组织结构图

总经理办公室的职能说明，见表 2－5。

表 2－5　总经理办公室的职能说明

部门名称：总经理办公室
汇报给：总经理
部门工作目标：为集团各部门、各分厂的运作和发展提供良好的后勤保障与公共关系支持系统
部门的主要职能： 1. 制定集团的行政事务管理制度、公关宣传的有关制度以及文件档案管理有关制度 2. 对办公、车辆、环境卫生、安全保卫等各项行政事务实施管理 3. 制定集团形象宣传与对外公关的策略，并配合企业文化建设开展对内宣传 4. 对集团上传下达的文件和往来公文进行管理

总经理办公室的组织结构图，如图 2－4 所示。

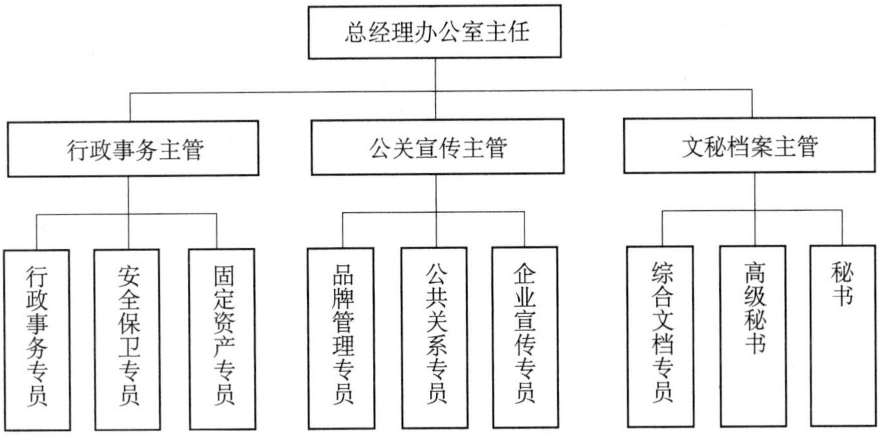

图 2－4　总经理办公室的组织结构图

（二）信息收集的过程

信息收集的方法主要有工作日志法、问卷法、面谈法等。

工作日志填写说明见表 2－6。公关宣传主管所记录的工作日志见表 2－7 至表 2－10。

表 2－6　工作日志填写说明

在填写工作日志之前，请仔细阅读下面的说明：

1. 填写工作日志的目的是为了清楚地了解您的工作任务和职责，以便改进工作流程，提高工作效率。关注的焦点是工作本身，绝对不涉及对您工作表现的评估。

2. 关于工作日中的时间的填写方法：

开始时间：一项工作活动开始的时间（以分钟为单位）

结束时间：一项工作活动结束的时间（以分钟为单位）

所耗时间：从事一项工作活动总共花费的时间（以分钟为单位）

当一项活动需延续一段时间时，可以记下开始时间和结束时间及所耗时间（如果中间插入其他活动，另外记下时间）；当活动持续的时间非常短暂，但是在一段时间内反复出现时，可以不记录每次的开始时间和结束时间，而记下一段时间内发生的次数和总共所耗的时间。

3. 请您在每天的工作开始之前将工作日志放在手边，按工作活动发生的顺序及时填写，切勿在一天工作结束后一并填写。

4. 对工作活动内容的描述要尽可能具体化，工作内容描述具体化的标准是，没有亲自观察过您工作过程中的人也可以比较清晰地想象出您的工作活动。

5. 不要遗漏那些细小的工作活动，以保证信息的完整性。

6. 活动的描述中用职务代替人名，不要让看工作日志的人感到费解。

7. 若因工作需要外出办事，应在归来后立即补充记录。

8. 请您提供真实信息，以免损害您的利益。

9. 请您注意保管，以防遗失。

表 2-7　　公关宣传主管的工作日志

5月10日　星期二

开始时间	结束时间	所用时间（分钟）	工作活动
8：30	9：30	60	审阅企业宣传专员交来的最新一期《大丰人》稿件，对稿件的内容和排版设计提出意见
9：30	11：30	120	与广告公司协商广告有关事宜，品牌管理专员同时参与
11：30	12：00	30	继续阅读稿件
13：00	14：30	90	到集团公司总经理办公室谈话，讨论关于举办大型广场晚会的问题
14：30	15：30	60	向公共关系专员传达总经理办公室主任对广场晚会的意见，并讨论有关具体实施的问题，让公共关系专员草拟具体的实施计划
15：30	16：00	30	与几个媒体的朋友通电话，讨论广告宣传的有关问题
16：00	17：30	90	与企业宣传专员讨论对最新一期《大丰人》内刊的意见，并进一步讨论对今后该内刊发展的意见

表 2-8　　公关宣传主管的工作日志

5月11日　星期三

开始时间	结束时间	所用时间（分钟）	工作活动
8：30	9：00	30	回复几个与业务有关的 E-mail
9：00	11：00	120	面试4个公关宣传专员的应聘者
11：00	12：00	60	与人力资源部员工关系主管讨论《大丰人》内刊的有关问题
13：00	15：30	150	参加市场部有关暑期促销活动的会议
15：30	16：30	60	文化演出公司前来洽谈有关大型广场晚会的事项
16：30	17：30	60	与企业宣传专员进行转正面谈

表 2-9　　公关宣传主管的工作日志

5月12日　星期四

开始时间	结束时间	所用时间（分钟）	工作活动
8：30	9：30	60	审查广告公司送来的最新广告样片，提出修改意见
9：30	10：30	60	在各部门、各分厂的兼职宣传员工工作会议上讲话
10：30	12：00	90	回复 E-mail，处理信件、传真
13：00	17：30	270	参加大型广告媒体博览会
17：30	21：00	210	领导下属员工准备明天迎接上级单位和新闻媒体到公司参观的事宜

表 2-10　　公关宣传主管的工作日志

5月13日　星期五

开始时间	结束时间	所用时间（分钟）	工作活动
8：30	12：00	210	接待上级单位和新闻媒体参观
12：00	13：30	90	陪同领导午餐

续前表

开始时间	结束时间	所用时间（分钟）	工作活动
13：30	14：30	60	与部门员工一起开会，总结本次接待参观的经验和教训，并对部门本周的工作进行总结，提出下周的主要工作安排
14：30	17：30	180	撰写本周工作总结和下周工作计划

公关宣传主管填写的调查问卷见表 2－11。

表 2－11　　公关宣传主管的工作分析调查问卷

为了进一步深化公司人事制度改革，特开展本项调查工作。调查只针对岗位，不针对具体的人员，请不必顾虑，如实回答，谢谢！

部门	总经理办公室	岗位	公关宣传主管
上级主管	总经理办公室主任	下属	品牌管理专员、公共关系专员、企业宣传专员

工作的时间要求	1. 正常的工作时间每日自（8：30）时开始至（17：30）时结束 2. 每日午休时间为（1）小时，（50%）情况下可以保证 3. 每周平均加班时间为（5）小时 4. 实际上下班时间是否随业务情况经常变化（总是，有时是，偶然是，否） 5. 所从事的工作是否忙闲不均（是、否） 6. 如果从事的工作忙闲不均，则最忙时常发生在哪段时间 7. 每周外出时间占正常工作时间的（30%） 8. 外地出差情况每年平均（5）次，每次平均需要（5）天 9. 本地外出情况平均每月（10）次，每次平均（3）小时
工作目标	主要目标： 1. 为公司业务发展创建良好的公共关系环境 2. 推广公司品牌，扩大知名度 3. 使企业文化渗透到员工之中
工作概要	用简练的语言描述一下您所从事的工作： 通过各种形式推广宣传企业的形象和品牌，建立广泛的公共关系，并在企业内外宣传企业文化

工作职责	工作活动内容	占全部工作时间的百分比（%）	权限		
			全权	部分	协助
	1. 举办各种宣传推广活动	35	☆		
	2. 负责公司形象广告和产品广告	30	☆		
	3. 创办内部刊物《大丰人》	15	☆		
	4. 公关活动的组织接待	20		☆	

失误的影响		
	经济损失	1 轻　2√ 较轻　3 一般　4 较重　5 重
	公司形象损害	1 轻　2 较轻　3 一般　4√ 较重　5 重
	经营管理损害	1 轻　2√ 较轻　3 一般　4 较重　5 重

续前表

失误的影响	若您的工作出现失误，会发生下列哪种情况？	说 明
	1. 不影响他人工作的正常进行 2. 只影响本部门少数人 3. 影响整个部门 4. 影响其他几个部门 5. 影响整个公司	如出现多种情况，请按影响程度由高到低依次填写在下面括号内 （ 5 ）
内部接触	1. 在工作中不与他人接触 （ ） 2. 只与本部门内的几个同事接触 （5） 3. 需与其他部门的人员接触 （4） 4. 需要与其他部门的部分部门领导接触 （4） 5. 需要同所有部门的领导接触 （2）	将频繁程度等级填入左边的括号中 偶尔 经常 非常频繁 1 2 3 4 5
外部接触	1. 不与本公司以外的人员接触 （ ） 2. 与其他公司的人员接触 （4） 3. 与其他公司的人员和政府机构接触 （4） 4. 与其他公司、政府机构、外商接触 （4）	将频繁程度等级填入左边的括号中 偶尔 经常 非常频繁 1 2 3 4 5
监督	1. 直接和间接监督的人员数量（5） 2. 直接监督人员的层次：<u>一般职工</u>、基层领导、高层领导	
	1. 只对自己负责 （ ） 2. 对职工有监督指导的责任 （ ） 3. 对职工有分配工作、监督指导的责任 （√） 4. 对职工有分配工作、监督指导和考核的责任 （ ）	
工作的基本特征	1. 对自己的工作结果不负责任 （ ） 2. 仅对自己的工作结果负责 （√） 3. 对整个部门负责 （ ） 4. 对自己的部门和相关部门负责 （ ） 5. 对整个公司负责 （ ）	
	1. 在工作中时常做些小的决定，一般不影响其他人 （ ） 2. 在工作中时常做一些决定，对有关人员有些影响 （√） 3. 在工作中时常做一些决定，对整个部门有影响，但一般不影响其他部门 （ ） 4. 在工作中时常做一些大的决定，对自己部门和相关部门有影响 （ ） 5. 在工作中要做重大决定，对整个公司有重大影响 （ ）	
	1. 有关工作的程序和方法均由上级详细规定，遇到问题时可随时请示上级解决，工作结果需报上级审核 （ ） 2. 分配工作时上级仅指示要点，工作中上级并不时常指导，但遇困难时仍可直接或间接请示上级，工作结果仅受上级要点审核 （√） 3. 分配任务时上级只说明要达成的目标或任务，工作的方法和程序均由自己决定，工作结果仅受上级原则审核 （ ）	
	1. 完成本职工作的方法和步骤完全相同 （ ） 2. 完成本职工作的方法和步骤大部分相同 （√） 3. 完成本职工作的方法和步骤有一半相同 （ ） 4. 完成本职工作的方法和步骤大部分不同 （ ） 5. 完成本职工作的方法和步骤完全不同 （ ）	

续前表

<table>
<tr><td rowspan="6">工作的基本特征</td><td>在工作中您所接触的信息经常为：</td><td>说　明</td></tr>
<tr><td>1. 原始的、未经加工处理的信息
2. 经过初步加工的信息
3. 经过高度综合的信息</td><td>如出现多种情况，请按“经常”的程度由高到低依次填写在下面的括号中
（　2　）</td></tr>
<tr><td>在您做决定时常根据以下哪种资料：</td><td>说　明</td></tr>
<tr><td>1. 事实资料
2. 事实资料和背景资料
3. 事实资料、背景资料和模糊的相关资料
4. 事实资料、背景资料、模糊的相关资料和难以确定是否相关的资料</td><td>如出现多种情况，请按“依据”的程度由高到低依次填写在下面的括号中
（　2　）</td></tr>
<tr><td>在工作中，您需要做计划的程度：</td><td>说　明</td></tr>
<tr><td>1. 在工作中无须做计划
2. 在工作中需要做一些小的计划
3. 在工作中需要做部门计划
4. 在工作中需要做公司整体计划</td><td>如出现多种情况，请按“做计划”的程度由高到低依次填写在下面的括号中
（　3　）</td></tr>
<tr><td>工作压力</td><td colspan="2">1. 您在每天的工作中是否经常要迅速做出决定？
（ ）没有　（ ）很少　（√）偶尔　（ ）经常　（ ）非常频繁
2. 您手头的工作是否经常被打断？
（ ）没有　（ ）很少　（ ）偶尔　（√）经常　（ ）非常频繁
3. 您的工作是否经常需要注意细节？
（ ）没有　（ ）很少　（ ）偶尔　（√）经常　（ ）非常频繁
4. 您所处理的各项业务彼此是否相关？
（ ）完全不相关　（ ）大部分不相关（ ）一半相关（√）大部分相关　（ ）完全相关
5. 您的工作是否要求高度的精力集中，如果是，约占工作总时间的比重是多少？
（ ）20%　（√）40%　（ ）60%　（ ）80%　（ ）100%
6. 在您的工作中是否需要运用不同方面的专业知识和技能？
（ ）没有　（ ）很少　（√）有一些　（ ）很多　（ ）非常多
7. 您在工作中是否存在一些令人不愉快、不舒服的感觉？（非人为的）
（ ）没有　（ ）有一点　（ ）能明显感到　（√）多　（ ）非常多
8. 您在工作中是否需要灵活处理问题？
（ ）不需要　（ ）很少　（ ）有时　（√）较多　（ ）非常多
9. 您的工作是否需要创造性？
（ ）不需要　（ ）很少　（ ）有时　（√）比较需要　（ ）很需要</td></tr>
<tr><td rowspan="10">任职资格要求</td><td colspan="2">1. 学历要求：（ ）初中　（ ）高中　（ ）职专　（ ）大专　（√）本科
（ ）硕士　（ ）博士</td></tr>
<tr><td colspan="2">2. 为顺利履行工作职责，应进行哪些方面的培训，需要多少时间？</td></tr>
<tr><td>培训科目或培训内容</td><td>最低培训时间（月）</td></tr>
<tr><td>广告学</td><td>1 个月</td></tr>
<tr><td>公共关系学</td><td>1 个月</td></tr>
<tr><td>市场营销</td><td>1 个月</td></tr>
<tr><td>大型活动策划</td><td>1 个月</td></tr>
<tr><td colspan="2">3. 一个刚刚开始从事您所担任职务的人，要多长时间才能基本胜任工作？（ 1 年）</td></tr>
<tr><td colspan="2">4. 为了顺利履行您所从事的工作，需具备哪些方面的其他工作经历，约多少年？
（公关关系、广告、宣传等方面的工作经历，3 年）</td></tr>
</table>

续前表

<table>
<tr><td rowspan="2">任职资格要求</td><td>5. 其他能力要求</td><td colspan="2">等级 1　2　3　4　5
低　较低　一般　较高　高</td></tr>
<tr><td>领导能力（4）
激励能力（4）
授权能力（4）
创新能力（4）
计划能力（4）
资源分配能力（4）</td><td>时间管理（4）
人际关系（5）
协调能力（5）
谈判说服能力（4）
冲突管理能力（3）</td><td>公关能力（5）
公文写作能力（3）
信息管理能力（4）
分析能力（3）
判断、决策能力（4）</td></tr>
<tr><td rowspan="3">工作环境</td><td>劳动强度与劳动条件</td><td colspan="2">程度</td></tr>
<tr><td>劳动强度</td><td colspan="2">1（ ）　2（√）　3（ ）　4（ ）　5（ ）
一点不消耗　消耗程度大</td></tr>
<tr><td>劳动条件</td><td colspan="2">1（ ）　2（ ）　3（ ）　4（√）　5（ ）
非常恶劣　非常舒适</td></tr>
</table>

除了工作日志和调查问卷之外，任职者还需要接受专家访谈。下面就是对公关宣传主管职位的任职者进行的访谈。

第一步，介绍和了解基本背景。

访谈者首先用诚恳、简洁的语言向被访谈者介绍自己及本次访谈的目的，消除被访谈者的顾虑，建立良好的访谈关系。

访谈者（以下简称“访”）：您好！我想您已经知道了公司现在正在进行工作分析，今天与您交谈的目的是为了了解一些有关您这个职位的信息，因为您是最了解这方面信息的人。希望您能够积极配合！

任职者（以下简称“任”）：好的。

访：您在这个岗位上干了多长时间？能简单介绍一下您的工作经历吗？

任：我大学毕业就来到大丰公司的前身大丰汽车改装厂做了一名秘书，两年后被调到宣传科工作，5 年后成立了集团，我就一直在集团办公室做公关和宣传工作，又过了 3 年，我被提拔为公关宣传主管。

访：看来您是从基层开始一步一步地做到今天的位置的，您的实践经验一定很丰富，而且您在公司工作的时间这么长，各方面的情况也一定非常了解。我们今天的谈话可能要录音，以便回去整理笔记，我们会对您的内容保密，不知您是否同意？

任：好，没问题。

第二步，获得与工作说明有关的信息。

这部分访谈主要是获得工作说明的信息，了解有关的职责、任务、权限、工作关联关系等。

访：首先我想了解一些有关您的工作内容的情况。请您简单介绍一下您的工作职责？或者说主要做哪些工作？

任：我的工作概括起来主要就是两部分：公关和宣传。公关就是与相关的单位、重要人物搞好关系。我们的业务发展需要与政府部门、新闻媒体、供应商、客户等有良好的关系，使他们对我们的业务起到支持作用。宣传包括对外的和对内的。对外宣传最主要的是广告，我们也会时常搞一些活动来扩大企业的知名度。对内宣传主要就是让员工了解公司、认同公司的企业文化，我们做了内部发行的刊物《大丰人》，都是员工自己写的文章，讲述大丰员工自己的故事。您看，我还给您带来了一本，这个内部刊物是我们和人力资源部合办的，毕竟企业文化建设也是他们的责任。

访：听您讲了这些，我对您的工作有了一个初步的了解，您能不能再稍微具体讲一讲在公关方面您主要做哪些工作？

任：其实有很多工作也是配合公司领导做的。公司领导需要经常与市里的领导、上级主管单位的领导保持密切的关系，我经常陪同领导参加这样一些活动。还有一些像代理商、媒体等，也是要经常联络，保持良好关系的。有些常规性的工作我这里要负责落实，我这里有一些重要人物的名单，逢年过节的时候，要给他们送一些小礼品，另外我们的刊物也要按期发给他们。

访：据我所知，客户服务中心也负责对客户建立良好的关系，供应商的关系主要由采购部处理，那么您这里与他们是怎样分工的呢？

任：涉及业务方面的客户、供应商关系都是由相应部门来处理的，非业务性的往来，像我前面提到的那些礼尚往来的事情主要由我这里统一来管理。

访：各部门可以自己与他们礼尚往来吗？

任：当然可以，但是我们这里制定了统一的礼品标准，而且对超过400元的礼品需要我做最后的审批确认，超过2 000元的要我们主任审批。

访：我理解您的意思了，你们主要是以制定规则和监督的方式管理各部门的公关活动，而不全是亲自操作。

任：对，是这意思。

访：在对外宣传方面，您讲了很重要的内容就是广告。能讲一讲你们对外投放广告大致是怎样的程序吗？

任：我们每年年初都以招投标的形式决定广告代理商，包括电视广告、户外广告等。每年这个投标会都是由我组织的。年度代理商确认后，我们将统一对其进行相关知识和背景的培训，使他们了解我们公司的理念、文化、VI（视觉识别系统），这样他们的创意就更能符合我们的需要。公司品牌和形象宣传的广告由我们部门牵头综合各部门的意见提出计划，与产品有关的广告主要由市场部做计划，我们审核其是否符合公司的形象，最后计划由领导审批，然后才让代理商进行设计。与代理商的沟通都是通过我们部门进行的，必要的时候我会邀请市场部或相关领导参加。广告投放后，我们会联合市场部进行广告效果评估，例如，对销售额的影响以及进行客户满意度调查等。

访：除了广告，还有哪些宣传推广活动？

任：我们的市场推广活动主要有公司级别的重大事件的对外发布及展示、产品和服务相关事件的对外发布及展示，以及分公司在当地的推广活动。按受众类别分为面向大众的发布与推广活动、面向新闻界的发布与推广活动、面向主要客户的发布与推广活动；按主要采用的形式分为大型展览会、新闻发布会、记者招待会、酒会、路展、研讨会等。比如最近我们正在着手准备9月份的大型广场晚会，会邀请一些著名的歌手、演员出席，在晚会上还有现场抽奖活动，奖品就是我们公司各款车型的精美模型。

访：这样的活动你们多长时间办一次？

任：一年里办六七次吧。

访：分公司办各种广告、宣传活动也需要统一经过您这里吗？

任：我们制定了关于各公司（包括各部门）进行广告宣传的规章制度。一般来说，公司整体的形象品牌宣传由我们部门办，分公司可以自己在当地开展配合促销的广告宣传活动，各部门也可以搞针对具体某个产品的宣传推广，但是，代理商的资质必须由我们来审核，广告、活动方案也要先经我们审批了才可以进行。

访：您这里还负责《大丰人》刊物，这个刊物多长时间出一期？

任：半个月一期，是内部刊物，有时也送给外部的客户、上级单位、媒体等，让他们了解我们员工的精神风貌。

访：你们部门这么大的工作量，您有几个下属？是怎样分配工作的呢？

任：广告主要是两个品牌管理专员负责，一个负责形象广告，一个负责产品广告和对分公司的指导。公共关系就一个人，协助我处理一些常规的公共关系实务。对外宣传主要是由一个人负责大型活动，一个人负责内部宣传及内部刊物。另外，我们在各部门和各分公司都设有兼职宣传员，主要负责收集稿件和发放刊物。人手还是比较紧的，最近我希望能再增加两个人，一个负责对外的大型活动，一个负责对政府部门、媒体的公关。在办一些大型活动时，我们也经常发挥团队的力量，大家都参与。每个人都有自己的一摊事儿，又能经常参与集体活动，能调动大家的积极性，也使他们接触到不同的工作。

访：您在工作中应该是向集团总经理办公室主任汇报的吧？那么有哪些事情是您能做主的，哪些是必须请示上级的呢？

任：像我们的广告，1 000万元以上的公司形象广告一定要行政副总审批，500万元以上的由集团办公室主任审批，500万元以下的基本上我可以审批。各地分公司的广告基本上我可以审批，如果发现有问题，比如与总体的基调不太符合等，再找主任。大型活动都需要主任审批，影响特别重大的还得让老总最后做决定。像宣传的刊物基本已经定型，每一期我这里通过就可以了，除非有一些特别重要的稿件需请上边过目。

访：在人员的管理上您有多大的权限呢？听说您正在招人？

任：主要是由我来面试，我这里通过的再给主任看，一般情况下主任不会有太多的意见。

访：您的工作绩效主要是如何衡量的呢？

任：主要是看广告投放的效果、大型活动的效果、外界的反应如何，等等。

第三步，了解工作规范。

这部分主要了解任职者应具备的任职资格。注意，确定任职者应具备的最低标准，不要以现有的任职者来决定。

访：接下来，我想同您讨论一下对从事您这项工作的人的一些基本要求。需要强调的是，我们想要了解的是能够胜任这项工作的人所必不可少的条件，是最低的工作要求。另外不考虑您本人现在的水平如何，而是讨论应该具备怎样的条件就可以了。首先，您觉得要干好您的工作至少需要具备哪些知识、技能、能力？

任：我觉得要干好我这个工作，不一定需要有多深的知识，但知识面要广，因为接触的是方方面面的人。要善于处理人际关系，善于与人沟通，还要善解人意。要懂一些广告知识、VI 知识、公共关系知识，还要有比较好的文笔。另外处理事情要灵活，善于应变，还要能承受压力。

访：您觉得从事您现在的工作至少需要什么样的教育背景？包括教育程度、专业方向？

任：我觉得本科就可以了，最好是学广告、新闻等专业的。我本人是学中文的，在实际工作中还是觉得有很多东西需要学习。

访：您觉得经验在这个工作中重要吗？要想从事您现在的工作至少需要什么样的工作经验？另外，需要接受哪些培训呢？

任：经验非常重要，因为这个工作的很多方面都是需要从实践中积累的，怎么为人处事，怎么与不同的人打交道，这些都不是能在书本中学到的。我想至少得有 3～5 年的经验吧。关于培训嘛，如果有条件接受一些专业的公关、广告培训就更好了。

访：别的还有什么要求吗？

任：我觉得形象应该比较好。这不是开玩笑，因为总是要跟人打交道，形象好一些容易让人喜欢。

访：好。谢谢您提供了这么多有用的信息，占用您这么多宝贵的时间。

任：没关系，不必客气。

（三）撰写职务说明书

根据对公关宣传主管的访谈记录、调查问卷填写情况、工作日志记录，就可以大致编出职务说明书。经过与公关宣传主管任职者和上级管理者的反复沟通，最后确定职务说明书，见表 2-12。

表 2-12　　公共关系主管职务说明书

岗位名称	公共宣传主管	岗位编号	G—3—0003
所在部门	总经理办公室	岗位定员	1
直接上级	总经理办公室主任	职系	行政事务职系
直接下级	品牌管理专员、公共关系专员、企业宣传专员	薪酬等级	四级
		岗位分析日期	2014 年 7 月 1 日

本职：

负责公司宣传、企业文化、对外协调、受理客户投诉等程序性工作。

职责与工作任务：

职责一	职责表述：负责公司对外交流工作中的具体事务		工作时间百分比：20%
	工作任务	策划或协助公司领导参加社交活动	
		参与公司对外接待工作，与相关部门保持良好关系	
职责二	职责表述：负责公司对外宣传		工作时间百分比：20%
	工作任务	负责公司对外宣传的策划工作，制定对外宣传的计划	
		与各种媒体接触，具体实施对外宣传计划	
		进行企业形象宣传的同时，辅助实施企业产品宣传	
职责三	职责表述：接待、协调客户及下属单位投诉		工作时间百分比：40%
	工作任务	接待客户投诉，并记录在案	
		对客户投诉进行协调，并落实到相应的部门	
		监督对于客户投诉问题的解决	
		负责处理日常各方面来信来访工作，并登记在案	
职责四	职责表述：负责公司对内宣传		工作时间百分比：15%
	工作任务	完成总经理办公室主任安排的编写简报工作	
		完成《大丰人》的审稿工作	
		配合信息中心完成网络上宣传版面更新工作	
职责五	职责表述：完成总经理办公室主任交付的其他工作		工作时间百分比：5%

权力：

对于客户投诉处理的监督权

工作协作关系：

内部协调关系	公司各部门、下属企业
外部协调关系	客户、媒体

任职资格：

教育水平	本科及以上
专业	行政管理专业、文秘专业、中文专业或者其他文科类专业
培训经历	经过公共关系、公文写作培训
经验	1 年以上工作经验
知识	具备相应的行政管理知识、秘书知识、档案管理、文书撰写知识
技能技巧	具有较强的写作能力和表达能力；能够熟练使用办公室软件，并具备基本的网络知识；有较强的英语应用能力，具有一定的人际交往能力、沟通能力、计划与执行能力

其他：

使用工具设备	计算机、计算器，一般办公用品
工作环境	办公室
工作时间特征	正常工作时间，偶尔需要加班
所需记录文档	通知、简报、汇报文件、总结、公司文件、宣传资料、客户投诉记录

备注：

选择题（有一个或多个选项是正确的）

1. 工作分析在整个人力资源管理各活动中所处的位置，下列陈述中最恰当的是（　　）。

A. 基石。没有工作分析，其他模块的人力资源管理活动都无法有效展开

B. 成果。通过收集整理有关工作方面的信息可以编制出全员职务说明书

C. 环节。工作分析是人力资源管理的一项重要活动，在工作分析之前需要做好人力资源规划工作

D. 可有可无。只要公司各项工作有序进行，不需要工作分析，只需凭借企业积累的经验即可使企业有序运行

2. 运用面谈法进行工作分析时，下列陈述中错误的是（　　）。

A. 收集到的信息不容易扭曲

B. 可进一步使员工和管理者沟通观念，以获取谅解和信任

C. 可以不拘形式，问句内容较有弹性，又可随时补充和反问，这是问卷法所不能办到的

D. 收集方式简单

3. 通俗地讲，工作分析就是确定（　　）。

A. 企业中各个岗位是“干什么”的　　B. 企业中各个岗位“什么人适合干”

C. 哪些员工是胜任的员工　　D. 员工的工作绩效优劣

4. 工作日志法的优点是（　　）。

A. 收集方式简单

B. 在工作活动后及时记录，可以避免遗漏

C. 可以收集到最详尽的资料

D. 对工作可充分地了解，有助于主管与员工的面谈

综合题

1. 在工作分析中，需要整理各个岗位在组织中所处的位置及其上下级关系，以及岗位与组织以外的哪些部门有工作联系。请设计一份文件（问卷或者图表）以收集上述信息。

2. 工作日志法是工作分析的常用方法。请设计一份工作日志问卷，并编写一则范例。

3. 试编制一份职务说明书，职务任选。

4. 李莉是国企A公司的人事主管。在逐步认识到实行规范化、现代化人力资源管理的重要性后，她决定在企业内开展岗位规范工作，进行工作分析，完善公司员工的职务说明书，以求为公司的人力资源管理的各环节打下良好的基础。另外，作为国企的人

事主管，她还有一个直接的目的，就是想以此淘汰掉一大批不合格的人员；谁不能达到职务说明书的要求，就老老实实地下岗。但这项工作该如何进行呢？李莉先是联系了几家人事咨询公司，但经过几次电话联系后，她觉得这些咨询公司的要价是公司领导无法接受的。如果由人事部自己做，人事部算上李莉只有3个人，并且他们都没有专业学历。李莉该如何做呢？

思考题：

（1）你同意李莉的做法吗？

（2）如果同意，请你帮李莉设计工作分析的步骤和程序。

第3章

人力资源规划

第1节　企业战略与人力资源战略

一、企业战略

（一）竞争的多层次性

竞争体现为多层次的对抗。按由表及里来划分，企业之间的竞争大体上可以分为产品-市场层面的对抗、创造价值活动层面的对抗、资源与核心能力层面的对抗和战略意图层面的对抗，如图3-1所示。竞争是在这四个层面上同时展开的，每一层面都有独特内容，且彼此之间存在着内在一致性的对抗行为。下一层面的活动为上一层面提供支持，上一层面把下一层面的活动转化为某种结果，企业的整体竞争优势则由每个层面的活动聚合而成。

（1）产品-市场层面的对抗。产品-市场层面的竞争是人们最容易观察到的对抗行为。比如企业通过调整价格来扩大市场占有率，发起各种促销活动来提高销售收入，或是推出一种新产品，都会直接影响竞争对手的利益，这些行动具有明显的竞争性。

（2）创造价值活动层面的对抗。企业是创造价值的组织。参与创造价值的各项活动，比如产品设计与研发、原材料采购、生产加工、销售、售后服务，都有可能为企业

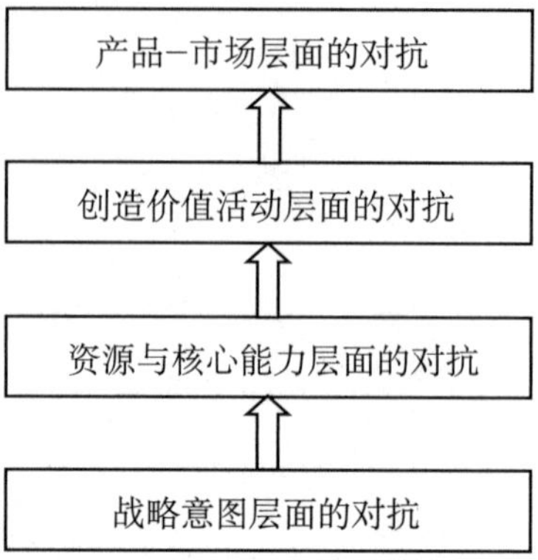

图 3-1　竞争的多层面对抗特征

带来优势和劣势。

（3）资源与核心能力层面的对抗。企业可以通过提升关键资源和培育核心能力的活动，来获取持久的竞争优势。

（4）战略意图层面的对抗。《孙子兵法》强调“上兵伐谋”，战略意图的对抗正是企业一系列“谋”的核心。战略意图的对抗是一种观念的对抗，当企业决定把既定的战略意图付诸行动时，将影响到以上 3 个层面的对抗行为。

（二）企业战略

1. 企业战略的内容

企业战略是在竞争环境中为适应未来的发展变化，求得长期生存与发展而进行的整体性计划。战略的核心是企业的发展方向与对未来环境的适应。

德鲁克认为，企业战略回答的两个基本问题是：企业现在是什么？企业应该是什么？企业战略的起点是企业的现状，重点是企业的未来，如何从现有基础走向未来的目标，构成了企业战略的主线。企业战略通常包括以下几方面的内容。

（1）市场定位。在企业与外界环境的关系中，企业选择哪些顾客作为目标顾客，提供什么样的产品或服务来满足目标顾客的需求，这是一个根本性的问题。所谓市场定位，就是明确企业的目标顾客，认清他们的需求，以及企业能够从哪些方面为这些需求做出贡献。企业只有充分考虑到目标顾客的特点，并针对他们的某种需求不断推出新产品，才可能形成自己的经营特色，才能在未来的竞争中立于不败之地。

（2）企业的远景目标。远景目标勾画出企业未来的蓝图，体现企业的经营观念。设定远景目标可以帮助企业的领导者认清目前资源条件与远景目标之间的差距，并为缩小这种差距而努力。另外，设定远景目标本身就是一个积极的管理过程，这个过程包括将企业成员的注意力集中到成功的关键要素上；企业成员围绕经营观念相互沟通，并从中受到激励；为个人和群体提供做出贡献的空间；根据环境的变化不失时机地调整策略等。

(3) 成长方式。根据产品和市场的不同特性，可以把企业的发展方式分为四种类型，企业的成长方式则是这四种发展方式的组合，见表 3－1。

表 3－1　　企业发展的途径

	现有产品	新产品
现有市场	市场渗透	产品开发
新市场	市场开发	多元化经营

(4) 竞争优势。竞争优势，是指与竞争对手相比，企业在某些产品-市场领域中具有的优越条件和特性。竞争优势主要是从创造价值活动层面、资源与核心能力层面、战略意图层面来培养的。竞争优势是企业选择经营领域的主要依据，在选定的市场上，企业将利用这些条件提高获利能力，巩固市场地位。

(5) 实现远景目标的具体计划。企业要从目前状态走向远景目标，还要周密地计划各项工作。远景目标需要展开为一组阶段性目标，再分解为部门乃至个人的工作目标，这样人们就能看清当前的工作与企业战略之间的关系。没有阶段性目标，远景目标就变成了空洞的设想。在编制计划的过程中，各种可行的方案相互比较，不切实际的设想会被抛弃，还可以从中引发出许多有意义的变革。另外，战略决策通常是在信息不充分的情况下制定的，企业的外部环境中包含相当一部分不确定因素，而通过编制和落实计划，这些不确定因素的影响将被限制在最小范围内。

2. 企业战略的层次

企业战略分为 3 个层次，即公司层战略、战略经营单位（strategy business unit，SBU）层战略、职能层战略。公司层战略反映公司整体层面发展战略；SBU 层战略，又称竞争战略，反映某一具体经营领域的竞争策略；职能层战略反映具体的 SBU 层的某一职能领域的策略，如人力资源战略、营销战略、财务战略、生产战略。

公司层战略有成长战略和防御战略。成长战略又分为一体化战略、多元化战略、加强型战略；防御战略又分为收缩战略、剥离战略、清算战略。

竞争战略代表性的学说是波特的竞争战略学说，波特认为企业的竞争战略包括低成本战略、差异化战略、聚焦战略（见表 3－2）。聚焦战略又可细分为聚焦低成本战略和聚焦差异化战略，因此我们可以把企业获取竞争优势的战略概括为 2 种：要么在价格相近情况下，企业可以向顾客提供更能满足其特殊需求的产品或服务，即差异化战略；要么在质量和性能相近情况下，企业产品或服务的价格更低，即低成本战略。

表 3－2　　三种战略的关系

目标市场	竞争优势	
	被顾客察觉的独特性	低成本地位
全产业范围	差异化战略	低成本战略
特定细分市场	聚焦战略	

阅读材料

沃尔玛的低成本战略

1. 贯彻节约开支的经营理念。沃尔玛的经营理念蕴含于其“天天平价，始终如一”的经营策略中。沃尔玛在零售这一微利行业，力求比竞争对手更节约开支，这一看似平实但实际上效果显著的经营理念，成为沃尔玛在零售行业保持领先的关键所在，为其确立并成功实施成本领先战略提供了先决条件，它使沃尔玛在采购、存货、销售和运输等各个商品流通环节想尽一切办法降低成本，并能够在包含高科技的计算机网络方面和信息化管理方面不惜代价，投入重金打造有助于降低整体物流成本的高科技信息处理系统。

物流成本控制水平是衡量零售企业经营管理水平的重要标志，也是影响零售企业经营成果的重要因素。快捷的信息反馈和高效的物流管理系统可以使商品库存量大大降低，资金周转速度加快，企业成本自然降低。沃尔玛将涉及采购、存货、运输等在内的物流循环链条，作为实施低成本战略的载体，并通过对该链条的集中管理，把整个链条中各个点的成本降至行业最低。

2. 直接向工厂购货。很多商家采取的是代销的经营方式，以规避经营风险，沃尔玛却实施直接买断购货政策，而且对于货款结算采取固定时间决不拖延的做法。沃尔玛的平均贷款应付期为29天，竞争对手凯马特则需45天。这种购货方式虽然使沃尔玛需要冒一定的风险，但供应商的利益得到了保护，大大激发了供应商与沃尔玛建立业务的积极性，赢取了供应商的信赖并同供应商建立起友好融洽的合作关系，从而保证了沃尔玛的最优惠进价，大大降低了购货成本。根据沃尔玛自己的统计，沃尔玛实行向生产厂家直接购货的策略，使采购成本降低了2%～6%。

3. 统一购货。沃尔玛采取中央采购制，尽量由总部实行统一进货，特别是那些在全球范围内销售的高知名度商品，沃尔玛一般将一年销售的商品一次性签订采购合同，由于数量巨大，其获得的价格优惠远远高于同行，形成他人无法比拟的低成本优势。

4. 辅助供应商降低成本。沃尔玛通过帮助供应商改进工艺、提高质量、降低劳动力成本、分享沃尔玛的信息系统等，辅助供应商实现最低成本，从而提高收益率。

5. 存货管理环节降低包装成本和存货成本。沃尔玛的商品多以大包装出售，以降低包装成本。同时，将信息系统运用于分销系统和存货管理。公司总部有一台高速计算机，与20个发货中心及1 000多家商店连接。通过商店付款柜台扫描器售出的每一件商品，都全自动计入计算机。当某一货物减少到某一数量时，系统就会发出信号，提醒商店及时向总部要求进货。总部安排货源后，送往离商店最近的分销中心，再由分销中心的计算机安排发送时间和路线。在商店发出订单后48小时，所需的货品就会全部出现在货架上。这种高效的存货管理，使公司既能迅速掌握销售情况，又能及时补充存货不足；既不积压存货，又不使商品断档，加速资金周转，大大降低了资金成本和库存费用。

6. 分销配送环节。沃尔玛自己拥有车队，有效地降低了运输成本。在整个物流链条中，运输环节是最昂贵的部分，运输车队省下的成本越多，那么整个物流链条节省的钱就会越多。为降低运输成本和提高效率，沃尔玛采取了自己拥有车队的方法，并辅之以全球定位的高科技管理手段，保证车队总是处在一种准确、高效、快速、满负荷的状态。沃尔玛各店铺从向总部订货到实现补货仅需 2 天，而竞争对手需要 4～5 天才能实现补货一次。根据沃尔玛自己的统计，沃尔玛的商品运往商店的成本，即进货费用占商品总成本的比例只有 3%，而竞争对手则需要 4.5%～5%。这就保证了沃尔玛能以快速的服务和低廉的价格获得与竞争者同样的利润。

7. 利用发达的高科技信息处理系统作为战略实施的基本保障。沃尔玛的高科技信息处理系统不仅包括发达的计算机网络体系，还包括全美最大的私人卫星通信系统和世界上最大的民用数据库。沃尔玛所有店铺、配送中心的购销调存以及运输车队的详细信息，都可以通过与计算机相连的通信卫星传送到总部的数据中心，数据中心为沃尔玛各店铺、配送中心、供应商和车队进行通信联系和信息交流提供了便利。在先进的高科技信息处理系统的支持下，各店铺、配送中心、供应商和运输车队利用空中信息轨道及时联络，使快速移动的物流循环链条上的各个点实现了光滑、平稳、顺畅的低成本衔接。

8. 与供应商建立战略伙伴关系。企业如果能够打破供应链伙伴之间传统的交易关系，积极寻求与供应商、分销商、顾客等供应链外部参与者的合作或联盟，就可以以广泛的团队，通过共担风险、共享收益、共享信息、共同完成长期目标，实现对顾客需求的快速反应和整个供应链的总利润最大化。沃尔玛与供应商建立战略伙伴关系，整合零售企业的上游价值链，一方面增强了与供应商的管理能力，另一方面又降低了物流费用、交易费用，提高了物流效率及顾客满意度，达到与供应商双赢的效果。

资料来源：http：// baike. sogou. com/v100124805. htm? fromTitle＝%E6%B2%83%E5%B0%94%E7%8E%9B%E6%88%90%E6%9C%AC%E9%A2%86%E5%85%88%E6%88%98%E7%95%A5，2017－03－21.

阅读材料

宝洁公司洗发水的差异化战略

宝洁公司创建于 1837 年，是一家美国消费日用品生产商，也是目前全球最大的日用品公司之一。宝洁公司生产多个系列的洗发水，满足顾客的不同洗发需求。

潘婷作为宝洁公司旗下的秀发护理专家，在全球一贯致力于健康头发的护理，相信美丽源自健康，提供各种秀发问题的解决方案。

飘柔作为宝洁旗下的品牌，1989 年 10 月进入中国，其飘逸、柔顺的效果得到消费者的认可。多年来，飘柔洗发水一直是中国洗发水市场的领导品牌，成为中国女性生活的一部分。

海飞丝是宝洁公司的一款主打去屑的中档洗发品牌。1963 年，全球第一支含有活性去屑成分、可有效祛除头屑的洗发露诞生，自此，有效去除头屑成为海飞丝深受全球消费者喜爱的最出色的功效。

沙宣是宝洁公司洗发水品牌中的后起之秀，宝洁请来国际著名美发专家维达·沙宣做品牌形象大使，并用维达·沙宣的名字作为品牌，从而树立起专业洗发、护发的形象，其广告语“我的光彩来自你的风采”则有画龙点睛之感。

伊卡璐也是宝洁公司旗下产品，70 多年的辉煌历史中，伊卡璐创造了很多的业界第一，被推崇为洗发护发美发行业的佼佼者。其以“成分天然”为主要特色，带来与众不同的清新感觉，正吻合全球性“回归自然、崇尚环保”的生活潮流，深受消费者喜爱。

资料来源：http：//www.360doc.com/content/16/0519/16/33493188_560483499.shtml，2016-05-19.

二、人力资源战略

根据美国康奈尔大学的研究，人力资源战略可分为 3 种，即诱引战略、投资战略和参与战略。

（一）诱引战略

诱引战略主要通过丰厚的薪酬来诱引和培育人才，从而形成一支稳定的高素质的员工队伍。诱引战略中常用的薪酬制度包括利润分享计划、奖励政策、绩效奖酬、附加福利等。由于薪酬较高，人工成本势必增加。为了控制人工成本，企业在实行高薪酬的诱引战略时，往往要严格控制员工数量，所吸引的也通常是技能高度专业化的员工，招聘和培训的费用相对较低，管理上则采取单纯利益交换为基础的严密的科学管理模式。

（二）投资战略

投资战略主要通过数量较多的员工，形成一个备用人才库，储备多种专业技术人才，为企业提供一定的灵活性。这种战略注重员工的开发和培训，注意培育良好的劳动关系。在这方面，管理人员担负了较重的责任，要确保员工得到所需的资源、培训和支持。采用投资战略的企业要与员工建立长期的工作关系，故十分重视员工，视员工为投资对象，员工有较高的工作保障。

（三）参与战略

参与战略谋求员工有较大的决策参与机会和权力，使员工在工作中有自主权，管理人员更像教练一样为员工提供必要的咨询和帮助。采用这种战略的企业很注重团队建设、自我管理和授权管理。企业在对员工培训时也较重视员工的沟通技巧、解决问题的方法、团队工作等，如日本企业开创的质量控制小组就是这种人力资源战略的典型。

第 2 节　人力资源规划概述

一、人力资源规划的含义

人力资源规划（human resource planning，HRP），也称人力资源计划。动词含义的人力资源规划，是指对企业在某个时期的人员供给和人员需求进行预测，并依据预测的结果进行人力资源平衡，如图 3－2 所示。名词含义的人力资源规划包括总体规划和业务规划。总体规划包括企业的人力资源净需求；企业在规划期内人力资源需求和配置的总体框架；人力资源的招聘、培训、薪酬等主要活动的重要方针、政策和原则；人力资源投资预算。业务规划是总体规划的分解和细化，包括人员补充计划、薪酬与福利计划、培训与开发计划、绩效管理计划、员工关系计划等。人力资源规划必须要与企业战略相一致。人力资源规划的目的包括降低用人成本、合理分配和使用人力资源、适应组织的发展需要。

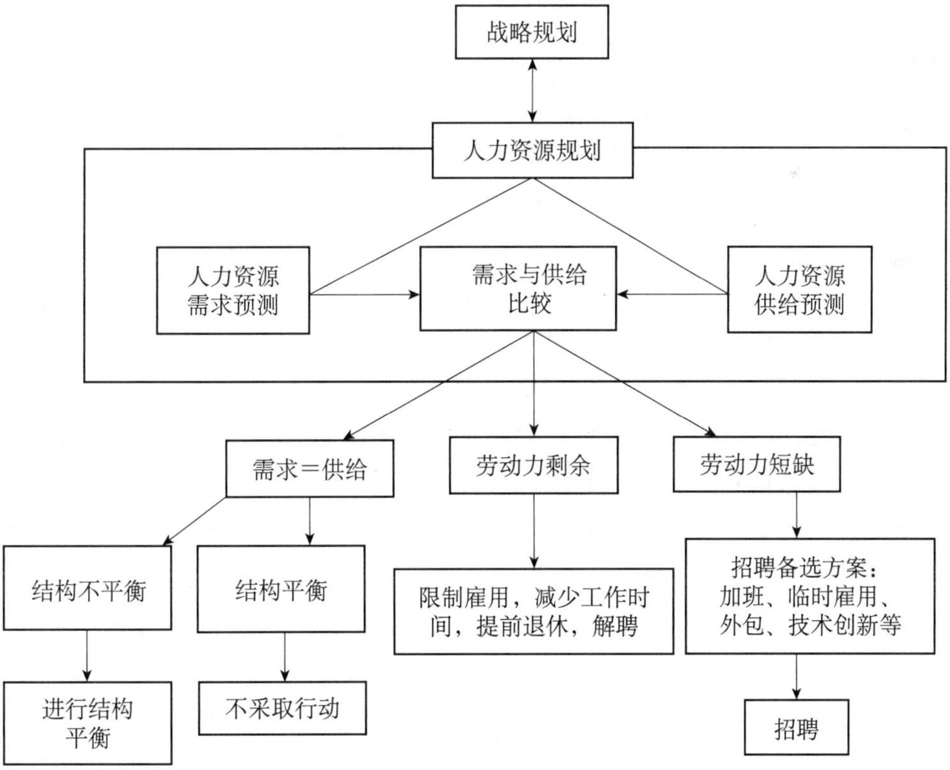

图 3－2　人力资源规划的过程

二、人力资源规划模型

人力资源规划模型如图 3－3 所示。

Ⅰ．收集信息
A．外部环境信息 1．宏观经济形势和行业经济形势；2．技术；3．竞争；4．劳动力市场；5．人口和社会发展趋势；6．政府管制情况 B．企业内部信息 1．战略；2．业务计划；3．人力资源状况；4．辞职率和员工的流动性
Ⅱ．人力资源需求预测
A．短期预测和长期预测；B．总量预测和各个岗位需求预测
Ⅲ．人力资源供给预测
A．内部供给预测；B．外部供给预测
Ⅳ．所需要的项目的计划与实施
A．增加或减少劳动力规模；B．改变技术组合；C．开展管理职位的接续计划；D．实施员工职业生涯计划
Ⅴ．人力资源规划过程的反馈
A．计划是否精确？B．实施的项目是否达到要求？

图 3-3 人力资源规划模型图

阅读材料

中铝“赘肉”：行政管理人员

中铝集团副总裁李东光接受有关部门调查的新闻又把2012年巨亏的中铝集团推上了舆论的风口浪尖。2012年，中铝集团发生82.3亿元的巨额亏损，在A股市场上名列亏损榜的第二名，第一名是中国远洋集团。在上市公司年报里，中铝集团把亏损的原因归于“经济放缓、消费不振、铝价下降”等。但就在中铝集团效益持续不振甚至下滑的最近5年里，魏桥、信发等民营铝企却迅速崛起，企业规模和产能不断壮大，每年利润率都在15%甚至30%以上。同样的外部条件，为什么不同所有制企业之间的经营绩效相差那么大？看来问题还在企业内部。

众所周知，员工的数量和结构是影响企业效益的重要因素之一。根据2012年年报，中铝集团共有在职员工9.8万人，其中生产人员7.94万人，行政人员1万人，分别占81%和10.2%；而魏桥铝电共有员工2.1万名，其中生产人员1.67万人，技术人员3 950人，管理人员334人，分别占比79.65%、18.76%和1.59%。行政管理人员的比例相差这么大，犹如一个窗口，揭示出两家企业一亏一盈的重要原因之一。

对于任何一个企业来说，行政管理人员都是组织运作不可或缺的一部分，但行政管理人员毕竟不是直接生产者，也不像技术人员那样，对产品的品质提升和产品开发有直接贡献。行政管理人员犹如人身上的脂肪，一点没有，不行；过多，则成为“赘肉”，肯定会影响效率。问题是，如此浅显的道理谁都明白，为什么无论中铝集团还是名列世界500强的中国的一些大银行，在保持“骨感”的人员结构方面会心有余而力不足？无他，只因为是国企。

国企之所以无力使人力资源优化，主要因为没有自主用人权。这个“自主”指的不是从劳动力市场聘用员工那么初级的权力，而是指从最高经营者到普通员工，国企的管理者永远会遭遇不想要的人却拒绝不了的境况。就拿国企的最高负责人本身来说，也不是企业自主选择的，而是由国资委经过组织部门考核审定后任命的，“一张纸，两行字，三分钟”，一则简短的任免决定和几句话的告知，便决定了经营者和企业的命运。任免的理由时常同经营能力和绩效没有直接关联，干得好，不一定能干下去；干不好，也不一定就不能来。在一个企业里，如果最高经营者连自己的命运都掌握不了，还怎么能决定员工的命运?

果不其然，只要有背景，各种不管企业用得上用不上的人，都会源源不断地进来，企业的效益越好，莫名其妙进来的人员越多。而越是需要绕开劳动力市场竞争的人员，其能力和态度越差；总体素质越差，却越“神通广大”的人员，越能占据“活不累、钱不少”的职位，越容易成为企业的“赘肉”。国企行政管理岗位上何以人浮于事，其生存逻辑大致如此。

过多的“赘肉”不但增加了企业的成本，而且败坏了内部人际关系和员工心态。有背景、没能耐，还不肯干活的人越多，待遇越优厚，一线工人的挫折感和相对剥夺感就越强烈，生产积极性就越受挫。而对于既没有能力又没有自信心的“赘肉”，行政人员不会管理，也不敢管理，最后必然造成纪律松弛，秩序混乱，效率低下，效益滑坡，而这一切在中铝集团这样的大型国有企业里都屡见不鲜。

有意思的是，随着企业业绩下降，待遇恶化，神通之辈开始新一轮的大显神通，纷纷跳槽到其他绩效较好、待遇较高的国企。于是，亏损的国企开始消肿，成本下降，绩效提升，显现出起死回生的迹象，而接受“赘肉”转移的国企则踏上被寄生直至被耗竭的道路。

据说中铝集团经过大力整顿，人员减少，管理严格，纪律也从紧了。在变卖大量资产之后，今年前三个季度的亏损也比上年有大幅度下降，为18.5亿元。今天让人牵挂的已不是中铝集团能否重现辉煌，而是减少的人员中有多少“赘肉”，他们现在去了哪里，被他们选为“宿主”的国企是否会重蹈被拖垮的覆辙。微观上一家家国企死而复生、生而复死，宏观上众多国企方生方死的一幕，不知还将延续到什么时候，要回答这个问题就得回答中国什么时候能够摆脱这些权力的“赘肉”。

资料来源：顾俊．中铝“赘肉”：行政管理人员．中国经营报，2013-12-24.

三、人力资源规划的制定流程

人力资源规划的制定流程如下：

第一步，确认企业的总体发展战略和目标，明确其对人力资源规划的要求，制定职务编写计划。职务编写计划陈述企业的组织结构、职务设置、职位描述和职务资格要求等内容。

第二步，人力资源需求预测。主要是根据企业的发展战略规划和本企业的内外部条件选择预测技术，并根据职务编制计划对人力资源需求的结构和数量、质量进行预测。人员需求中应陈述需求的职务名称、人员数量、希望到岗时间等。最好形成一个标明有员工数量、招聘成本、技能要求、工作类别，以及为完成组织目标所需的管理人员数量和层次的列表。

第三步，人力资源供给预测。人员供给计划是人员需求的对策性计划，主要陈述人员供给的方式、人员内外部流动政策、人员获取途径和获取实施计划等。通过分析劳动力过去的人数、组织结构和构成以及人员流动、年龄变化和录用等资料，就可以预测出未来某个特定时期的供给情况。预测结果勾画出组织现有人力资源状况以及未来在流动、退休、淘汰、升职以及其他相关方面的发展变化情况。人力资源供给预测包括两部分。一部分是内部拥有量预测，即根据现有人力资源的数量、质量、结构及其分布情况、未来变动情况，预测规划各时间点上的人员拥有量；另一部分是对外部人力资源供给量进行预测，确定在规划时间点上的各类人员的可供量。

第四步，对人力资源供给和需求进行综合平衡，编制相关人力资源规划并实施。(1) 确定人员需求量。这步主要是把预测到的各规划时间点上的供给与需求进行比较，确定人员在质量、数量、结构及分布上的不一致之处，从而得到人员需求净量。(2) 制定匹配政策以确保需求与供给的一致。这步实际是制定各种具体的规划和行动方案，保证需求与供给在规划各时间点上的匹配，主要包括人员招聘计划、培训计划、人力资源费用计划、人力资源管理政策调整计划等。培训计划中包括培训政策、培训需求分析、培训内容、培训形式、培训效果评估等内容。人力资源费用预算主要包括招聘费用、培训费用、福利费用等方面的预算。人力资源管理政策调整计划中明确计划期内的人力资源政策的调整原因、调整步骤和调整范围等。其中包括招聘政策、绩效政策、薪酬与福利政策、激励政策、职业生涯政策、员工管理政策等。(3) 执行规划和实施监控。

第 3 节　人力资源供需预测和人力资源平衡

一、人力资源需求预测

人力资源需求预测 (forecasting human resource requirements) 是指对企业在未来某一特定时期所需要的人力资源数量、质量以及结构进行估计。人力资源需求预测需要考虑的相关影响因素主要有企业的发展战略和经营规划、产品和服务的需求、职位的工作量、生产效率的变化、雇员流动率、雇员的质量与性质等。人力资源需求预测的方法有定性预测法和定量预测法。

（一）定性预测法

定性预测法是让专家或有关人员根据自己的经验判断企业未来对人力资源数量与结构的需求。它特别适用于企业在不稳定的环境下对劳动力需求的预测，这里介绍其中的两种方法：管理评价法和德尔菲法。

1. 管理评价法

管理评价法是人力资源需求预测中最常用的方法，它是由高层领导、部门经理、人力资源经理等人员预测和判断企业在未来某一时期对劳动力的需求。管理评价法可分为上级估计法和下级估计法两种，前者由高层领导根据组织的发展战略、经营环境的变化预测人员的需求；后者是首先由基层管理人员根据生产能力、员工流失等情况预测人员的需求，然后向上级主管部门汇报。预测需求的依据有：组织目标、生产能力、市场需求、销售预测、人员配置和员工的流动性等。这种评价方法的主要缺点是容易犯主观错误，影响判断的主要因素是判断依据的真实性与判断者的经验。

2. 德尔菲法

德尔菲法（Delphi method）是 20 世纪 40 年代末在美国兰德公司（The Rand Corp）发展起来的，是专家们对影响组织某一领域发展的看法达成一致意见的结构化方法。首先，德尔菲法汲取和综合了众多专家的智慧，以避免个人作预测可能出现的信息量小、判断不够准确的缺点。其次，德尔菲法不采用集体讨论的方式。若专家们面对面地进行集体讨论，会使一些人由于受身份、地位差别等因素的影响而不愿批评别人，乃至放弃自己的合理意见。在德尔菲法中，使用一个“中间人”或“协调员”在专家之间收集、传递、归纳反馈信息。德尔菲法往往要经过几轮的预测，使专家们的预测意见渐渐趋向一致，有较高的准确性。

德尔菲预测技术的操作方法是：首先在企业中广泛地选择各个方面的专家，每位专家都拥有关于人力预测的知识和专长。这些专家可以是管理人员，也可以是普通员工。总之，这里的专家指的不是学者，而是对所研究的问题有深入了解的人员。主持预测的人力资源部门要向专家说明预测对组织的重要性，以取得他们对这种预测方法的理解和支持，同时通过对企业战略定位的审视，确定关键的预测方向、解释变量和难题，并列举出预测小组必须回答的一系列有关人员预测的具体问题。然后使用匿名独立填写问卷等方法来设计一个可以使各位预测专家在预测过程中畅所欲言地表达自己观点的预测系统。人力资源部门需要在第一轮预测后，将专家各自提出的意见进行归纳，并将综合结果反馈给他们。然后再重复上述过程，让专家有机会修改自己的预测并说明原因，直到专家的意见趋于一致。

在预测过程中，人力资源部门应该为专家提供充分的信息，包括已经收集的历史资料和有关的统计分析结果，目的是使专家能够作出比较准确的预测。问卷中的问题应该符合预测的目的并且表达准确，以保证所有专家能够从相同的角度理解员工分类和其他相关的概念，避免造成歧义或误解。在必要时，可以不问人力需求的总体绝对数量，而应该问变动的百分比或某些专业人员的预计变动数量。对于专家的预测结果也不必要求精确，只要求专家作出粗略的估计，但是要求专家说明对所预测的肯定程度。

米考维奇等人 1972 年在《管理科学》上发表的一篇文章中讲过美国的一家零售公司曾经用德尔菲法来预测公司在某一年所需的采购员的需求量。这家公司所选择的专家是公司中的 7 位管理人员，他们回答了 5 轮匿名问卷。在第一轮调查结束后，预测值的范围是 32～55 名。到第五轮调查结束后，预测值的范围是 34～45 名，平均值为 38 名。为了检验德尔菲预测技术的精确程度，这家公司没有公布预测结果，也没有在当年的招聘中使用这个预测信息。到那一年结束，这家公司实际招聘了 37 名采购人员，结果表明德尔菲法的预测结果十分精确。

这种预测方法虽可集中专家的意见，但费用高，且对预测短期的需求或对一般劳动力的需求作用不大。

（二） 定量预测法

定量预测法是选择一个与人力资源需求有关的商业要素，并预测随商业要素的变化而产生的劳动力需求变化。所谓商业要素是一种商业属性，如生产能力、销售额、市场份额、商业面积、工作时数等。定量预测法的关键是确定一个与劳动力紧密相关的商业要素，一般在相对稳定的经营环境中容易发现这些因素。因此这种方式适合在相对稳定的环境中企业对人力资源的预测。这里主要介绍趋势分析法、比例预测法、按劳动效率预测、按设备预测、回归预测法。

1. 趋势分析法

趋势分析法（trend forecasting）是指根据企业过去几年的人员数量，分析它在未来的变化趋势并依此来预测企业在未来某一时期的人力资源需求量。趋势分析法的基本思想是，确定组织中哪一种因素与劳动力的数量和构成的关系最大。然后，找出过去这个因素随雇用人数的变化趋势，由此推出将来的趋势，从而得出未来劳动力的需求量。由于该方法在使用时假定主要因素以外的其他因素都保持不变或者变化的幅度保持一致，因此具有较大的局限性，多适用于那些经营稳定的企业，并且主要作为一种辅助方法来使用。

趋势分析法是根据企业的历史资料，分析某个商业要素的变化从而预测商业要素变化而导致的人力资源需求。例如，某公司在进行劳动力趋势分析时选择销售额作为预测指标，然后列出历史上的销售额和劳动生产率（销售额与劳动力之比），从中就能计算出预测年份的劳动力需求数，见表 3－3。

表 3－3　　人力资源需求趋势分析

年份	销售额（万元）	劳动生产率（销售额/员工数）	劳动力需求数量（人）
1993	2 351	14.33	164
1994	2 613	11.12	235
1995	2 935	8.34	352
1996	3 306	10.02	330
1997	3 613	11.12	325
1998	3 748	11.12	337
1999*	3 880	12.52	310
2000*	4 095	12.52	327
2001*	4 283	12.52	342
2002*	4 446	12.52	355

* 表示预测年份。

资料来源：SHERMAN A. Managing Human Resource. 11th edition. 大连：东北财经大学出版社，1998.

2. 比例预测法

比例预测法是指按照企业的员工总数或某一类人员总数的比例，来确定某类人员定员数量的方法。在组织中，由于劳动分工与协作的要求，某一类人员与另一类人员之间总是存在一定的比例关系，并且随着后者人员的增减而变化。企业对这些人员定员时，可严格根据国家、主管部门、行业标准确定的比例，采用如下计算公式确定。

$$M=T\times R$$

式中，M——某一类人员的定员数；

T——服务对象人数；

R——定员的标准比例。

如高校规定师生比例为 1∶15，即每招 15 位学生需配备 1 位老师，某高校今年扩招 3 000 人，则需新增加老师 200 人。再如，对食堂工作人员的需求预测，见表 3－4。其他例子，如幼儿园中依据保育人员与入托儿童数量的比例，医院中依据医务人员与病床数量之间的比例，可以分别对所需保育人员及医务人员的数量进行预测。

表 3－4　　食堂工作人员与就餐人数比例对照表

就餐人数	工作人员与就餐人数的比例	
	日开三餐	日开四餐
200 人以下	1∶25～1∶30	1∶20～1∶25
200～500 人	1∶30～1∶35	1∶25～1∶30
500 人以上	1∶35～1∶40	1∶30～1∶35

3. 按劳动效率预测

按劳动效率预测是指根据生产任务和工人的劳动效率以及出勤率等因素来计算所需岗位人数的方法。它实际上就是根据工作量和劳动定额来计算人员数量的方法。因此，凡是实行劳动定额的人员，特别是以手工操作为主的工种的定员，都适合用这种方法来计算。其计算公式如下：

$$M=\frac{\sum(T\times Q)+C+B}{t\times p\times a}$$

式中，M——效率定员人数；

T——单位产品工时定额；

Q——产品数量；

C——计划期允许的废品工时最高限额；

B——零星任务工时；

t——制度工时，此处是指一个工人在一年内的制度工日数乘以法定工作日长度；

p——工时利用率（或平均出勤率）；

a——工时定额完成率。

事实上该公式可简化如下：

$$定员人数=\frac{计划期生产任务总量}{工人劳动效率\times 出勤率}$$

例如，某企业每年生产某零件 4 651 200 只，每个车工的日产量定额为 16 只，年平均出勤率为 95%，求车工定员人数，计算如下：

$$定员人数=\frac{4\ 651\ 200}{16\times(365-2\times 52-10)\times 0.95}=1\ 219(人)$$

上式中的（365－2×52－10）系指每年的工作时间。一周休息 2 天，一年当中还有 10 天的法定节假日。

劳动定额的基本形式有产量定额和时间定额两种。上例是产量定额，如果采用时间定额，其计算公式如下：

$$定员人数=\frac{生产任务\times 时间定额}{工作班时间\times 出勤率}$$

以上例来说，如单位产品的时间定额为 0.5 小时，则可计算如下：

$$定员人数=\frac{4\ 651\ 200\times 0.5}{8\times(365-2\times 52-10)\times 0.95}=1\ 219(人)$$

4. 按设备预测

按设备预测是指根据工作量确定设备的数量，再根据设备数量、设备利用率、开动班次以及工人看管定额和出勤率来确定定员人数的方法。这种方法属于按效率定员的一种特殊表现形式，主要适用于机械操作为主，使用同类型设备，采用多机床看管的工种。应根据劳动定额和设备利用率来核算单台设备的生产能力，根据生产任务来计算开动台数和班次。其计算公式如下：

$$M=\frac{n\times s}{m\times K}$$

式中，M——设备定员人数；

n——同类型设备开动台数；

m——单机定员标准；

s——该型设备平均开动班次；

K——出勤率。

举例来说，某布厂织布车间有织布机 360 台，每台开动班次为 2 班，每人看管定额为 10 台，制度工时利用率（出勤率×作业率）为 90%，则织布工定员人数，可计算如下：

$$定员人数=\frac{360\times 2}{10\times 0.9}=80(人)$$

5. 回归预测法

回归预测法（regression forecasting）的基本思路就是要找出那些与人力资源需求关系密切的因素，并依据过去的相关资料确定出它们之间的数量关系，建立回归方程，然后再根据这些因素的变化以及确定的回归方程来预测未来的人力资源需求。使用回归预测法的关键是要找出那些与人力资源需求高度相关的变量，这样建立起来的回归方程的预测效果才会比较好。最后，预测的需求数量与供给的预测数量的差额就是组织对人力资源需求的预测量。如果这一差额是正值，就说明组织面临人力短缺；如果这一差额是负值，就说明人力过剩。

例 3-1

某医院要预测明年所需护士数量，如果使用回归预测法，首先要找出护士需求量与哪些因素关系比较密切。对相关数据进行统计分析后发现，病床数与护士的需求量之间相关程度比较高，接下来就要分析它们之间到底是一种什么样的关系。医院的人力资源经理找来了自己医院和其他医院床位数以及护士数的数据，见表 3-5。

表 3-5　病床数和护士数的数据

病床数（张）	200	300	400	500	600	700	800
护士数（人）	180	270	345	460	550	620	710

将病床数设为自变量 X，护士数设为因变量 Y，两者之间的线性关系可以表示为 $Y=a+bX$，其中计算 a 和 b 的方法和趋势分析法一样，计算得出 $a=2.321$，$b=0.891$，回归方程就是 $Y=2.321+0.891X$，也就是说每增加一个床位，就要增加 0.891 个护士。由于医院准备明年将病床数增加到 1 000 个，所以需要的护士数为：

$$Y=2.321+0.891\times 1\,000=893.321\approx 894(人)$$

例 3-2

某昼夜服务的公交线路每天各时间段所需司机和乘务人员数如表 3-6 所示。

表 3-6 各班次所需司乘人数

班次	时间	所需人数	班次	时间	所需人数
1	6：00～10：00	60	4	18：00～22：00	50
2	10：00～14：00	70	5	22：00～2：00	20
3	14：00～18：00	60	6	2：00～6：00	30

假设司机和乘务人员分别在各时段一开始时上班，并连续工作 8 小时，问该公交线路怎样安排司机和乘务人员，既能满足工作需要，又只须配备最少的司机和乘务人员？

解：设 x_i 表示第 i 班次时开始上班的司机和乘务人员数，这样我们建立如下数学模型。

目标函数：$\min(x_1+x_2+x_3+x_4+x_5+x_6)$

约束条件：

$$x_1+x_6\geqslant 60$$
$$x_1+x_2\geqslant 70$$
$$x_2+x_3\geqslant 60$$
$$x_3+x_4\geqslant 50$$
$$x_4+x_5\geqslant 20$$
$$x_5+x_6\geqslant 30$$
$$x_1,\ x_2,\ x_3,\ x_4,\ x_5,\ x_6\geqslant 0$$

例 3-3

福安商场是个中型的百货商场，它对售货员的需求进行了统计分析，见表 3-7。为了保证售货人员充分休息，售货人员每周工作 5 天，休息 2 天，并要求休息的两天是连续的。问：应该如何安排售货人员的作息，既满足工作需要，又使配备的售货人员的人数最少？

表 3-7 福安商场每周各天所需售货员人数

时间	所需售货员人数	时间	所需售货员人数
星期日	28	星期四	19
星期一	15	星期五	31
星期二	24	星期六	28
星期三	25		

解：设 x_i（$i=1\sim7$）表示星期一至星期日开始休息的人数，这样我们建立如下的数学模型。

目标函数：$\min(x_1+x_2+x_3+x_4+x_5+x_6+x_7)$

约束条件：

$$x_1+x_2+x_3+x_4+x_5\geqslant 28$$
$$x_2+x_3+x_4+x_5+x_6\geqslant 15$$
$$x_3+x_4+x_5+x_6+x_7\geqslant 24$$
$$x_4+x_5+x_6+x_7+x_1\geqslant 25$$
$$x_5+x_6+x_7+x_1+x_2\geqslant 19$$
$$x_6+x_7+x_1+x_2+x_3\geqslant 31$$
$$x_7+x_1+x_2+x_3+x_4\geqslant 28$$
$$x_1,\ x_2,\ x_3,\ x_4,\ x_5,\ x_6,\ x_7\geqslant 0$$

二、人力资源供给预测

人力资源供给预测（forecasting human resource availability）是指对在未来某一特定时期内能够供给企业的人力资源的数量、质量以及结构进行估计。人力资源的供给包括内部供给和外部供给两个来源，内部供给是指内部劳动力市场提供的人力资源，外部供给则是指外部劳动力市场提供的人力资源。

（一）人力资源供给分析

1. 外部供给分析

影响外部供给的因素主要有外部劳动力市场的状况、社会的就业意识和择业心理偏好、企业的吸引力、户籍制度等。以社会的就业意识和择业心理偏好为例，新一代大学生大都希望到大都市去工作，不少年轻人贪图舒适轻松，偏爱大饭店、大商场，不愿意去工厂，使许多企业在补充人才方面出现困难，如图 3－4 所示。

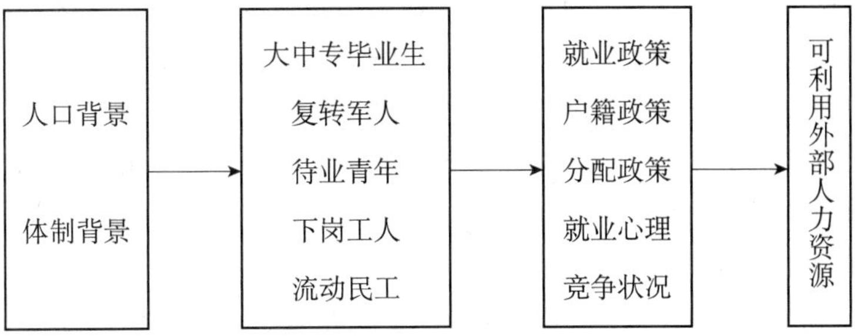

图 3－4　外部人力资源供给预测

资料来源：孙泽厚，罗帆．人力资源管理——理论与实务．武汉：武汉理工大学出版社，2004.

2. 内部供给分析

内部供给分析主要是对现有人力资源的存量及其在未来的变化作出判断。这种分析主要包括现有人力资源分析、人员流动分析、人员质量分析。其中人员流动分析的内容又包括员工在企业内部的流动和人员由企业流出。

（二）人力资源供给预测的方法

1. 技能清单

技能清单（skill inventories）是一个反映员工工作能力特征的量表，其内容详见表3-8。技能清单是对员工竞争力的反映，可以用来帮助预测潜在的人力资源供给，主要服务于晋升人选的确定、职位调动决策、对特殊项目的工作分配、培训、职业生涯规划等。

表 3-8 技能清单

个人资料	技能（培训）资料	公司资料
— 出生年月日 — 住址 — 身份证号 — 抚养家属 — 婚姻状况 — 学历 — 兴趣、爱好 — 区域偏好 — 工作经历	— 具体技能 — 参加研讨会的记录 — 学位 — 资格认定 — 关心领域 — 语言沟通能力 — 专长 — 考核结果	— 本公司就职日期 — 定薪 — 晋升记录 — 现在的薪酬 — 最后晋升日期 — 以前的职位 — 最后考核日期 — 出勤率

2. 接班人计划

这种方法又称为管理人员接替图、管理者继承计划，是对现有管理人员的状况进行调查、评估后，列出未来可能的管理者人选。该方法被认为是人力资源计划和企业战略计划结合起来的一种较有效的方法。IBM 自 20 世纪 60 年代以来就开始实施管理者继承计划，该公司宣称实施该计划的目的是“保证高层管理者的素质，为公司遍布全世界的所有管理者职位做好人才准备，从公司分部经理到总经理，都负有执行这项计划的责任，具体工作则由负有人事职责的专门人员来做”。

管理人员接替图主要涉及的内容是对主要管理者的评价；主要管理人员的现有绩效和潜力发展计划；所有接替人员的现有绩效和潜力；其他关键职位上的现职人员的绩效、潜力及其评定意见。

如图 3-5 所示，括号内数字表示该管理者的年龄，竖线右边的字母和数字是对其绩效和晋升的可能性评估。A 代表现在就可提拔，B 表示还需一定的开发，C 表示现职位不太合适。对其绩效的评估分为 4 个等级：1 表示绩效表现突出，2 表示优秀，3 表示一般，4 表示较差。这张图既让组织对其内部管理人员的情况非常明了，又体现出组织对管理人员职业生涯发展的关注。如果出现人员不能适应现职或缺乏后备干部的情况，组织就可尽早地做准备。

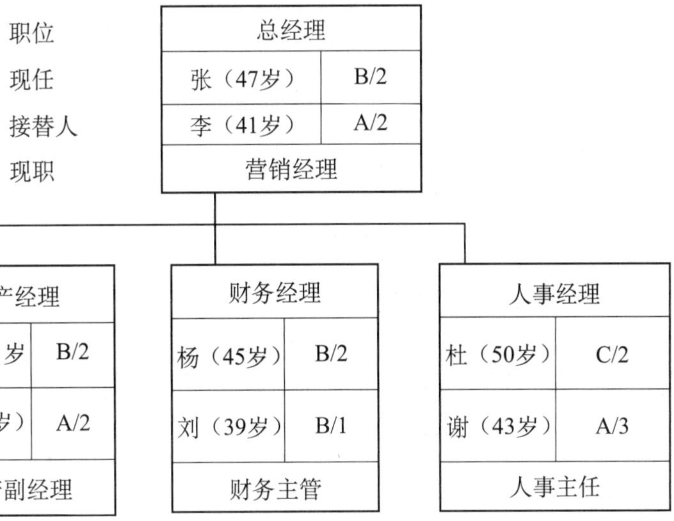

图 3－5　管理人员接替图

资料来源：孙泽厚，罗帆．人力资源管理——理论与实务．武汉：武汉理工大学出版社，2004.

3. 人力资源“水池”模型

人力资源“水池”模型是从职位出发进行分析，预测的是未来某一时间现实的供给。如图 3－6 所示，它要在现有人员的基础上通过计算流入量和流出量来预测未来的供给，类似计算一个水池未来的需水量，因此称为“水池”模型。

未来供给量＝现有的人员数量＋流入人员数量－流出人员数量

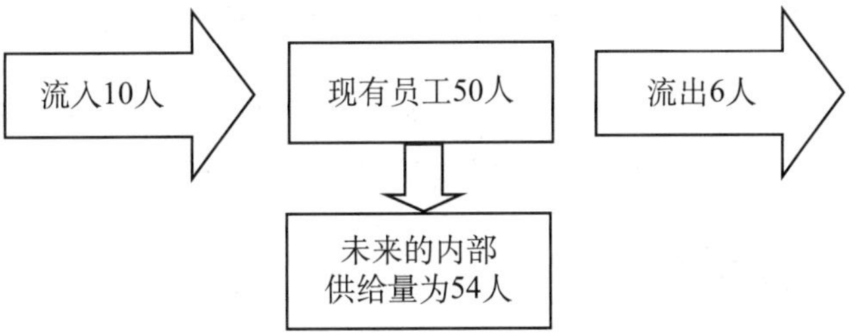

图 3－6　人力资源“水池”模型示例

4. 马尔科夫模型

马尔科夫模型（Markov model）是用来预测等时间间隔点（一般为 1 年）上各类人员分布状况的一种动态预测技术。其基本思路是：找出过去人力资源流动的大致比率，以此来预测未来人力资源供给的情况。

例如，某高校某年年初各职称教师人数分别是：教授 90 人，副教授 170 人，讲师 480 人，助教 200 人。通过统计数据可以知道各职称人员的转移率，见表 3－9。

表 3-9 人员转移率矩阵表

	教授	副教授	讲师	助教	离职率合计
教授	0.9				0.1
副教授	0.1	0.8			0.1
讲师		0.15	0.8		0.05
助教			0.25	0.7	0.05

由此，可以得出这一年该校人员的分布情况，见表 3-10。

表 3-10 该年高校人员的分布情况 单位：人

	期初人数	教授	副教授	讲师	助教	离职合计
教授	90	81				9
副教授	170	17	136			17
讲师	480		72	384		24
助教	200			50	140	10
预测的供给		98	208	434	140	60

三、人力资源供需的平衡

对人力资源进行需求预测和供给预测后，需要对供需情况进行比较，进而依据比较的结果制定人力资源平衡措施。

（一）人力资源供需总量平衡，结构不平衡

对于结构性的人力资源供需不平衡，可以采取的措施包括重新配置员工，如晋升、调动、降职等；培训员工；释放企业不需要的员工，补充企业需要的人员。

（二）供给大于需求

当预测的人力资源供给大于需求时，可以采取的人力资源平衡措施包括缩短员工劳动时间、工作轮换或者工作分享、冻结招聘、对富余的员工进行培训、鼓励员工提前退休、永久性裁员或者辞退员工等。

（三）供给小于需求

当预测的人力资源供给小于需求时，应首先想到能否用除招聘外的备选方案解决人员需求，相关平衡措施包括加班加点、雇用临时工、人力资源外包、培训后换岗、技术创新、减少流动数量等。只有当所有这些措施仍然不能满足用人需求时，才考虑招聘新员工。

人力资源供需不平衡时可采用的措施及效果总结如表 3-11 表示。

表3-11 平衡措施

供需情况	方法	速度	员工受伤害的程度
供给大于需求	裁员	快	高
	减薪	快	高
	降级	快	高
	工作分享或工作轮换	快	中等
	退休	慢	低
	自然减员	慢	低
	再培训	慢	低
供给小于需求	加班	快	高
	临时雇用	快	高
	人力资源外包	快	高
	培训后换岗	慢	高
	减少流动数量	慢	中等
	外部雇用新人	慢	低
	技术创新	慢	低

资料来源：雷蒙德·A. 诺伊，约翰·R. 霍伦贝克，巴里·格哈特．人力资源管理：赢得竞争优势：第5版．北京，中国人民大学出版社，2013.

选择题（有一个或多个选项是正确的）

1. 如果企业奉行的竞争战略是低成本战略，则其所使用的人力资源规划方案可能是（　　）。

A. 分权化的人力补充、教育培训　　B. 人力冻结，减员

C. 高技术人才的补充、培训、特别报偿　　D. 新的人力补充以及解雇，文化整合

2. 定性需求预测法是让专家或有关人员根据自己的经验判断企业未来对人力资源数量与结构的需求。它特别适合企业在（　　）环境下对劳动力需求的预测，常用的定性需求预测法有管理评价法和德尔菲法。

A. 稳定的　　B. 不稳定的　　C. 国内　　D. 全球化

3. 人力资源需求预测就是指对企业在未来某一特定时期所需要的人力资源（　　）进行估计。

A. 数量　　B. 质量　　C. 结构　　D. 培训需求

4. 当公司的人力资源需求大于人力资源供给时，应该首先想到用（　　）来平衡人力资源。

A. 外部招聘新人　　B. 临时雇用　　C. 技术创新　　D. 加班

5. 人力资源规划也称人力资源计划，是指对企业在某个时期的（　　）进行预测，并依据预测的结果来进行人力资源平衡。

A. 人力资源需求　　B. 人力资源供给

C. 人力资源质量　　D. 人力资源数量

6. 人力资源规划的内容主要包括总体规划和业务规划，其中总体规划包括（　　）。

A. 企业的人力资源净需求

B. 企业在规划期内人力资源需求和配置的总体框架

C. 人力资源的招聘、培训、薪酬等主要活动的重要方针、政策和原则

D. 人力资源投资预算

7. 人力资源业务规划是总体规划的分解，具体包括（　　）。

A. 人员补充计划　　B. 薪酬与福利计划

C. 培训与开发计划　　D. 绩效管理计划

8. 需求预测需要考虑的因素有（　　）。

A. 企业的发展战略和经营规划　　B. 产品和服务的需求

C. 职位的工作量　　D. 生产效率的变化

9. 人力资源供给预测就是指对在未来某一特定时期内能够供给企业的人力资源的数量、质量以及结构进行估计。人力资源的供给包括（　　）两个来源。

A. 退休返聘人员　　B. 内部供给

C. 外部供给　　D. 猎头公司

简答题

1. 如何运用德尔菲法进行人力资源需求预测？

2. 人力资源规划过程中，在对企业的人力资源需求和供给进行预测之后，该如何进行人力资源平衡？

计算题

1. 某企业有 4 类职位，从高到低分别是 X1，X2，X3，X4，各类人员在某年年初的人数分别是 40 人、80 人、100 人、150 人。通过近几年的数据统计得到这 4 个职位之间的转移率，见表 3－12。

表 3－12　　人员转移矩阵表

	X1	X2	X3	X4	离职率合计
X1	0.9				0.1
X2	0.1	0.7			0.2
X3		0.1	0.75	0.05	0.1
X4			0.2	0.6	0.2

试用马尔科夫模型计算该企业在这一年 X1，X2，X3，X4 这 4 个职位的人员供给各是多少人。

2. 某车间某工种计划在某年生产 A 产品 300 台、B 产品 400 台、C 产品 500 台、D 产品 200 台，其单台工时定额分别是 20、30、40、50 小时，计划期内定额完成率为 125%，出勤率为 90%，废品率为 8%。计算该车间该工种的定员人数。

3. 某高校今年有在校生 15 000 人，师生比例为 1∶20，明年计划增加招生 1 800

名，由于工作条件的改善，预计工作效率会提高5%。计算该校明年需要的教师人数。

案例分析

1. 宏远机械公司由于销售额减少而费用没有降低，上半年发生了亏损。公司总经理王海在没有与任何人商量的情况下，决定在全公司范围内裁员，所有部门都必须裁减10%的员工。这招致了盈利部门主管李睿的强烈反对，并扬言如果非得裁员，就从他开始。李睿主管的部门是公司最赚钱的部门，解雇他会给公司的经营带来很大的影响。总经理王海陷入了困境。

思考题：

（1）该案例中总经理王海犯了什么错误？

（2）请为总经理王海提出摆脱困境的对策。

2. 王伟现任和平公司人力资源部经理助理。11月中旬，公司要求人力资源部在2个星期内提交一份公司明年的人力资源规划初稿，以便在12月初的公司计划会议上讨论。人力资源部经理江峰将此任务交给王伟，并指出必须考虑和处理好以下问题：

公司现有生产及维修工人850人，销售人员24人，文秘和行政人员56人，工程技术人员40人，中层及基层管理人员38人，高层管理人员10人。

统计数字表明，近5年来，生产及维修工人的离职率高达8%，销售人员的离职率为6%，文秘和行政人员的离职率为4%，工程技术人员的离职率为3%，中层及基层管理人员的离职率为3%，高层管理人员的离职率只有1%，预计明年不会有大的变化。

按企业已定的生产发展规划，生产及维修工人要增加5%，销售人员要增加15%，文秘和行政人员要增加10%，工程技术人员要增加6%，高层、中层和基层管理人员可以不增加。

思考题：

（1）要求在上述现状的基础上为明年提出合理可行的人员补充规划，其中要列出现有的、可能离职的，以及必须增补的各类人员的数目。

（2）假如你是王伟，你将如何编制这份人力资源规划？

3. 某国有信息技术企业在IT产业高速发展的2000年前后提出了在3～5年时间内发展成为业界第一、快速做大做强的战略构想，因此大规模地招聘人才，员工总数由1999年的2 500人急速扩大为2002年的4 500人。但是随着全球IT泡沫的破灭，市场空间逐步缩小、产业规模受到限制，人员富余情况比较严重。一方面一线生产人员和市场营销人员冗余严重，另一方面职业化的经营管理人才和高级技工却严重不足。尽管2003年以来IT产业开始复苏，发展前景普遍看好，但是如何做好本企业的人力资源战略规划，该企业领导和人力资源部都感到困惑。

思考题：

（1）解决人员富余的主要途径有哪些？

（2）该企业在解决人力资源总量过剩的同时应如何做好结构调整工作？

第4章 员工招聘

第1节 招聘概述

一、招聘的含义

招聘是指吸引足够数量和质量的候选人申请公司的空缺职位，并对候选人进行甄选、录用的过程。招聘包括招募、甄选与录用三部分。招募（recruitment）是指吸引候选人申报公司的空缺职位的过程。甄选（selection）是指对候选人进行评价，挑选最合适人选的过程。录用（employment）是指确定入选人员，并进行试用和正式录用的过程。

二、招聘的意义

在选才、育才、用才及留才的四大人力资源管理项目当中，选才不但最为重要，而且是育、留、用的基础。吸引素质良好的应聘者来应聘，并从他们当中选择最合适的人进入组织，是人力资源管理最重要的目标之一。因此，确保人员甄选的质量，选用优秀的人才进入组织，是维持竞争优势的基础。

有效的招聘可以提升员工的满意感和成就动机。满意的员工具有较强的动机去精益求精，追求个人与组织的成长，并提升自己的胜任能力（Cascio，1991）。当个人能适合工作与组织时，个人的满意感较高，包括对工作、同事、上司、报酬的满意度均达到较高的水平，并能认同组织，进而提高其生活满足感。虽然满意感不一定是良好工作绩效的充分条件，却是必要条件（Porter，Lawler，Hackman，1975）；如果员工对组织与工作不满意，其工作绩效不可能高；当员工无法适合工作与组织时，会产生较大的心理压力，容易产生职业倦怠，提早退休（Maslach & Leiter，1998）。

有效的招聘有利于降低员工的离职成本。人员甄选不当，会导致组织的人工成本提高，包括员工离职、缺勤与病假、工作态度不佳等各种成本。虽然维持适当的离职率有助于组织人力资源的新陈代谢，然而员工离职所产生的费用是十分惊人的。根据 Cascio（1987）的分析，在美国，1972 年一位销售经理离职的成本达 185 100 美元，1986 年达到 418 500 美元。以缺勤成本来看，每个国家因员工缺勤所造成的损失或成本也是十分高昂的，就美国而言，每年至少在 350 亿美元左右，而且有逐年上升的趋势。

招聘活动的有效进行也能大大降低招聘成本，从而降低人力资源管理的成本。

同时，外部招聘是企业向外部宣传自身的一个过程，现在很多企业对校园招聘都给予高度重视，一方面是为了吸引优秀的人才，另一方面也是为企业做广告。

三、招聘工作的程序

（一）招聘的备选方案

当企业有用人需求时，应首先想到各种各样的招聘备选方案能否缓解用人需求，比如现有的人员加班加点、雇用临时工、返聘退休人员等。

1. 短期行动方案

短期行动方案包括临时雇用应急工（兼职工、临时工）；临时安排现有员工（优化组合）；加班加点；从外单位借调。

2. 长期行动方案

长期行动方案包括培训以提高技能和工作效率；召回被辞退的员工；转包生产合同，即将工作转包给另一家企业。

当这些备选方案都不能弥补用人需求缺口时，才需要招聘，如图 4－1 所示。

（二）招聘工作的程序

招聘工作通常按照一定的程序进行，如图 4－2 所示。

四、制定招聘计划

（一）招聘活动的目标

良好的招聘活动以 6R 为基本目标。

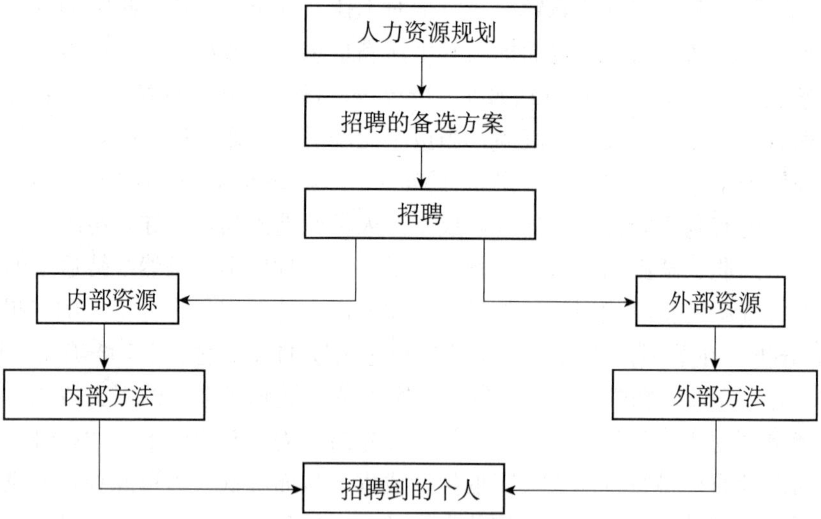

图 4-1 企业招聘工作思路

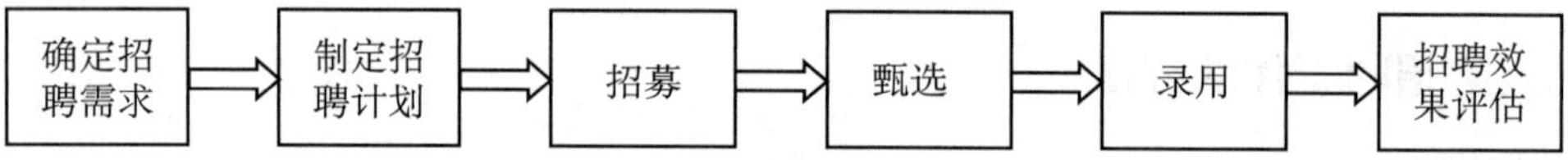

图 4-2 招聘工作的程序

（1）恰当的信息（right information），是指在招聘前对空缺职位的工作内容、任职资格、企业的相关情况作出全面准确的描述，使应聘者充分了解相关信息。

（2）恰当的成本（right cost），在保证招聘质量的前提下，应当选用费用相对较少的方法。

（3）恰当的时间（right time），即要在适当的时间内完成招聘。一般来讲，职位层次越高，需要的招聘时间越长。

（4）恰当的地域范围（right area），以能够吸引到足够数量的合格人员为原则，确定恰当的空间范围。比如，是选择当地，还是全省、全国、全球范围来招聘。

（5）恰当的渠道（right resource），要使用适当的渠道来寻求目标人员，可以是内部招聘、外部招聘。

（6）恰当的人选（right people），是指吸引到同时满足数量和质量要求的人员来企业应聘。

（二）招聘计划的内容

一项完整的招聘计划应该包含 4W2H 的内容。

（1）招聘地域及招聘渠道（where），确定企业到底需要在多大的地域范围（全市、全省、全国还是全球）以及通过什么渠道（企业内部还是企业外部）来实施招聘。

（2）招聘时间（when），与拟招聘的职位特点以及劳动力市场的发达程度有关。一般来说，职位越高，劳动力市场越不发达，越需要较长的时间来完成招聘。以美国为例，经理人员和主管的招聘周期是 6.8 周；销售人员的招聘周期是 4.9 周；办公室文秘人员的招聘周期是 2.7 周；操作员工的招聘周期是 2.1 周。

（3）面试官（who）的确定依据拟招聘的岗位不同而不同。对于职位比较低的岗位，比如搬运工，只需人力资源招聘专员、仓储部经理做面试官即可；对于部门经理岗位，则需要人力资源部经理、公司副总经理、总经理等人员组成面试官团队。

（4）确定招聘人数、招聘到的员工（whom）需要具备什么样的任职资格，他们在工作岗位中将承担什么样的职责也需要明确，并依此设计甄选工具。

（5）确定使用多少招聘费用（how much）来完成招聘任务。

（6）确定运用哪些甄选方法（how）来初选和精选合适的人员。

第 2 节　招募的渠道

一、内部招募的渠道

内部招募的优点包括有利于提高员工的士气；熟悉公司情况，便于迅速开展工作；便于了解应聘员工，可靠性高；节约时间和费用。内部招募的缺点包括竞争失利者容易感到心理不平衡从而影响其工作积极性；容易引起同事间的过度竞争进而发生内耗；可选择余地小，当公司内部胜任的人数很少时，难以选出合适的人员；易造成近亲繁殖，思想、观念因循守旧，缺乏创新与活力。

内部招募的渠道主要有：发布公告、员工推荐、档案法等。

1. 发布公告

一般企业都有自己的宣传媒体。传统的媒体包括广播、内刊、宣传栏、黑板报等；现代的媒体包括计算机、互联网、电子信箱等。企业可以充分利用这些媒体，公开空缺职位，吸引人员前来应聘。这种途径既为有才能的员工提供成长、发展的机会，又体现公平竞争的原则。然后，人力资源部门通过科学公正的考核和选拔，使员工意识到绩效与晋升、加薪之间的密切关系，从而得到较强的激励。使用这种途径，需注意以下几点：一是至少应在内部招聘前一周发布职位空缺、需要招聘人员的相关信息；二是应该清楚地列出空缺职位的工作描述与工作规范；三是应使所有申请人收到反馈信息。

2. 员工推荐

员工推荐主要是由本企业的员工根据企业的需要推荐企业内部其熟悉的人员，供用人部门和人力资源部门选择和考核。企业内部最常见的推荐法是主管推荐，其优点在于主管比较了解潜在候选人的能力，由主管提名的人选可靠性较高。其缺点在于这种推荐会比较主观，容易受到个人因素的影响，主管可能推荐自己的亲信而不是一个胜任的人选。有时，主管并不希望自己的得力下属被调到其他部门，因为这样会影响本部门的实力。

3. 档案法

人力资源部门一般都有员工的职业生涯记录或人事档案，记录员工的教育状况、经历、技能、培训、绩效等。这些都能帮助企业了解并确定符合其空缺职位要求的人员，它对内部人员晋升来说是非常重要的。但是，这种方法对档案信息的要求较高，信息必须准确、可靠、全面。档案对员工的透明度小，影响力小，员工参与较少，因此，这种渠道常与其他渠道结合使用。

二、外部招募的渠道

外部招募的优点包括选择范围广，可以招聘到优秀的人才；能为企业带来新的思路和活力；给企业内部人员以压力，激发其工作动力；避免了企业内部相互竞争所造成的紧张气氛。外部招募的缺点包括外部人员需要较长的时间来适应环境和工作；对内部人员是一种打击，容易感到晋升无望，影响工作积极性；由于对外部人员缺乏了解，不容易作出客观评价，可靠性较差；稳定性难以保证。

外部招募的渠道主要有：广告招聘、校园招聘、员工推荐、借助职业中介机构等。

1. 广告招聘

广告招聘是一种常用的外部招聘渠道。它以报纸、杂志、广播、电视、互联网等大众媒体为媒介，吸引候选人。招聘广告设计的好坏直接影响应聘者的素质，也能反映企业素质的高低，一则好的广告既能吸引更多的求职者，又能树立企业的良好形象。

各种招聘媒体各有特点。比如，广播广告的费用低，但受众有限；电视广告的效果好，但费用较高；报刊广告的影响力大，能吸引大量的求职者，时间效率高，信息发布迅速，但吸引到的求职者往往不符合要求；网络招聘的成本低，方便迅速，不受时空的限制，方便对求职材料的管理。招聘网站有地方性和全国性两种。地方性的招聘网站主要有 58 同城、赶集网等，全国性的招聘网站主要有智联招聘网、中华英才网、无忧网等。

招聘广告设计需要遵循 AIDA 原则，即引起注意（attention）、发生兴趣（interest）、产生欲望（desire）、付诸行动（action）。广告中须有些必要的内容，见表 4－1。

表 4－1　招聘广告的必要内容

细节	细节的必要性（%）	细节	细节的必要性（%）
工作地点	69	相关经历	40
任职资格	65	个人素质	32
工资	57	工作前景	8
职务	57	公司班车	8

续前表

细节	细节的必要性（%）	细节	细节的必要性（%）
责任	47	员工福利	6
公司	40		

资料来源：LEAP T L，CRINO M D. Personnel/human resource management. New York：Macmillan，1989.

2. 校园招聘

校园招聘通常用来选拔工程、财务、会计、计算机、法律以及管理等领域的专业化初级水平人员。采用校园招聘方式招聘应届大学毕业生应关注以下问题：第一，了解大学生在就业方面的政策和规定。第二，一部分大学生在就业中有脚踩两只船或几只船的现象。第三，大学生往往对走上社会的工作有不切实际的估计，对自己的能力也缺乏准确的评价。第四，对大学生感兴趣的问题做好准备。第五，应考虑大学生的质量。如果一个学校的学生质量很差，企业不能在此学校招到满意的人员，那么就应停止在此学校的招聘；如果学校的学生质量高，就应想一些办法来吸引学生。在美国和日本，一些大公司常常在大学生还没有进入毕业年级时就展开吸引攻势，比如，给大学生邮寄卡片；赠送带有公司简介的纪念品、光盘。第六，应考虑该校往届的毕业生在本公司的业绩和服务年限，如果某校以前毕业生在本公司的业绩普遍很差或服务年限很短，那么企业最好不要再到此校招聘。第七，招聘的原则应是，只招最合适的，不招最好的。名校并不一定是最理想的招聘来源，因为名校的毕业生一般自视很高，不愿意承担具体而烦琐的工作，这在很大程度上妨碍了他们对工作的理解和自身管理能力的提高。

阅读材料

宝洁公司的校园招聘

实际上，领导才能、信任、主人翁精神、积极求胜和诚实正直等“缥缈之物”，已经在宝洁公司整个校园招聘流程和细节中得到了量化。

比如，宝洁公司在选拔大学生时引入了胜任力模型，求职大学生都要经过这套缜密系统的考察。整合数据能力、决策判断和创新能力，是对应聘者思维方面的测试；领导力、学习发展能力和人际关系处理等，则是对应聘者个人能力的测试。此外，还有对应聘者是否能适应快速变化的环境、协作与纪律性等能力要素的考量。如此这般下来，宝洁公司已让任何一个优秀者“无处可逃”。

既然校园招聘是宝洁公司内部培养计划的开始，因此为保证第一步的成功，将校园招聘打造得如此“奢华”也就容易理解了。当然，接下来一定还有第二步、第三步，宝洁公司还要对“优秀者进入公司以后将面临什么”等问题给出解决办法。这是另一个有趣的话题。

宝洁公司的招聘特点是，人力资源部配合其他部门，用人部门亲自选人，而非由人力资源部作为代理来选人才。科学的评估体系改变了招人“看证书、凭印象”的表面考核制度，从深层次多方位考核应聘人，以事实为依据来考核应聘者的综合素质和能力。富有温情的招聘后期沟通扩展了传统意义上的招聘过程，让录取者在进入公司前迅速建立起对公司的认同感，从而使其更好地融入公司文化。

宝洁公司的校园招聘流程大致如下：第一阶段，网上申请。网上申请与校园宣讲会同时进行，所有应聘者在线递交简历。宝洁公司根据胜任力模型的要求，让申请者回答一些问题，并在网上设计一定的程序，由系统自动打分。然后，根据评分筛选出相对符合要求的人参加笔试。第二阶段，通过网上测试后，进入笔试阶段。包括英语测试和处理问题能力测试。第三阶段，初次面试。一位面试经理对一个求职者面试，一般都用中文进行。侧重于对学生整体的认识。第四阶段，最终面试。时间较长，程序较为复杂。目的是对学生有更加全面的认识。第五阶段，发放录取通知函。一旦成为宝洁公司决定录用的毕业生，在学生尚未正式入职前约半年时间里，人力资源部会派一名专门员工进行跟踪服务，定期与录用人员保持沟通和联系，把他当成自己的同事来关怀照顾。

资料来源：刘春晖．宝洁："奢华"的校园招聘．http：//www.hr.com.cn/p/1423412483，2011-06-16.

3. 员工推荐

员工推荐主要是公司员工引荐其亲友师长，由于引荐人对企业组织的情况比较了解，对空缺职位的职责要求也较清楚，且引荐人对被引荐人的情况熟悉，对其能力和愿望都做了综合分析考虑后才会引荐，所以成本很低，能节省大量时间、金钱和精力。但引荐人可能由于种种原因，例如裙带关系、帮派、团体等，引荐并不合适的人选。

现在，有很多公司逐渐认识到员工推荐的好处，不但可以节省招聘广告费和付给职业中介机构的费用，还可以得到忠诚可靠的员工。美国企业的经验显示：采用员工推荐方式最多的企业是员工数量在 500～2 000 人之间的企业，采用员工推荐方式最少的企业是员工数量在 10 000 人以上的大型企业。

4. 借助职业中介机构

职业中介机构有职业介绍所、人才交流中心、猎头公司等。职业介绍所对于初级岗位以及要求有特殊职业资格证（如电工证、焊工证、电梯司机证、叉车司机证、天车司机证、锅炉司炉工证）的职位招聘效果较好。人才交流中心经常会举办招聘会，为用人部门和求职者提供双向选择的机会。猎头公司是专门从事高级管理人才和技术人才招聘的机构，是许多企业在利用现有资源无法招聘到胜任人员时必要的选择，但猎头的费用较高，一般要支付拟招聘职位年薪的 30%左右作为佣金。各种招聘方式的有效性评价，见表 4-2。

表 4-2　各种招聘来源的有效性评价

有效性	行政办公	生产作业	专业技术	销售	经理
第一	报纸招聘（84）	报纸招聘（77）	报纸招聘（94）	报纸招聘（84）	内部晋升（95）
第二	内部晋升（94）	申请人自荐（87）	内部晋升（89）	员工推荐（76）	报纸招聘（85）
第三	申请人自荐（86）	内部晋升（86）	校园招聘（81）	内部晋升（75）	私人就业服务机构（60）
第四	员工推荐（87）	员工推荐（83）	员工推荐（78）	私人就业服务机构（44）	猎头公司（63）
第五	政府就业机构（66）	政府就业机构（68）	申请人自荐（64）	申请人自荐（52）	员工推荐（64）

说明：括号内的数字是调查样本组织中采取该种招聘渠道的百分比。

资料来源：MILKOVICH G T，BOUDREAU J W. Human resource management. Boston：Richard D. Irwin Inc.，1994.

第 3 节　员工甄选

阅读材料

百度：有甄别地引进人才

百度公司也如同其他高速发展的知识型公司一样，正在经历爆发式增长期都要经历的人才问题。

百度公司总结自己的"选人"经验为，那些通用类的技能职位可以大胆挖人，例如市场、公关、会计等岗位——每个公司都相通；但是那些技术、产品等位置就需要靠"内生"，从内部培养、提拔——就像从自家后院里拔萝卜一样，熟悉可靠。

对于如何发现这些顶尖人才，李彦宏有自己的秘密武器，就是百度公司发现人才的五大法则。

第一，多角度面试。百度公司引进任何人才，都会安排多个同事对候选人进行多角度评估，然后根据汇总结果进行最终决策。一般情况下，对于中层以上的职位，百度公司会安排 8 个人左右进行面试，对于高管岗位，则至少安排 4 个人进行面试。

第二，背景调查。这是管理规范的企业普遍使用的——通过候选人的直接上级或同事，多方面了解其"德"与"才"是否符合百度公司的要求。

第三，降级录用。这是百度公司与很多企业不同的地方，一般情况下，其他企业的副总到百度公司只能担任总监职位；其他企业的总监到百度公司只能担任高级经理的职位。

第四，证明自己。任何人来到百度公司，只有用实践结果证明能力以后才能获得提升。很多公司为了让员工出去谈业务的时候有个好听的头衔，随便给员工一个职务名称。而百度公司对于给予什么人什么样的职务头衔十分苛刻和慎重。

第五，循序渐进。职位不但代表着权力，更代表着责任。百度公司在实践中锻炼和培养人才，不断给予其新的职责，根据其履行的情况检验其能力，职位由低到高，职责由小到大，循序渐进地培养人才。

李彦宏说：“百度能够发展到今天，找对了人是一大重要保证。”

资料来源：佚名．百度：有甄别地引进人才．http：// www. 0951job. com/news/news-show-16675. htm，2011-07-01.

一、员工甄选的程序

员工甄选是指运用一定的工具，挑选出企业所需要的恰当的职位空缺填补者的过程。

（一）内部甄选流程

内部甄选流程包括内部发布公告、内部报名、筛选、录用，如图 4-3 所示。人力

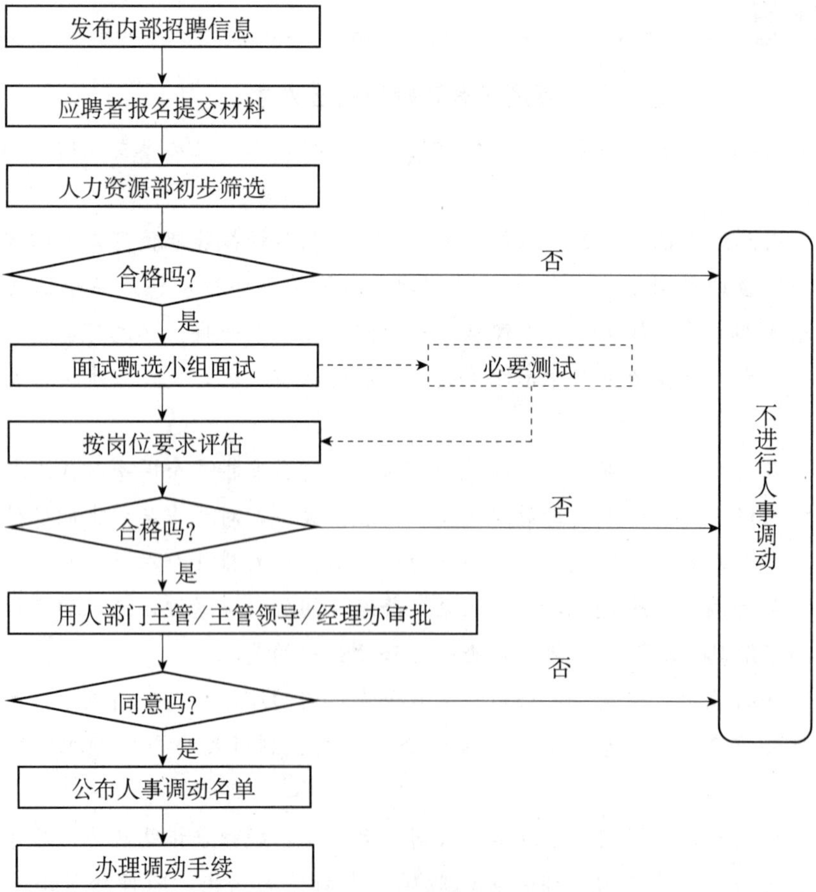

图 4-3　内部招聘甄选流程图

资源部根据公司所需招聘岗位的名称及其所负担的职责，编制职务说明书，并拟定内部招聘公告。公告发布的方式包括通过公司内部网、公告栏等。内部招聘公告要尽可能传达到每一位员工。

1. 内部报名

所有正式员工在上级主管的许可下都有资格向人力资源部报名申请。

2. 筛选

人力资源部将参考申请人和空缺职位的相应上级主管意见，根据职务说明书进行初步筛选。对初步筛选合格者，人力资源部组织内部招聘评审小组进行内部评审，评审结果经相关领导（如总经理或总经理办公会）批准后生效。

3. 录用

经评审合格的员工应在规定的时间（比如 1 周）内做好工作移交，并到人力资源部办理调动手续，在规定的时间内到新部门报到。

（二） 外部甄选流程

阅读材料

拜耳招聘销售助理

有一年拜耳公司上海办事处招聘销售助理。在上海，拜耳公司是个很响亮的名字。因此，虽然名额只有一个，但前来竞聘的有 200 多人。挑来挑去，好中选优，最后剩下了 5 个女孩。于是，销售部经理专程从香港飞过来，加上上海办事处的人员，一共 5 个人组成了面试小组。为了缓解紧张的气氛，一位面试官问："你们想喝点什么？"有 3 个女孩说要咖啡。当一位销售代表拿来咖啡时，有一个女孩说："哎呀，这个放糖放奶了，我喝咖啡不加糖不加奶。"第二个女孩说："我喝加奶但是不加糖的咖啡。"第三个女孩说："那给我吧，我无所谓，怎么样都行。"这个时候正式的面试还没有开始，但是已经有面试官在面试评价表上划去了前两个女孩的名字。

在拜耳公司，团队合作是非常重要的。销售助理虽然是一个很基层的职位，但这个职位必须具备很强的忍耐力和协调能力。这几个女孩的专业能力都不错，但是拒绝第一杯咖啡的那两个女孩，让面试官们怀疑对这样的小事就这么挑剔的人能够毫无怨言地服务于办事处的其他员工。

资料来源：林波．拜耳：只有合适的，才是最好的．http：// www.eol.cn/article/20010101/3028071.shtml，2001-01-01.

外部甄选流程包括初步筛选、初试、复试、复审、录用、报到、试用、转正等，如图 4-4 所示。

1. 初步筛选

报名截止后，根据招聘岗位的要求，由人力资源部会同各部门进行初选。审查求职

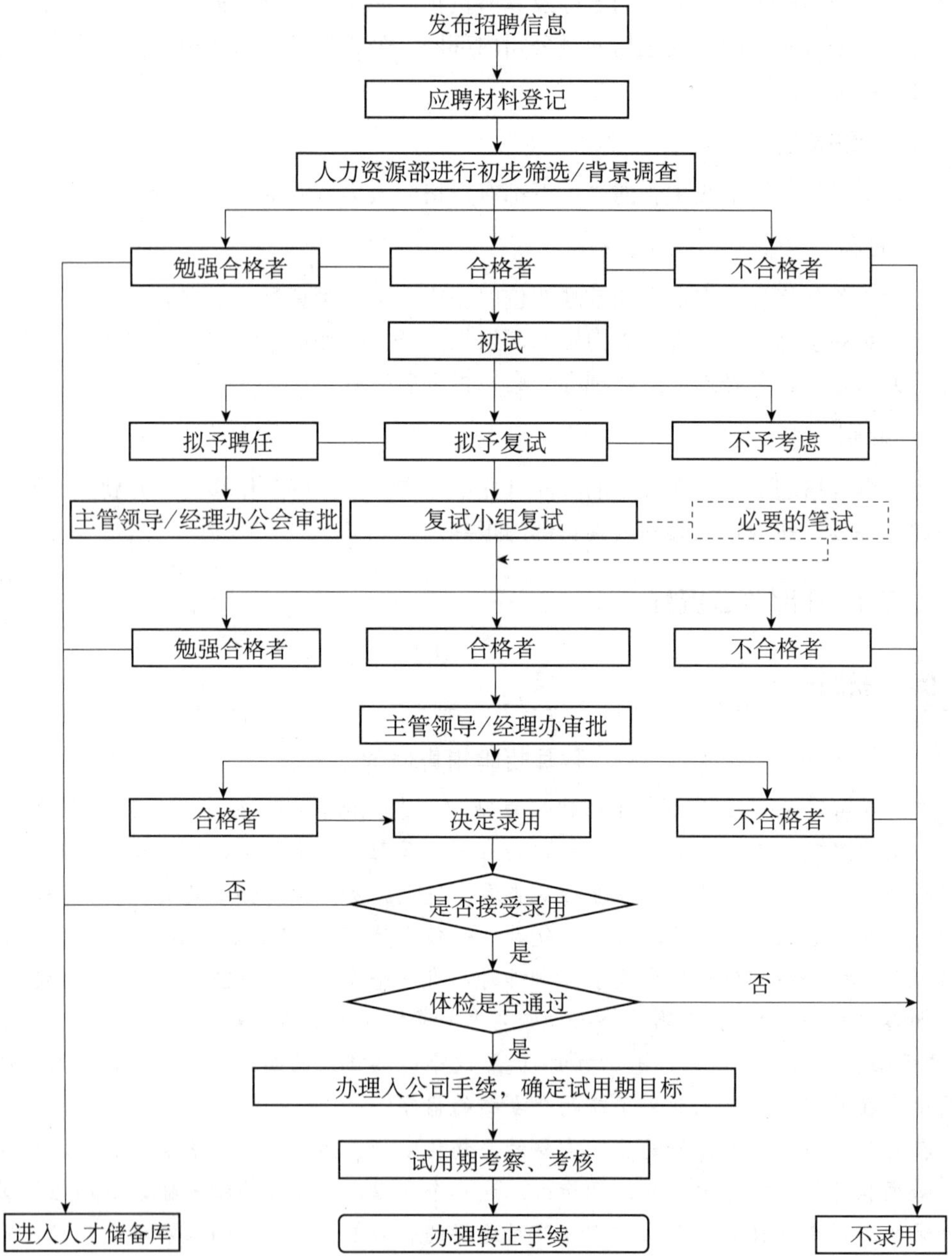

图 4-4 外部招聘甄选流程图

者的个人简历和求职表，并根据收集到的求职者信息建立外部人才库。

2. 初试

人力资源部向初选合格的求职者发送面试通知，并要求其面试时提供学历证书、身份证等相关证件的原件。初试由人力资源部人员（主试人）和用人部门共同组成。人力资源部对应聘人员的智力、品德和综合素质进行初试和评价，用人单位从工作经验与能力方面对应聘人员进行初试和评价。

主试人组织具体的初试工作，做好初试记录，在应聘人员初试测评表意见栏中填写初步面试意见。初试结果分为3种：拟予聘任、拟予复试、不予考虑。人力资源部将“拟予聘任”的人员提交企管副总或总经理办公会等相关决策领导或部门讨论决定是否聘任，“拟予复试”的人员由人力资源部组织复试。

3. 复试

复试由复试小组进行。复试小组一般由以下三方面人员组成：用人部门代表、人力资源部经理、资深专业人士。一般岗位的招聘可无资深专业人士，而专业技术人才和管理人才的招聘必须有资深专业人士参加。高级专业技术人才和管理人才由总经理负责面试，人力资源部负责协调复试的实施。复试过程中，复试小组成员填写复试记录表，表明对应聘者的评语及结论。复试结束后，小组成员讨论对各应聘者的意见并分别将评价结果填写在复试结果推荐书上，送达用人部门主管及人力资源部备案，作为下一步行动的依据。当小组成员未能达成一致结论时，提交总经理办公会讨论决定。

4. 复审

通过复试的应聘人员由分管部门的主管领导进行审核并签署意见。所有拟录用的人员应经相关高层管理者最后签字批准。

5. 录用

人力资源部根据应聘人员的体检结果，对体检合格者办理录用手续。对社会应聘人员发送试用通知书，并到相应的劳动部门办理劳动手续；对被录用的应届毕业生向其所在高校发接受函，签订就业协议书。同时，人力资源部将面试结果通知落选的应聘者。

6. 报到

被录用员工必须在规定时间内向公司报到。对在发出录用通知15天内不能正常报到者，可取消其录用资格。特殊情况经批准后可延期报到。

应聘人员到公司报到后，需向人力资源部提供个人学历复印件备案，并填写员工登记表，同时签订试用劳动合同，试用期一般为1～3个月。若员工所在部门经理（主任）认为有必要时，也可报请公司批准，酌情缩短试用期。员工必须保证向公司提供的资料真实无误，一经发现虚报或伪造资料，公司有权立即辞退。

7. 试用

试用期的人员尚不属于公司的正式员工。在此期间，本人可以随时提出辞职。试用人员如不能胜任本职工作或在工作中出现重大失误，公司有权随时辞退。

阅读材料

卡里的任务分配

卡里是BV航空公司的勤务组长，曾连续4年获得“管理标杆”称号。专家记录了他向 3 个清洁工布置任务的情景。

卡里对大家说："明天发动机项目开工，3 个操作室需要彻底打扫。"

卡里对玛丽说："你负责 1 号操作室，越快越好，打扫完回来见我。好，你可以去了。"

卡里对艾伦说："你负责 3 号操作室，要特别注意玻璃和地板的清洁，1 小时内完成。好，你也可以去了。"

卡里对劳拉说："你负责 7 号操作室，特别注意玻璃和地板。你来看，玻璃要没有水印，地板要擦到这样的程度。现在是 2：00，3：30 我去验收。"

从以上叙述中可见，卡里对于任务的布置是区分层次的。首先，他对参加这项工作的所有人说的是工作的总目标。其次，他给参加这项工作的每一个人布置了具体的任务。在布置具体任务的时候，针对不同的员工提出了不同的要求。

专家在采访卡里的时候，他是这么说的："没错，后面两个我确实考虑到了她们的经验和能力问题，所以我的指导会略有不同。艾伦的资历和经验稍微多一点，劳拉来了两个多月，她的资历和经验要少一些，但问题是玛丽不是这样的，她今天第一天来上班，刚刚进入试用期的第一天。"专家问："你为什么不对她进行具体指导?"卡里说："现在还没有到培养阶段。我现在的任务应该是甄选，所以，我不具体指导是为了测试她，看看她是怎么理解操作室需要彻底打扫的，是怎么理解越快越好的，在这种情况下，她会坚持什么标准。如果她连最基本的标准都达不到，我会立刻把她退回人事部，我不训练资质太差的人。我先辨别能不能接收，如果不能接收，我就会退回人事部。所以，我首先要做的是甄选，而不是做训练。"

资料来源：杨思卓．向卡里学习任务布置．http：//yiyouzz. blog. sohu. com/160367451. html，2010-09-29.

8. 转正

试用期满后的员工，经考核合格的，人力资源部应在试用期满 1 周前向用人部门书面征询意见。试用部门不管是否同意继续使用，均须于收到人力资源部通知后 24 小时内出具书面意见。人力资源部在收到用人部门的书面答复 24 小时内，书面通知试用员工。经所在部门考核合格者，可转正定级。由所在部门填写试用员工转正定级审批表，由本人填写试用期工作小结，用人部门和人力资源部填写考核意见，经总经理批准后，公司和员工签订正式劳动合同，试用人员转为正式员工。

二、员工甄选工具

甄选工具有简历、求职申请表、笔试、面试、评价中心、心理测试、工作样本、笔迹分析、投射测试、背景调查、体检等。下面对常用的几种甄选工具进行简单的介绍。

（一）简历或求职申请表

通过查阅应聘人员的简历或者求职申请表可以对人员进行初步筛选。初步筛选简历或者求职申请表时，应关注客观信息，比如所学专业、学历、有过哪些主要工作经历、离职原因等。切忌对应聘人员的自我主观性评价关注过多。

（二）笔试

当应聘人员非常多时，可以通过笔试进行初选。但由于笔试难以体现应聘人员的沟通与表达能力、分析复杂问题时的随机应变能力等，所以笔试在甄选过程中使用得不多。

（三）面试

1. 面试

面试（interview）是指通过应聘者与面试考官之间面对面的交流和沟通，从而对应聘者作出评价的方法。面试是实践中企业最常用的甄选方法。按照面试的氛围可以分为压力面试和非压力面试。按照结构化的程度，可以把面试分为结构化面试、非结构化面试。结构化面试，又称标准化面试，是根据特定职位的胜任素质要求，遵循固定程序，采用事先拟定的题目、评价标准和评价方法，通过考官与应聘者面对面的言语交流，评价应聘者胜任特征的人才测评过程和方法。非结构化面试是随机进行提问的面试。

2. 面试的过程

面试的过程包括面试的准备、实施和结束，见表4-3。

表4-3　面试程序与内容

面试程序	应聘者	面试考官
准备活动	检查着装和仪表、到达面谈地点、报到、等待	查阅简历、温习面试规程、准备问题、准备面谈环境
问候和建立联系	握手、被邀请后落座、在闲谈中留下好印象	握手、请坐、通过闲谈使应聘者放松
问与工作有关的问题	提供教育背景、提供工作经历的细节、详细说明个人的能力与技术水平、展现恰当的求职动机	询问教育背景、询问与职位有关的工作经历细节、讨论相关的技能和工作能力、了解应聘者的求职动机
解答应聘者的问题	询问工资和福利情况、询问提高的机会、询问组织文化	以组织的立场回答应聘者的问题、尽力为组织树立积极的形象
告别	等待考官暗示面试结束、讨论下一步骤、起立并握手、退场	表明面谈即将结束、建议下一步活动、起立并握手、送应聘者

（1）面试准备。面试需要的准备工作包括选择面试官、明确面试时间、了解应聘者的情况、准备面试材料（面试评价表和面试提纲）、安排面试场所。

（2）面试实施。面试实施一般包括引入阶段、正题阶段、收尾阶段。面试开始时通过一些轻松的话题引入到面试中；正式进入面试阶段后，面试官要按照事先准备好的提纲或者根据面试的具体进程，对应聘者尽量提出行为性问题（见表4-4），同时对面试评价表的各项评价要素作出评价；在收尾阶段，可以让应聘者提出一些自己感兴趣的问题由面试官解答，从而以一种自然的方式结束面试谈话。面试过程中需要对问题进行追问，追问时可以遵循 STAR 原则，即针对每个考察要点询问应聘者在特定情境（situation）下面临的具体任务（task），完成任务的具体行动和做法（action）以及最终的结果（result）。例如，面试官要询问应聘者的销售业绩时，可以有以下选择。

特定情景：你们以前做的是什么产品？市场需求怎么样？采用什么样的销售模式呢？

具体任务：你所服务的公司给你制定的年度销售指标都有哪些？

具体行动和做法：你采取了哪些办法来提高销售业绩？在推进销售的时候，你遇到了哪些困难？是怎么解决的？

结果：你以前的公司有多少销售人员？每个销售人员有没有规定销售量？你的销售业绩在公司的销售人员里面处于何种水平？你的月销售额是多少？

表 4-4　理论性问题、引导性问题与行为性问题对照表

才能	理论性问题	引导性问题	行为性问题
协作能力	你如何对付难缠的雇员？	你善于化解矛盾吗？	告诉我，作为监管人员，你如何对付难缠的雇员？
销售能力	你认为你能卖出商品的原因是什么？	我们的销售目标很高，你能应对这种挑战吗？	谈谈过去一年中你成交的最大一次销售，你是如何做成的？
解决问题能力	你将如何处理生产中出现的问题？	你能排除机器设备的故障吗？	请说说你最近遇到的一个（有关仪器、加工或质量的）问题，你是如何解决的？
安全意识	你感到工作中的安全问题有多重要？	听起来你是个小心谨慎的员工，是吗？	请你谈谈所发现的你认为不安全的情况。具体情景是什么样的？你做了些什么？
应变能力	如果你不得不改变自己的工作安排以适应变化中的要求，你将有何感想？	一个月内你先后干 4 种不同的工作，你不会烦吧？	请谈谈你工作中不得不适应变化的经历。是怎样的变化？结果如何？

（3）面试结束。面试谈话结束后，面试官需要及时对面试记录进行整理，填写面试评价表，以便在全部面试结束后进行综合评定，作出录用决策。

（四）评价中心

评价中心（assessment centre）是基于多种信息来源对个体行为进行的标准化评估。评价中心使用多种测评技术，通过多名经过训练的评价者对个体在特定的测评情景下表现出的行为作出评价。这些评价按照预先设计好的维度进行，评价者将各自的评价结果集中在一起进行讨论，以达成一致，或用统计方法汇总评价结果，得到对求职者行为表现的综合评价。评价中心技术主要包括：无领导小组讨论、公文筐测试、案例分析、模拟面谈、演讲、管理游戏等。测评维度与相匹配的评价中心技术对照表见表4-5。

表4-5 测评维度与评价中心技术对照表

测评维度	需要的评价中心技术
经营管理技巧	公文筐测试
人际关系技巧	无领导小组讨论、管理游戏
智力状况	笔试
工作的恒心	公文筐测试、无领导小组讨论、管理游戏
工作动机	想象能力测验、面试、模拟面谈
职业发展方向	想象能力测验、面试、性格考察
依赖他人的程度	想象能力测验

1. 无领导小组讨论

无领导小组讨论（leadless groups discussion）是对一组人同时进行测试的方法。将讨论小组（一般由4～6人组成）引入一间只有一个圆桌、数把椅子的空房间中，不指定谁充当主持讨论的组长，也不布置议题与议程，只发给他们一个简短的案例，即介绍一种管理情境，其中隐含一个或数个待决策或处理的问题，以引导小组展开讨论。在小组讨论过程中，即使出现冷场、僵局的情况，甚至发生争吵，测评者也不出面干预，令其自发进行。由几位观察者给每一个参试者评分，根据每个人在讨论中的表现及所起的作用，观察者按既定的维度评分，这些维度通常是主动性、宣传鼓动与说服能力、企业管理能力、人际协调能力、自信、创新能力、心理承受能力等。这些素质和能力是通过被参评者在讨论过程中所扮演的角色（如主动发起者、指挥者、鼓动者、协调者等）的行为来表现的。

2. 公文筐测试

公文筐测试（in-basket test），也称公文处理。这是被多年实践充实完善并被证明很有效的管理干部测评方法。测试在模拟情境中进行，模拟的是一个公司在日常可能发生的或者是经常发生的情境，比如面临下级的请示、客户的投诉、同级部门的协助请求、外部供应商提供产品信息等。提供给应试者的公文有下级的请示、工作联系单、备忘录、电话录音等，除此之外还有一些背景知识，如公司基本情况、市场信息、外部各种环境等。把这些公文等资料放在一个公文筐中，公文筐测试之名就是由此而来。通过测试指导语的说明，让应试者以管理者的身份假想自己正处于某个情境，常常是模拟出的危急情况下完成各种公文的处理。主考官通过观察其处理过程对其自信心、企业领导能力、计划能力、书面表达能力、风险承受能力、信息敏感性等的实际能力作出判断与评价。

操作过程中应该注意，文件编写要逼真；文件的处理难度要有差异，素材要充分；向应聘者介绍背景情况；处理结果交给评价小组。

3. 案例分析

案例分析是让求职者阅读一些关于组织中存在的问题的材料，然后让其准备出一系列建议并以报告的形式提交给面试官。案例分析法主要用于中高层管理者的选拔，可以考察求职者的综合分析能力、判断决策能力、计划组织能力、撰写报告的能力等。

阅读材料

广州雅芳的人才测评中心

对于雅芳公司来说，无领导小组讨论可以考察被测者的领导力，其中包括表达、思维创新、独创性以及说服他人的能力，而在讨论中又可以发现应聘者是否具有专业技能。

广州雅芳公司在招聘方面基本考察两个维度，一个是“硬件”，如教育背景、能力、知识面、经验以及工作经历等；另一个是“软件”，如观念、态度、人品等。

分公司经理根据这两方面编制出一个结构化的面试，用来考察应聘者现在是不是具有公司所需要的行为方面的素质，然后再通过测评中心技术，如无领导小组讨论、案例讨论来观察应聘者在测试过程中是否有这些行为发生。

从 1996 年开始，雅芳公司就开始开发测评中心技术，用于区域营运经理的选拔。公司先从外部购买一些工具，然后根据自己的实际情况作了修正。对于雅芳公司来说，在测评中心中，效果比较好的是无领导小组讨论。通过这个讨论可以看到谁在这个过程中真正起到了领导作用。一般可以从两个方面来判断：一是这个人的意见被大多数人所接受，成为小组的意见，那么这个人就很有说服力。二是看这个小组里谁真正促进了讨论。有些人也许他自己不太行，但是他在尽量地启发大家朝着这个方向进行，能够促进整个过程，使得过程有效地推进，这也是一种能力。

对于雅芳公司来说，无领导小组讨论可以考察被测者的领导力，包括表达、思维创新、独创性以及说服他人的能力，而在讨论中又可以发现应聘者是否具有专业技能。雅芳公司非常关注的 4 种领导能力都可以在这个过程中得到体现。首先是创新精神；其次是对待变革的灵活性，无论这个变革是由被测者引起的还是在外部压力下作出的应急反应；再次是对整个目标有非常明确的关注，对一件重要事情的关注不会被其他琐事所干扰；最后是对人员的培养和带动。

因为即使在面试中善于包装自己、表现出众的候选人在无领导小组讨论中也会暴露出自己的不足，所以无领导小组讨论的可信度比面谈高。

雅芳公司通常的案例是沙漠求生或者地震逃生，在讨论中，雅芳公司会使用摄像机拍摄或者安排 1～2 名观察员来观察小组各成员的表现。讨论前会明确告诉每一个应聘者使用了摄像机，如果被测试的候选者有 6 人，事后会有 6 个人来看这段录像，每个人负责观察一个候选人的行为，用一个标准的记录单记录下所有的行为。记录的内容有小组成员的语言、动作和表情，然后分析他在这样的情况下说的某句话会有什么样的行为，做某个动作用了什么样的表现形式，接着对这些进行分类，与其他小组成员做对比。

雅芳公司早在 1996 年作内部提拔时就采用了这种方法，因为内部提拔时各个候选者之间是认识甚至了解的，作出提拔某人的决定以后，对其他的落选者必须有充足的理由，而记录就是最有说服力的证据。此外，落选者还可以从人力资源专家那里得到改善的建议，人力资源部也可以制定出相应的改善计划。这样一来，无论是选中的还是落选的，大家都可以共同提高。

雅芳公司的测评中心技术还包括案例分析。选用的案例是公司或者分公司发生的一些具体的情况，针对这些情况提出一些两难的问题，要求被测者提出解决方案。通过看他们分析所用的数据，工具是否科学，是否具有逻辑性，有没有考虑到方案的不足之处以及其他的备用方案，考察被测者对问题的分析处理能力。

此外，雅芳公司还使用一些量表，如 MBTI、DISC 等。MBTI 测试可以看到被测者的沟通方式及性格倾向，测试结果一般有两种用途，首先，根据销售主管的关键行为模型，在招聘时通过测量应聘者是否具有这种人格特征，来确定他具有的特质是否适合这份工作；其次，测量的结果也可以作为员工今后发展的依据，譬如可以把领导风格 DISC 量表和其他的问卷结果结合起来，看看他人对该员工的评价及该员工外在的行为特征是否与要求相适应，如果不适应，可以决定如何通过培训来促使他拥有岗位要求的行为特征。

资料来源：佚名 . 雅芳："硬件"和"软件"相结合的人才选拔方式 . http：//blog. sina. com. cn/s/blog _ 9e3cce290101c6lr. html，2012 - 11 - 23.

（五） 心理测试

心理测试是指通过一系列手段，将人的某些心理特征数量化，来衡量应聘者的智力水平和个性方面差异的一种科学测量方法。

心理测试应注意以下问题：要注意对应聘者的隐私加以保护，从测试准备，到心理测试实施，以致最后心理测试结果的评判，都要遵循严格的程序；根据单位的具体情况不同，对心理测试结果的参考程度也不同。另外，心理测试可以和面试、笔试等方式同时进行，结合多种方法，作出客观评价，不能将心理测试作为唯一的评定依据。

心理测试包含能力测试、人格测试和兴趣测试。

1. 能力测试

能力是指个人顺利完成某种活动所必备的心理特征。能力测试包括一般能力测试（即智力测试）、能力倾向测验和特殊能力测试。

（1）一般能力测试，又称智力测试，主要包括思维能力、想象能力、记忆能力、推理能力、分析能力、数学能力、空间关系判断能力、语言能力等方面的测试。常用的智力测试有韦克斯勒智力量表和瑞文推理测验。1939 年，美国纽约大学的韦克斯勒发表韦克斯勒智力量表，几经完善与修改，20 世纪 90 年代中期推出了新版本 WAIS-Ⅲ，并做了标准化。WAIS-Ⅲ适用于 16～89 岁的成人，分为语言量表和操作量表，共 11 项分测验，可测量 26 种能力和速度。

瑞文推理测验是英国心理学家瑞文于 1938 年编制的，是一种非文字的测验，主要测量一个人的观察能力和形象思维能力。

常见的能力测试样题如图 4－5 所示。

■ 依逻辑观点，下面第七个图形应该是什么？

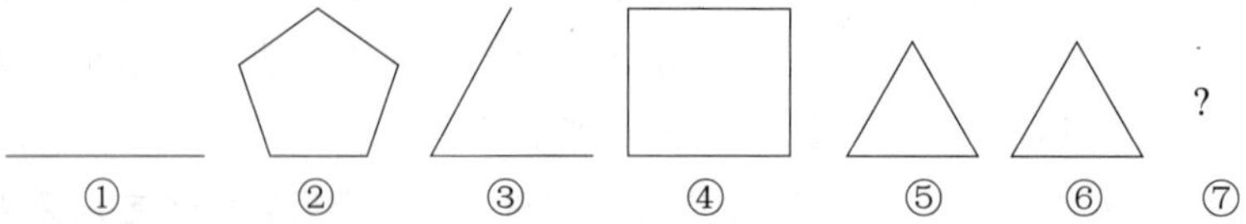

■ 下列第五个数字应该是什么？

9　　12　　21　　48　　?

图 4－5　常见的能力测试样题

（2）能力倾向测验。招聘甄选过程中经常需要测量的能力倾向有言语理解能力、数量关系能力、逻辑推理能力、综合分析能力、知觉速度、准确性等。比较有代表性的能力倾向测验有一般能力倾向测试（general aptitude test battery，GATB）与鉴别能力倾向测试（differential aptitude test，DAT）。

GATB 最初是由美国劳工部自 1934 年开始花了 10 多年的时间研究制定的，包括 9 种能力倾向，即一般能力（G）、言语能力（V）、数理能力（N）、书写能力（Q）、空间判断力（S）、形状知觉（P）、运动协调（K）、手指灵活度（F）、手腕灵巧度（M）。

DAT 由美国心理公司开发，包括 8 个单独施测、单独计分的分测验，具体包括言语能力、数字能力、抽象推理、文书速写与准确性、机械推理、空间关系、语言运用（拼写）、语言运用（语法）。

例 4－1

机械推理能力测试样题

如果要起出已经生锈的螺丝钉套，但找不到钳子，那么可以这样做（　　）。

A. 用一根铁丝扎住钉套，用力拉　　B. 用剪刀夹出来

C. 用斧头帮助　　D. 用牙齿咬出来

例 4-2

语言推理能力测试样题

- ____之于黑暗，好像白昼之于____

A. 黄昏—黎明　　B. 夜晚—日光　　C. 夜晚—光明

D. 黄昏—月亮　　E. 黄昏—太阳

- ____之于实际，好像抽象之于____

A. 实际—空间　　B. 理论—具体　　C. 原则—模糊

D. 理论—概念　　E. 基本—象征

- ____之于李唐，好像李闯之于____

A. 黄巢—朱明　　B. 黄巢—元代　　C. 战争—朱明

D. 战乱—朱明　　E. 陈胜—元代

(3) 特殊能力测试。特殊能力是指那些与具体职位相联系的不同于一般能力要求的能力。例如员工关系主管职位，就需要有很强的人际协调能力。该项测试的目的在于选拔那些具有从事某项职业的特殊潜能的人才。特殊能力测试的方法主要有明尼苏达文书测验（Minnesota clerical test）、西肖音乐能力测试（Seashor measures of musical talents）、梅尔艺术鉴赏测试（Meier art tests）等。

2. 人格测试

人格指个人对现实的稳定态度和习惯的行为方式，按照不同的标准可以将人格划分成不同的类型。人格测试（personality test）的目的是了解应聘者的人格特质。人格测试的方法有很多，主要可以归结为两大类：一是自陈式测试；二是投射测试。

自陈式测试是向被试者提出一组有关个人行为、态度方面的问题，被试者根据自己的实际情况回答，测试者将被试者的回答和标准进行比较，从而判断他们的人格。常用的方法有卡特尔16种人格因素问卷、明尼苏达多项人格测试（MMPI）、加州心理调查表（CPI）和爱德华个性偏好量表（EPPS）、迈耶斯—布瑞格斯人格类型指标、NEO人格量表、DISC人格测试、EPQ人格问卷等。

投射测试就是向被试者提供一些刺激物或设置一些刺激情景，让他们在不受限制的条件下自由地作出反应，测试者通过分析反应的结果判断被试者的人格。罗夏墨迹测验和主题统觉测试是两种常用的投射测试方法。

3. 兴趣测试

兴趣是人认识某种事物或从事某种活动的心理倾向，它是以认识和探索外界事物的需要为基础的，是推动人认识事物、探索真理的重要动机。

兴趣测试是将应试者的兴趣同各种职业成功员工的兴趣做比较，来判断应试者适合做什么工作，并作为员工职业规划的参考。另外还可以同时向应试者提供一个明确的刺激物和一套可供选择的答案，通过分析应试者的回答来判断他们的性格和兴趣。兴趣测试揭示了人们想做什么和喜欢做什么，从中可以发现应试者最感兴趣并从中得到最大满足感的工作是什么。

兴趣测试的研究可以追溯到 20 世纪初，桑代克于 1912 年对兴趣和能力的关系进行了探讨。1915 年詹穆士发展了一个关于兴趣的问卷，标志着兴趣测验系统研究的开始。1927 年，斯特朗编制了斯特朗职业兴趣量表，是最早的职业兴趣测验。1939 年库德发表了库德职业兴趣调查表。

兴趣测试通常列出众多的兴趣选择项，如运动、音乐、艺术、文学、科学、社会服务、计算、书写等，根据被试者对各种兴趣项目的“是”或“否”的选择，或依据受试者排列出的兴趣序列，对其是否适合某一职业或某种工作做出判断。

兴趣测试有许多用途，最典型的就是用于员工的生涯规划，因为一个人总是把自己感兴趣的事情做得很好。另外还可以用它作为选择的工具，如果能选出那些与现有成功雇员的兴趣相似的候选人，那么这些候选人很可能在新的岗位上也能取得成功。

约翰·霍兰德（John Holland）是美国约翰·霍普金斯大学的心理学教授、美国著名的职业指导专家。他于 1959 年提出了具有广泛社会影响的职业兴趣理论。认为人的人格类型、兴趣与职业密切相关，兴趣是人们活动的巨大动力，职业兴趣可以提高人们的积极性，促使人们积极地、愉快地工作，且职业兴趣与人格之间存在很高的相关性。霍兰德认为人格可分为常规型、艺术型、实践型、社会型、研究型、管理型六种类型。

常规型：尊重权威和规章制度，喜欢有秩序的、安稳的生活。惯于按照计划和指导做事，按部就班，细心，有条理。不习惯自己对事情作判断和决策，较少发挥想象力。没有强烈的野心，不喜欢冒险。

艺术型：热爱艺术，富于想象力，拥有很强的艺术创造力。乐于创造新颖、与众不同的成果，渴望表现个性，展现自己。做事理想化，追求完美。擅长用艺术形式来表现自己和表现社会。进行艺术创作或创新时，不喜欢受约束和限制。

实践型：喜欢使用工具或机械从事操作等动手性质的工作，动手能力强，通常喜欢亲自体验或实践理论和方法甚于与其他人讨论，一般不具备出众的交际能力，喜欢从事户外工作。

社会型：乐于助人，喜欢与人打交道，善于处理人际关系。喜欢从事对他人进行传授、培训、帮助等方面的服务工作。愿意用自己的感染力和说服力引导别人。通常他们有社会责任心，热情、善于合作、善良、有耐心，重视社会义务和社会道德。

研究型：喜欢理论研究，潜心于专业领域的创新和应用；喜欢探索未知领域，擅长使用逻辑分析和推理解决难题。不喜欢官僚式的管理行为过多地影响研究工作。

管理型：对其所能支配的各种资源能够进行有效的计划、组织、领导和控制。喜欢影响别人、敢于挑战，自信、有胆略、有抱负，沟通能力出色，善于说服他人，追求声望、经济成就和社会地位。

第 4 节 招聘效果评估

招聘效果评估是招聘过程中必不可少的一个环节。招聘效果评估通过成本与效益核算能够使招聘人员清楚地知道费用的支出情况，区分哪些是应支出项目，哪些是不应支出项目，这样做有利于降低招聘费用。同时，招聘评估通过对录用员工质量的评估，检验招聘工作成果与方法的有效性，有利于招聘方法的改进。

一、成本效益评估

招聘成本效益评估是指对招聘中的费用进行调查、核实，并对照预算进行评价的过程。招聘成本效益评估是鉴定招聘效率的一个重要指标。

（一）招聘成本

招聘成本分为招聘总成本和招聘单位成本。

招聘总成本包括两个部分。一部分是直接成本，包括招募费用，选拔费用，录用员工的家庭安置费用和工作安置费用，招聘人员的工资、福利、差旅费、加班费、通信费（电话费、上网费、邮资），专业咨询与服务费（中介费），广告费（在杂志、报纸、网络、广播等媒体发布广告的费用），资料费（印刷宣传材料和求职申请表等材料的费用），办公用品费等。另一部分是间接费用，包括物业管理费、折旧费、水电费等。

招聘单位成本是招聘总成本与实际录用人数之比。如果招聘实际费用少，录用人数多，意味着招聘单位成本低；反之，则意味着招聘单位成本高。

（二）成本效用评估

成本效用评估是对招聘成本所产生的效果进行的分析，主要包括招聘总成本效用分析、招募成本效用分析、人员选拔成本效用分析和人员录用成本效用分析等。其计算方法如下所示：

总成本效用＝录用人数/招聘总成本

招募成本效用＝应聘人数/招募期间的费用

选拔成本效用＝被选中人数/选拔期间的费用

人员录用效用＝正式录用的人数/录用期间的费用

二、录用人员评估

录用人员评估主要从录用比、招聘完成比和应聘比三个方面进行。其计算方法如下所示：

录用比＝(录用人数/应聘人数）×100%

招聘完成比＝(录用人数/计划招聘人数）×100%

应聘比＝(应聘人数/计划招聘人数）×100%

当招聘完成比≥100%时，说明在数量上完成或超额完成了招聘任务；应聘比反映招募的效果，该比例越大，则招聘信息发布效果越好；录用比和应聘比这两个数据也在一定程度上反映录用人员的质量。

三、信度与效度评估

信度与效度评估是对招聘过程中所使用的方法的正确性与有效性进行的检验。信度和效度是对测试方法的基本要求，只有信度和效度达到一定水平的测试，其结果才适合作为录用决策的依据。

（一）信度评估

信度主要是指测试结果的可靠性或一致性。通常信度可分为稳定系数、等值系数、内在一致性系数、评分者信度等。

稳定系数是指用同一种测试方法对同一组应聘者在两个不同时间进行测试结果的一致性。等值系数是指对同一应聘者使用两种对等的、内容相当的测试方法，其结果之间的一致性。内在一致性系数是指把同一（组）应聘者进行的同一测试分为若干部分加以考察，各部分所得结果之间的一致性。评分者信度是指不同评分者对同样对象进行评定时的一致性。

（二）效度评估

效度，即有效性或精确性，是指实际测到应聘者的有关特征与想要测的特征的符合程度。效度主要有三种：预测效度、内容效度、同侧效度。

预测效度说明测试用来预测将来行为的有效性。可以把应聘者在选拔中得到的分数与他们被录用后的绩效分数相比较，两者的相关性越大，则说明所选的测试方法、选拔方法越有效。

内容效度即测试方法能真正测出想测的内容的程度。内容效度多应用于知识测试与实际操作测试，而不适用于对能力和潜力的测试。例如招聘打字员，测试其打字速度和准确性的操作测试的内容效度是较高的。

同侧效度是指对现在员工实施某种测试，然后将测试结果与员工的实际工作绩效考核得分进行比较，若两者的相关系数很大，则说明此测试同侧效度很高。

选择题（有一个或几个选项是正确的）

1. 招聘过程不包括以下（　　）环节。

A. 招募　　B. 甄选　　C. 录用　　D. 岗前培训

2. 当企业人力资源的供给小于需求时，应首先想到用（　　）措施来进行人力资源平衡。

A. 加班　　B. 雇用临时工　　C. 员工培训　　D. 招聘

3. 内部招募的优点不包括（　　）。

A. 有利于提高员工的士气　　B. 熟悉公司情况，便于迅速开展工作

C. 能为企业带来新的思路和活力　　D. 便于了解应聘员工，可靠性高

4. 内部招募的缺点有（　　）。

A. 竞争失利者容易感到心理不平衡从而影响其工作积极性

B. 容易引起同事间过度竞争而发生内耗

C. 易造成近亲繁殖，思想、观念因循守旧，缺乏创新与活力

D. 可选择余地小，当公司内部胜任的人很少时，难以选出合适的人员

5. 外部招募的优点有（　　）。

A. 节约时间和费用

B. 选择范围广，可以招聘到优秀的人才

C. 能为企业带来新的思路和活力

D. 给企业内部人员以压力，激发其工作动力

6. 外部招募的缺点不包括（　　）。

A. 需要较长的时间来适应环境和工作

B. 对内部人员是一个打击，感到晋升无望，影响工作积极性

C. 竞争失利者容易感到心理不平衡从而影响其工作积极性

D. 由于对外部人员缺乏了解，不容易作出客观评价，可靠性较差

7. 招募广告设计需要遵循 AIDA 原则，下列选项中（　　）包含于 AIDA 原则中。

A. 目标（aim）　　B. 发生兴趣（interest）

C. 产生欲望（desire）　　D. 付诸行动（action）

8. 评价中心技术主要包括（　　）。

A. 无领导小组讨论　　B. 公文筐测试

C. 案例分析　　D. 管理游戏

9. 欲测试应聘者的经营管理技巧，可以选择（　　）评价中心技术。

A. 笔试方法　　B. 公文筐测试　　C. 面试　　D. 性格测试

10. 欲测试应聘者的人际关系技巧，需要（　　）评价中心技术。

A. 公文筐测试　　B. 无领导小组讨论

C. 管理游戏　　D. 笔试

11. 下面关于招聘评估的阐述中，正确的有（　　）。

A. 招聘评估是招聘过程中必不可少的一个环节

B. 当招聘录用规模很小，比如只有一个人时，不必进行招聘效果评估

C. 招聘评估包括成本效益评估、录用人员评估、信度与效度评估

D. 招聘录用比越低，则可能表明招聘质量越高

12. 信度主要是指测试结果的可靠性或一致性。通常信度可分为（　　）。

A. 稳定系数　　B. 等值系数

C. 内在一致性系数　　D. 评分者信度

13. 某公司进行招聘活动，准备招聘副总经理 1 人，生产部经理 1 人，销售部经理 1 人。副总应聘者 38 人，参加招聘测试 25 人，送企业候选 3 人，录用 0；生产部经理应聘者 19 人，参加招聘测试 14 人，送企业候选 3 人，录用 1 人；销售部经理应聘者 35 人，参加招聘测试 29 人，送企业候选 3 人，录用 1 人。招聘经费：广告费 20 000 元，招聘测试费 15 000 元，体检费 2 000 元，应聘者纪念品 1 000 元，招待费 3 000 元，录用人员家属安置费用 5 000 元。则下列正确的是（　　）。

A. 总成本效用约为 0.4 人/万元　　B. 招聘录用比约为 2.2%

C. 招聘完成比约为 66.7%　　D. 应聘比约为 3 066.7%

结构化面试试题

1. 以下是国家公务员结构化面试模拟试题，假如你是应聘者，你将怎样回答这些问题？

(1) 大学生创业需要激情、艰苦奋斗、团队精神、表达能力、鸿鹄之志，你是否具有上述素质？

(2) 王某丢失的公文包中有合同、现金、银行卡等，有人打电话说可以归还，但是让他支付一定报酬，谈谈你的观点。

(3) 小王和你是大学同学，毕业后你们又分到了同一个单位，你认为你在学校的表现要优于小王，但领导常在你面前表扬小王，有人还告诉你，小王常在别人面前说你的不足。你该怎么办？

(4) 现在政府开设的服务窗口排队时间较长，有些群众会因情绪焦急而闹事，遇到这种突发事件你怎么办？

2. 以下是大学生村官结构化面试试题，试给出你的回答。

(1) 现在城市交通设施不足，道路拥堵严重，谈谈你的意见和看法。

(2) 领导要你带两位同事去某企业调查假冒伪劣产品的问题，企业员工的情绪很激动，不让你进去调查。你怎么办？

(3) 你的单位来了位新领导，因不熟悉业务，工作难以顺利开展。你怎么办？

(4) 俗话说："给你一根拐杖，你不会跌倒，但是你也不能快跑。"你怎么理解？

3. 某大型国有制造企业想要在高校招聘一批应届毕业生。以销售岗位为例，人力资源部门经过岗位分析，确定了一些核心素质，主要包括成就动机、分析能力、影响力、沟通能力、自我管理能力以及积极乐观的个性。请根据这些核心素质为该公司人力资源部经理确定销售岗位应届毕业生的标准化面试试题。

4. 为测评综合分析能力，有考官设计结构化面试试题为"现在京津冀地区的空气污染比较严重，你用什么对策来解决这个问题?"请设计评分标准，分成高、中、低3个等级描述。

面试点评

1. 面试官：请给出一个你从工作的失败经历中得到的教训。

求职者：我所得到的一个教训就是要合理分配自己的精力，在自己不能完成时决不勉强接受工作。我在××公司工作的第一年，有一段时间我同时参与三个项目，一开始我也觉得可能自己的精力不够，但是三个项目都很重要，我可以学到不同的东西，也都难以拒绝，所以考虑之后还是把三个项目都接下来了。但在项目执行过程中，我常常忙不过来，到最后无论是在项目质量或时间期限上都有些含糊，完成得没有预想的那么好。从这件事上，我学到在以后的工作中对自己的时间和精力要有正确的安排，当不能兼顾的时候，要明白什么具有优先级。甚至在一开始，当自己觉得不能合理分配足够的时间和精力在某项工作上时，我完全可以向别人说不，而不是一口答应，以至于最后不能按时、保质、保量地完成。

思考题：

请点评该求职者的回答。

2. 面试官：你认为怎样的沟通才是有效的沟通?

求职者：我认为有效的沟通必须具备三点。第一点是要有理有据。也就是说在和别人沟通之前要收集合理的事实和数据来支持自己，并且要进行合理准确的沟通，态度不能咄咄逼人。第二点是要因人而异。每个人的性格脾气都不同，要根据他们的特点采取不同的沟通手段和方式方法。只有一种沟通方式是远远不够的。第三点就是要学会换位思考。人常常会站在自己的立场上去看问题，只考虑自己的得失而忽视了别人的感受。我们需要学会站在别人的立场上看问题，以期达到双赢的效果。

思考题：

请点评该求职者的回答。

3. 面试官：很多人认为大学专业教育的内容对未来工作没有什么帮助，你怎么看待这个问题?

求职者：在我看来，这个问题没有绝对的答案，应该分两个方面来分析。对于一些特定的工作，例如信息技术、工程管理、研发等，大学专业教育的内容不但有帮助，而且是必需的，因为所学内容是未来工作的基础。而对于一些管理、文化等非技术类的工作而言，例如市场、销售、人力资源等方面的工作，大学专业教育最重要的作用在于培养学生思考问题、解决问题、学习知识以及运用知识的能力。只要学生能够通过专业学习培养这样一种能力，无论学习什么专业都可以从事这样一些工作。

思考题：

请点评该求职者的回答。

4. 面试官：如果你的亲人患病住院，需要你的陪护，而此时公司有一项紧急任务需要你及时完成，你将如何处理？

求职者：我会毫不犹豫地将工作放在第一位。

面试官：如果你的亲人患的是急性病，比如心脏病、脑血栓，你也会丢下亲人不管而去完成工作吗？

求职者：（略加思索）这种情况我没有遇到过，如果遇到了，我会先选择工作，以工作为重，先干完工作再说。

面试官：假如患病的是你的至亲呢？比如你的父亲、母亲或孩子？

应聘者：对不起，我认为已经回答了您的问题。

思考题：

该故事中的考官是否具备充分的面试技巧？如果你来做考官，同样的问题，你会如何询问？

5. 下列是某公司的招聘面试经过：

当考官得知应聘者是从同行一家倒闭的单位出来的就很感兴趣，马上问："你认为你原来单位倒闭的原因是什么？"应聘者迟疑了一下说"原因很复杂"，心里却思索着：对原单位的业务定位进行评价，或者说是因为经营策略调整，似乎都不太妥当，不回答明显也是不可能的。就在这一秒的迟疑中，考官口气生硬地说："你不说，我们怎么知道？"应聘者尽力回答完了这个问题。接下来，考官抓住这个问题继续问："你们单位倒闭后人员去向如何？"应聘者说："老员工安排去处，新员工自找出路。"考官沉着声音说："那么说，你是被辞退的喽？"应聘者不知所措。考官紧接着问："那你这些天都干什么去了？"应聘者说自己这两个月一直待业在家。随后考官说："看来你挺内向的，非得我们问你一句你才答一句。我们的面试到此结束。"

思考题：

请对考官的面试技巧作出评价。

校园招聘设计题

1. 设计一份校园招聘记录表。
2. 设计一份校园招聘结构化面谈提纲。

方案设计题

一家大型超市拟开业，所有岗位均需要招聘员工，请为该超市拟定一份招聘方案。

综合分析题

1. 某外资企业需要招聘一名财会人员。该职位在本企业的薪酬水平为 4 000 元，企业要求的任职资格条件是：接受过正规财会教育，有会计证；至少有 1 年以上相关工作经验；英语口语流利，熟悉专业外语；为人诚实可靠；一周内就可以到岗就职。表 4－6 列出了 4 位求职者的基本情况。

表 4－6　　求职者基本情况汇总表

姓名	A	B	C	D
性别	女	男	男	女
学历与证书情况	大学本科，注册会计师	大学本科，具有会计证	大学本科，具有会计证	大学专科，具有会计证
工作经历和能力	4 年涉外财会业务工作经验，知识丰富，实践工作能力强	2 年涉外酒店财会工作经验，熟悉财会业务	应届毕业生，在大型国有企业实习半年以上，工作能力较强	3 年国有企业财会工作经验，工作能力较强
个性特征	老练、灵活	诚实、稳重	诚实、稳重	文静、细心
应聘动机	与现公司同事有矛盾	寻求更好的发展	认同企业文化，认为企业有发展	现工作单位离家较远
预测未来发展	较快适应熟悉本公司财会业务	较快胜任本公司财会业务，极具潜力	经过一周培训以后可以使用，对企业归属感强	立即可以使用，能够胜任工作，但是很难晋升
最低薪资	6 000 元	3 500 元	3 000 元	3 000 元

思考题：

（1）针对表中项目，说明该企业在人员选择时应该注意哪些事项。

（2）根据上述资料，对该企业选聘人员条件进行分析，并说明谁是最佳候选人。

2. 根据表 4－7 回答相关问题。

表 4－7　　某公司招聘活动相关数据

	参加招聘会	员工推荐	报刊广告	网络招聘
应聘人数（人）	250	50	500	400
接受面试的求职者人数（人）	150	45	400	160
合格的应聘人数（人）	120	40	100	40
实际录用人数（人）	100	30	40	15
总成本（元）	300 000	120 000	200 000	150 000

思考题：

（1）请计算各种招聘渠道录用比和实际录用人员的单位成本。

（2）以上 4 种招聘方法各有什么特点？

（3）通过以上计算，对此次招聘评估可以得出什么结论？

3. A 计算机网络技术有限公司是一家专门从事软件开发、电子商务、系统集成、计算机产品代理销售的 IT 高新企业。最近，A 公司准备招聘客户经理，主要从事网络产品的推广，工作中需要与客户进行沟通。该公司准备采用面试方法对应聘者进行甄选。面试分两轮进行，第一轮初试，由一位 HR 招聘专员对求职者进行面试，每人面试时间 10～15 分钟，测评指标如下：仪表良好、言谈举止得体、具有亲和力、普通话标准、性格开朗、对岗位了解、逻辑条理清晰。第二轮复试，采用结构化面试方法，考官根据求职者的应答表现，对其相关胜任素质作出相应的评价。该职位有一个重要的能力指标，即沟通能力，该指标的定义见表 4-8。

表 4-8　　沟通能力指标说明

能力指标	指标说明
沟通能力	语言简洁，能准确地表达自己的思想；能根据表述内容和沟通对象的特点采取适当的表达方式；在人际交往中，能通过各种途径和线索准确地把握和理解对方的意图，并使别人接纳自己的建议和想法

思考题：

（1）在面试实施过程中应注意掌握哪些技巧？

（2）根据上述资料，为“沟通能力”指标设计一个面试提问和评分标准。

4. 2017 年 4 月，某公司因生产经营的需要向社会公开招聘下列人员：管理人员 60 名、销售人员 200 名、生产工人 240 名，共计 500 名。根据有关部门预测，新招的员工将为公司创造 40 050 000 元收入。招聘相关资料见表 4-9。

表 4-9　　人员招聘相关资料统计表

指标	人员分类（人）		
	管理人员	销售人员	生产工人
应聘人数	245	500	300
录用人数	60	200	240
	招聘费用（元/人）		
实际招募费用	24 000	24 600	22 500
实际选拔费用	20 400	26 400	22 300
实际录用费用	6 000	6 000	8 000

思考题：

（1）计算招聘管理人员、销售人员、生产工人的单位成本，并进行比较分析。

（2）计算招聘收益成本比，并进行招聘收益与成本分析。

第5章

培训与开发

第1节　培训概述

一、培训中的学习原理

（一）学习和学习迁移

1. 学习与学习成果

从行为的角度界定，学习是指通过经历体验而导致的持续的行为改变。

R. M. 加涅是国际心理学界公认的学习分类的权威人士。他按学习成果将学习分成5类，见表5-1。学习成果包括言语信息、智慧技能、认知策略、运动技能和态度。其中前三种是智育的目标。传统教育所阐述的智育目标强调知识的习得和技能的形成，没有明确地把认知策略的获得作为教育的一个重要目标。

2. 学习迁移

学习迁移是指学习会在其他场合通过行为表现出来。有效的学习或者培训，不仅能提高学员的学习效果，更重要的是可以把学习效果迁移到工作中去，对工作行为和工作业绩产生积极影响。

表 5-1 学习成果的 5 种类型

学习成果类型	能力描述	举例
言语信息	陈述、复述或描述以前存储在大脑中的信息	陈述遵守公司安全程序的三条理由
智慧技能	应用可被推广的概念和规则来解决问题并发明新产品	设计并编制一个满足顾客需要的计算机程序
认知策略	管理自己的思考和学习过程	选择使用三种不同策略来判断发动机故障
运动技能	精确并按时间要求进行体力活动	射击并持续射中小的移动靶
态度	选择个人活动方式	在 24 小时内回复来函

资料来源：GAGNE R，MEDKER K. The condition of learning. New York：Harcourt-Brace，1996.

学习迁移有正迁移和负迁移之分。正迁移是指一种学习对另一种学习起到积极的促进作用。比如幼儿教育中，父母在陪孩子拼装玩具车的过程中培养孩子的专注精神、抗挫折能力，在孩子学习文化知识时就能发挥作用。负迁移是指一种学习对另一种学习的阻碍效果。比如学会骑自行车的人再去学骑三轮车就会比较困难。

（二）学习立方体模型

学习立方体模型是欧洲学者费奥和博迈森提出的，是学习和培训过程中广泛应用的学习理论。在如图 5-1 所示的三维模型中，横轴代表学习（培训）内容的实践性，越接近原点，表明学习内容越抽象化和理论化；反之越具体化，实践性越强。纵轴代表学习进程的交互性，越接近原点，表明越少与他人交流、切磋、讨论，更多的是个人独立钻研；反之则表明学习时与他人交流、切磋、讨论得越多。立轴代表学习的自主性，越接近原点，表明学习中外界的指导与讲授越多；反之则表明学习主要通过个人探索进行。图中 *D* 点的学习效果最佳。

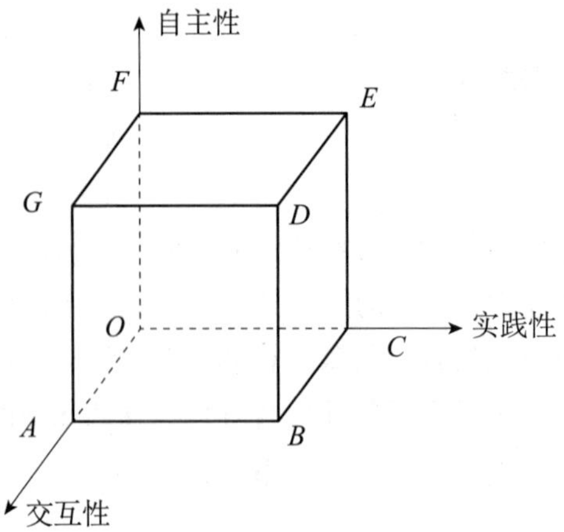

图 5-1 学习立方体模型示意图

依据学习立方体模型原理，为提升学习效果，人们在学习、设计教学、设计培训时要理论联系实际、注重练习和实践，以提升实践性；要加强师生之间、学员之间的互动及讨论，以增强学习的交互性；要运用各种教学方法激发学习者的积极性和学习兴趣，以提升学习者学习的自主性。

（三）学习高原现象

学习高原现象是指学员在学习的初期，会因掌握并运用新的知识与技能，表现出明显的进步，但随之而来的一段时间常常是停滞不前，如图 5－2 所示。

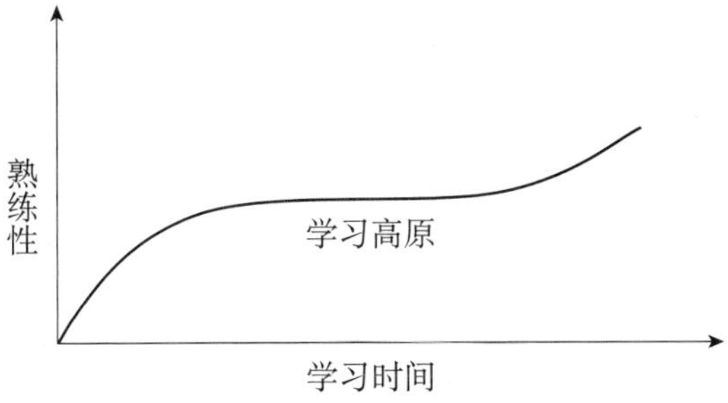

图 5－2　学习高原现象

国外学者研究认为，已经学会如何学习的人有两个特点：一是能够控制自己的学习进程；二是具有一些关键性的学习能力。

具有学习自我控制能力的人，将学习看作基于内在需要的自觉行为。通常，他会有个人的学习和培训计划，并严格执行。在学习中，他懂得如何学才能学得最好，才能达到预先设定的学习目标。

在学习进程中，为避免停滞不前的高原现象，在具有学习自我控制能力的同时，还要具有关键性的学习能力。这些能力包括渴望学习的习惯，自我激励，使用信息资源的能力，交流沟通能力，解决问题的能力，抽象思维的能力，为学习作出计划、制定目标的能力，知道自己如何能学得更好的能力。

阅读材料

戈特的 16 条成人学习原理

美国管理学家汤姆・W. 戈特（Tom W. Goad）在其所著的《第一次做培训者》（*The First Time Trainer*）一书中，总结了关于成人学习的 16 条原理。这些原理为许多企业所应用，实践证明能有效促进培训工作取得成功。这 16 条原理如下：

（1）成人是通过干而学的。亲自动手达成的结果能给学员留下深刻的感性认识。

（2）运用实例。成人学员习惯利用熟悉的参考框架促进当前的学习，因此需采用大量真实、有趣、与学员有关的例子，吸引学员的注意力，激发他们的兴趣。

（3）成人是通过与原有知识的联系、比较来学习的。成人习惯将新知识与他们已知道或了解的东西加以比较，并倾向于集中注意他们了解最多的东西。在培训开始时，让学员相互认识，尽快调动学员参与的积极性，避免抽象空洞的说教，以提升成人学习的兴趣。

（4）在非正式的环境氛围中培训。组织者应设法使学员在轻松的环境下接受培训，避免严肃古板的气氛。

（5）增添多样性。在培训中灵活改变进度、培训方式、教具或培训环境有助于增加学习兴趣，实现良好的培训效果。

（6）消除恐惧心理。在培训过程中给予学员学习信息反馈是必要的，但以非正式方式提供反馈为宜，如能将成人学员担心学习成绩与个人前途直接挂钩的恐惧心理排除掉或将其降到最低限度，那么每个学员都能学到更多的东西。

（7）做一个推动学习的促进者。成人学习中要避免单向讲授，培训师是学习的促进者，灵活有效的培训方式能大大促进学习的进程。

（8）明确学习目标。学员必须在一开始便被告知其学习目标，这样他们才能注意自己是否走在通向成功的正确道路上。

（9）反复实践，熟能生巧。实践是帮助学员完成规定学习目标的有效手段，通过实践，理论转化为学员可在实际工作中自如运用的工具，真正成为属于他们自己的方法。

（10）引导启发式学习。通过引导启发，同时提供资料与例子、进行提问、给予鼓励，成人学员就能自己找出结果，并完成所期望的任务，这才是培训期望达到的最终效果。

（11）给予信息反馈。及时不断的学习信息反馈，能使学员准确知道自己取得了哪些进步、哪些方面还需进一步努力。明确的目标会成为积极的学习动力。

（12）循序渐进，交叉训练。学习过程的每一部分都建立在另一部分的基础上，因此某一阶段的学习成果可在另一阶段的学习中得到应用与加强，使学员的能力逐步强化和提高。

（13）培训活动应紧扣学习目标。紧扣学习目标会使培训过程中的所有活动沿着预期的轨道进行，这一目标应被学员清楚、了解与认同，在培训过程中应反复强调。

（14）良好的初始印象能吸引学员的注意力。培训初始给学员的印象非常重要，如果培训的准备工作不充分，则很难引起学员对培训的重视，会影响学习效果。

（15）要有激情。一个充满激情的讲师能感染学员，激发他们投入到学习中。

（16）重复学习，加深记忆。多样性的培训方法，能够使重复学习变得更加有趣和富有吸引力。

资料来源：石金涛．培训与开发．3 版．北京：中国人民大学出版社，2013.

二、培训概述

（一）培训与开发的含义

培训与开发（training and development）是向新员工或现有员工传授成功完成本职工作所必需的基本知识、技能和工作态度的过程。

培训与开发都是通过提高员工的能力来提升员工的业绩，进而提高企业的整体绩效；实施主体都是企业，接受者都是企业内部的员工；两者使用的一些方法也是一样的。但二者也存在一定的区别，见表 5－2。

表 5－2　培训与开发的比较

项目	培训	开发
侧重点	当前	将来
工作经验的应用	低	高
目标	着眼于当前工作	着眼于未来变化
参与	强制	自愿

资料来源：雷蒙德·A. 诺伊. 雇员培训与开发：第 6 版. 北京：中国人民大学出版社，2015.

（二）建立现代的培训观

1. 常见的培训误区

常见的培训误区，见表 5－3。

表 5－3　常见的培训误区

序号	重视	轻视
1	课堂效果	课后跟踪与绩效的改善
2	课程内容的选择	课程体系的建设
3	专业技能训练	通用技能训练
4	短期目标	长期目标
5	技能训练	职业素养的引导
6	培训组织	培训效果
7	组织当前利益	员工职业生涯
8	培训形式和培训组织	培训工作流程、制度和体系建设
9	人力资源培训	其他部门/人员的培养
10	基层员工培训	高层员工培训
11	鼓吹培训是一种福利	员工参加培训的义务性

资料来源：水藏玺. 培训促进成长. 北京：中国经济出版社，2005.

2. 现代的培训观

阅读材料

狮子和羚羊的故事

在一片草地上，一只羚羊正在教一群小羚羊如何练习跑步，它告诉小羚羊，衡量跑步快慢的标准是：一旦有狮子袭来，你只要不是最后一只羚羊就没事了，因为狮子最先抓住的是跑在最后面的那只羚羊。

在另一片草地上，一只狮子也在教一群小狮子练习跑步，它告诉小狮子，衡量跑步快慢的标准是：一旦我们去追赶一群羚羊，你一定要跑在最前面，因为只有这样你才能抓到羚羊。

同样是在练习跑步，羚羊和狮子采取了不同的训练方式。按照这样的方式，我们来推断一下羚羊和狮子的最终命运，羚羊群因为不断有跑在最后面的羚羊被狮子吃掉而数量急剧减少，而狮群因为每天都有羚羊作为美餐而发展壮大。

其实，企业培训员工也是同样的道理，企业家是将自己的员工看成不要跑在最后的羚羊，还是跑在前面的狮子呢？看成羚羊，企业只能在原地踏步，甚至由于别人的进步而导致企业的生存空间越来越小，最终走向倒闭的命运；如果看成狮子，将使员工之间形成强烈的竞争意识，促使企业像滚雪球一样，越滚越大。

资料来源：http：//blog. sina. com. cn/s/blog _ 4a2c1c1b01000bvc. html，2007－12－05.

作为现代人力资源工作者，要想既保证培训效果，又通过培训提高员工忠诚度，降低员工流失率，首先要跳出陈旧的观念，建立现代培训观，见表5－4。

表5－4　现代培训观

现代培训观应该包括：
1. 企业竞争的核心是人才的竞争，而培训可以帮助企业培养人才。
2. 培训绝非可有可无的事，它是一项重要的人力资源工作，是企业应对知识经济时代的挑战，取得竞争优势，培育和提升竞争能力的重要途径。
3. 培训不仅是培训者的事，更是受训者的事。要由“要我培训”转向“我要培训”，由被动转向主动、互动，培训者要特别注重开发、利用员工的人力资源价值。
4. 培训是一套“生产人才”的程序和设备，通过培训可以造就一批符合企业需要的人才。
5. 培训费用并非一项纯粹的成本费用，更应该是一项战略性投资，即对未来人力资本的投资。
6. 培训也是公司给予员工的奖励，对组织所需要的员工的招聘和配置使用提供了支持，良好的培训机会和条件是组织吸引人才、留住人才的关键策略之一。
7. 学习已经成为知识经济时代学习型组织不可或缺的必需品，高层次的培训有利于增强组织凝聚力和学习能力。
8. 组织的培训不同于学校的教育，前者的目的是通过培训改变员工的知识技能、态度行为，进而改变绩效，重在将学习的成果转化为实际工作能力和创新能力。
9. 要想培训别人，先要培训自己。
10. 结合组织的实际及其发展目标，有针对性地做好培训工作是关键。
11. 培训内容要与公司战略相结合，与员工的职业生涯相结合，与员工能力素质模型相结合，与组织文化相结合。

（三）培训与开发的分类

培训与开发可以按不同标准分类。按照培训对象，可以分为岗前培训和在职培训；按照培训形式，可以分为在职培训和脱产培训；按照培训性质，可以分为传授性培训和改变性培训；按照培训内容，可以分为知识性培训、技能性培训和态度性培训。下面简要介绍岗前培训、在职培训和脱产培训。

1. 岗前培训

岗前培训也称新员工导向培训或职前培训，是指为新员工提供有关企业和工作的基本背景情况的活动。这类背景信息对员工做好本职工作起着导向性的作用。岗前培训是企业通过预先规划的各种活动，将新员工介绍到企业组织、部门中去，并使他们成为企业合格一员的培训。岗前培训的主要内容包括以下 4 个方面。

（1）公司概况。包括公司的创业、成长、发展历程，公司经营战略和目标，公司的优势和面临的挑战；公司的企业文化和价值观、行为规范和标准；产品和服务，主要客户情况；公司活动范围；组织结构；主要经理人员等。

（2）主要政策及其程序。包括考勤制度，请假、加班、报销的政策及其程序，购买内部产品的特权和享受内部服务的政策及其程序，工资、福利和奖励政策及其程序，员工培训和职业发展政策及其程序，绩效管理的政策及其程序等。

（3）公司设施和部门参观。参观设施、规定的用餐地点、急救站、员工出入口、停车场、禁区、部门工作休息室、个人物品储藏柜、火灾报警箱、主管办公室等。

（4）部门职能和岗位职责。介绍部门目标及其最新优先事项或项目、与其他职能部门的关系、部门结构及部门内各项工作之间的关系、工作职责说明、工作绩效考核标准和方法、常见的问题及解决办法、工作时间和合作伙伴或服务对象、请求援助的条件和方法、加班要求、规定的记录和报告、设备的领取与维护等。

在进行岗前培训时，企业可以为新员工制作新员工文件袋，以便新员工尽快适应公司的工作和生活。新员工文件袋通常包括公司最新组织结构图、未来组织结构图；公司区域图；有关本行业、本公司或本工作的重要概念和术语；政策手册副本；工作目标及说明副本；工作绩效评价的表格、日期及程序副本；其他表格副本，如费用报销等；在职培训机会表；重要的公司内部刊物样本；重要人物及部门的电话、地址等。

2. 在职培训

在职培训也称在岗培训，最早产生于美国，是一种最古老也是应用最广的培训方法。在职培训是指员工在日常的工作环境中一边工作一边接受的培训，目的在于学习或提高特定的技能。在职培训可以利用工余时间、晚上或节假日，或占用一部分工作时间进行。这种培训可以是正式的，也可以是非正式的。如果是正式培训，培训者会遵循一些书面的程序和规则；如果是非正式培训，培训者通常没有书面的程序和规则，他们按照自己的方式辅导员工。因此在职培训具有很大的灵活性。人们普遍认为在职培训是促进员工成长的最有效的手段，是将培训和工作结合在一起的最好的训练方法。在职培训的优点包括不耽误工作、节约培训费用、建立经理与员工之间的沟通渠道、更有针对性和时效性。在职培训的缺点包括缺乏良好组织的培训环境，不规范；对新进员工指导不力；对个别员工指导不充分；不能贯彻培训计划；能力开发不彻底。

在职培训的步骤如下：第一，解释工作程序。这种解释要“宏观”，其中包括为什么需要这一特定的工作或工作程序；它是如何影响其他工作的；这项工作出现差错会造成什么后果。这一步的目的是让员工在掌握具体工作前对整个过程有一个了解。第二，示范工作程序，即给员工演示整个工作过程。示范有形任务时，如接电话、使用传真机或复印机，一定要放慢示范速度，让员工能够记住每一步。培训者还要保证自己的演示角度适于员工观察。如果工作过程很复杂，应该每次只演示一步。第三，让受训者提问，并回答他们的问题。演示结束后，要鼓励受训者提问。根据提问，培训者可以重新演示一遍，并鼓励员工在演示过程中进一步提问。第四，让受训者自己动手去做。请受训者自己解释“在干什么”以及“为什么要这样做”，让受训者自己动手做，可以帮助培训者确认受训者是否真的理解了工作过程。第五，给受训者反馈，让受训者清楚地知道自己什么地方有进步、什么地方做得好、什么地方有待改进，并给受训者再次练习的机会，直至其有信心独自完成工作。此外，还应教会受训者在整个过程中检查自己的工作质量，让他们感到自己有责任进一步提高。第六，培训者应进行效果追踪。受训者实践了一段时间后，应总结其究竟干得如何、是否有困难、是否找到了改进工作程序和工作质量的方法、是否需要进一步的培训或帮助。

在职培训主要有以下几种方式。

（1）工作轮换。工作轮换是指让受训者在预定的时期内变换工作岗位，使其获得不同岗位的工作经验。现在很多企业采用工作轮换则是为培养新进入企业的年轻管理人员或有管理潜力的未来管理人员。应该注意的是，在为员工安排工作轮换时，要考虑培训对象的个人能力及其需要、兴趣、态度和职业偏爱，从而选择与其适合的工作；工作轮换时间的长短取决于培训对象的学习能力和学习效果，而不是机械地规定时间长度。

工作轮换能丰富培训对象的工作经历，企业通过工作轮换能够了解培训对象的专长和兴趣爱好，从而更好地开发员工所长；工作轮换能增进培训对象对各部门管理工作的了解，扩展员工的知识面，为受训对象以后完成跨部门、合作性的任务打下基础。

工作轮换的不足在于：员工在每个轮换的工作岗位上停留时间太短，所学的知识不精；影响个人和小组的效率；同时，员工可能因为工作的临时性而敷衍了事。

（2）学徒制。在学校出现之前，学徒制是最普遍的学习方式。我国诸子百家中的墨子、木工的祖师鲁班和传授纺织技艺的黄道婆都是人们耳熟能详的师傅。古代的学徒制是培养各行各业能工巧匠的主要方法。唐朝由少府监负责手工业技术工匠的培养；宋代采用了类似现代企业操作手册的法式来培训工匠；明清时期出现了行会，行会用行规来约束学徒的初选、培养和考核。以晋商的学徒制为例，学徒经过保举入门，接受家庭背景、文字、智力的考察，精心培养等步骤后，学徒期满 3 年还须通过出班考核环节。20 世纪 90 年代以来，英国开始发展现代学徒制；奥地利有 40%的学生在完成义务教育后选择学徒制职业教育；澳大利亚的新学徒制有确定的培训项目和依据标准，培训广泛、方式灵活；芬兰各地都有学徒办公室，国家明确规定受训者年龄不得低于 15 岁，而且受训者要和雇主签订学徒合同。

学徒制是由组织指派一位技术知识和实践经验丰富、行为道德良好的老员工负责对一个或几个新员工或技术水平较低的员工在技术上和行为上进行指导。其传授技能过程为：告诉培训对象做什么，然后做给他看，接着让培训对象跟着做，最后再检查培训对象的工作。这种方法的针对性强，指导具体，能收到较好的效果，在技工方面使用得最为普遍，因为这类工作只有经过长时间观摩学习和实践才能熟能生巧，学徒制培训期一般在1～3年。

学徒制的不足之处在于：培训对象仅能掌握较狭窄的操作技能，另外“教会徒弟饿死师傅”的观念会使一些师傅对技能有所保留。目前，导师制是对学徒制培训的丰富和发展，它从手工艺领域扩展到所有有关知识、技能的领域。典型的手工艺学徒制培训所需的时间见表5－5。

表5－5　典型的手工艺学徒制培训所需时间

职业	时间（年）	职业	时间（年）	职业	时间（年）
面包师	2	锁匠	4	印刷工人	5～6
理发师	2	机械师	4	照相制版师	5～6
铁匠	2	电工	4～5	排字工人	6
摄像师	3	乐器制造者	4～5	雕刻师	7
室内设计师	3	工具制造者	4～5	打井工人	8
泥瓦工	3～4	水管工	5	金属版雕刻师	5～10
厨师	3～4	煤气管工	5	木工	4
陶工	5				

资料来源：黄天中．人事心理学．台北：三民书局，1976.

（3）教练。教练是一种较新的培训技术，是从体育教练中发展而来的。企业教练员不仅是知识训练者或技巧训练者，他们更注重激发人的潜能，注重态度训练；他们不是解决问题的人，而是为培训对象提供一面镜子，使其洞察自己。利用教练技术反映出培训对象的心态，使其理清自己的状态和情绪，并就其表现的有效性给予直接的回应，使培训对象及时调整心态，认清目标，以最佳状态去创造成果。企业中适于采用教练培训方式的员工主要包括希望工作更有效率、向往成功的人；希望生活有所改变，但缺乏方向、目标和方法的人；长期处于工作压力之下的人。

（4）行动学习。行动学习是指给团队或工作群体一个实际工作中面临的问题，让他们合作解决并制定一个行动计划，然后由他们负责实施这一计划的培训方法。行动学习的群体一般由6～30人组成，成员可以是同部门的，也可以是跨部门的，还可以包括客户和分销商等。这种方法不仅能在实践中加深学员对培训内容的理解，增强学员的实际工作能力，同时还能通过将培训延伸到日常工作中，使培训投资产生最大的效益。

（5）初级董事会。这种方法是将培训对象组成一个初级董事会，为培训对象提供有关公司现状的信息和发展问题，让他们对公司的经营策略、政策及措施进行讨论并提出建议，让他们分享和积累公司正式董事会讨论制定决策问题的经验。初级董事会一般由10人左右组成，成员为公司的中级管理人员，这些人一般是公司未来高层管理人员的候选人。

（6）瀑布式管理培训。瀑布式管理培训是目前在美国等发达国家的大公司中颇为流行的一种在职培训方式。它是指组织内部分级、分目标实施的管理培训，不是组织对管理者附加的任务，而是每一个管理者的应有职责：高级管理者负责对中层管理者实施有关战略目标、改革方向、领导能力等内容的培训；中层管理者负责对基层管理者实施有关任务贯彻、管理技能等内容的培训。

3. 脱产培训

脱产培训是指离开工作和工作现场，由企业内外的专家和培训师对企业内各类人员进行集中教育培训。在企业广泛采用在职培训的同时，脱产培训无疑是一种有力的补充，它已经成为一种必不可少的培训方式。

脱产培训分为全脱产和半脱产两种，它不同于在职培训，在职培训注重企业职工实际操作能力的提高，脱产培训则更注重员工素质和能力的提高。培训对象以全天的时间脱产参加培训为全脱产培训，一些研究机构、行业协会、咨询机构和培训机构经常举办各种内容的短期研讨会即是全脱产培训。如果培训需要相当长的时间，为了避免影响工作，可以采用半脱产的形式，即非连续性地进行培训。培训对象每天或一周只接受几个小时的训练，其余时间仍然返回工作岗位工作，如现在较为流行的半脱产的 MBA 培训即是这种形式。

脱产培训的方法主要有演讲法、案例研究法、情景模拟法和行为示范法等。

（1）演讲法。演讲法是指培训师用语言将要传授给培训对象的内容表达出来的一种培训方式。在这种培训中，培训对象是信息的被动接受者，培训师与培训对象之间的沟通在大多数时候是一种单向沟通，即从培训师到培训对象。这种培训方式的成本比较低，有较强的针对性，同时时间安排紧凑，能集中教授新的研究成果，使培训对象在较短时间内接受大量的有用信息。因此，演讲法历来是一种使用广泛的培训方法，其典型形式是讲课。

（2）案例研究法。案例研究法是指为参加培训的学员提供员工或组织如何处理棘手问题的书面描述，让学员分析和评价案例，提出解决问题的建议和方案的一种培训方法。案例研究法由美国哈佛大学商学院推出，起初用于培养工商管理硕士。目前案例分析法不仅应用于管理人员的培训，也广泛用于其他职业人员的培训，案例分析法针对某个特定的问题，向培训对象提供一个描述组织运转过程中可能实际存在的问题和情景的案例，其中会包含大量的背景材料，培训对象组成小组完成对案例的分析，作出判断，提出解决问题的方法。随后在集中讨论中发表自己小组的看法，同时听取别人的意见。案例研究法旨在给受训者提供一种体验，一个认识和分析实际管理情景并提出管理对策的模拟实战机会，从而培养参加者分析、解决实际问题的能力。

（3）情景模拟法。情景模拟法是通过把培训对象置于模拟的现实工作环境中，让他们依据模拟情景作出及时的反应，分析实际工作中可能出现的各种问题，并解决问题，为进入实际工作岗位打下基础的一种培训方法。情景模拟培训一般是动态进行，内容、时间、过程等灵活多样，具有互动性强、信息量大、形象逼真、操作性强和效果明显等特点，情景模拟法需要精心设计，做好充分的准备。常见的情景模拟法有以下几种。

① 管理游戏法。也称商业游戏法，是仿照商业竞争的规则采用游戏方式开发学员管理技能的一种培训方法。具体包括市场竞争模拟、经营决策模拟以及对抗赛等。代表性的游戏是经营决策模拟，它通常使用计算机软件模拟企业真实经营状况，将受训人员分成若干小组，每一个小组代表组织的一个决策团体（如董事会、经理会议等），针对计算机软件模拟的特定情况中的一些企业环境因素，由各小组人员站在相互竞争与各自制定决策的立场上研究讨论问题并订立施行办法。这种学习方法的优点在于情况逼真且富有竞争性，成本低廉。小组中的每个人均须积极参与活动，通过团体合作，检讨所拟的策略与办法的得失来相互学习。使用这种方法，可以增进培训对象对制定决策的认识，开发其领导能力、决策能力、合作及团队精神。商业游戏法有两点不足：其一，游戏设计和实施的费用比较高；其二，在游戏中，决策者往往在限制条件下制定决策，会影响决策者的创新或革新能力的充分发挥。

② 角色扮演法。指在一个模拟的工作环境中，让受训人员扮演其中的人物，承担角色的工作职责的一种培训方法。通过这种方法，受训者能较快地熟悉新的工作环境，了解新的工作业务，掌握必需的工作技能，尽快适应实际工作的要求。角色扮演的关键问题是排除受训者的心理障碍，让受训者意识到角色扮演的主要意义，减轻其心理压力。角色扮演法主要运用询问、电话应对等方式，帮助学员实现销售技术、业务会谈等基本技能的学习和提高。

③ 公文筐法。是指让培训对象在规定的时间内，处理给定的各类公文材料，形成处理报告的一种培训方法。通常为培训对象设计一个情景和角色，让其坐在堆满各种文件，如备忘录、报告和电话记录等的办公桌前，快速处理这些日常文件和事务。这些文件和事务没有什么条理，但有些可以紧急处理，有些可以常规处理。培训对象要研究这些文件，分清轻重缓急，合理安排时间去处理。公文处理培训主要侧重于培训学员的计划、组织、分析、判断、决策、书面沟通等能力。因此，公文筐法一般用于中高层管理人员的培训，经常与其他培训方法结合使用。

(4) 行为示范法。行为示范法是指让培训对象观摩行为标准样例或录像和幻灯片等，并进行实际操练的一种培训方法。比如可以将面试、绩效考评面谈、企业例会、客户服务现场的情景制成录像，提供给培训对象观摩并讨论，使其从中学到好的做法和经验，或者发现一些应改善的方面或问题；也可以通过实地参观，直接接触和学习真实的事务等。在国外，行为示范法作为最受欢迎的人际交往与管理技能培训方法得到广泛应用。简单来说，培训的目的就是让培训对象观察一个范例，记住这个范例做了些什么，然后做这个范例做过的事，并最终在工作中应用他们所学到的东西。

（四）直线经理与培训经理的培训职责分工

1. 直线经理的职责

一般公司都会设立人力资源部或教育培训部，并由该部门专门负责员工的教育培训工作，但这并不等于人力资源部或教育培训部对公司的培训和教育工作负主责。培训经理只负责培训方面的辅助和服务职责，主要有：企业培训文化的建设；培训政策与制度的制定和培训资源的配置、管理；内部讲师队伍建设；培训效果评估和档案管理等。最熟悉员工的还是每个部门的经理，即直线经理。他们非常了解每一位员工的能力水平、知识状况和工作态度，所以要真正将培训工作做好，实现预期的效果，每个直线经理对其下属及分管职能的培训负主要责任。

2. 培训与开发专业人员的胜任特征

从事培训与开发工作的人员应该具备以下三方面的胜任特征。

(1) 专业知识。包括心理学，教育学，人力资源管理知识（特别是培训设计与评估），公司文化、价值观和战略目标，人力资源法规和政策，所在行业的知识和产品，服务知识。

(2) 专业技能。包括工作分析技能，员工能力分析，问卷设计，教授基本课程（如新员工培训、基本管理技能等），辅导咨询，评估反馈，培训资源的获取与评估，项目管理，协调能力。

(3) 其他胜任能力。包括团队合作，沟通协调，整合能力。

3. 培训培训者

培训培训者（train the trainer，TTT）项目中的培训者既包括专业培训人员，也包括公司的直线经理。通过培训培训者项目，不仅可以使培训与开发人员对培训与开发项目有更好的理解，掌握培训与开发的常用方法和手段，而且对公司战略与全局性的规划有所了解，从而使战略性的培训与开发同组织目标更为一致。

设计培训培训者项目时应该考虑以下内容：让培训与开发人员了解公司战略、组织文化、核心价值观，以及特定培训项目的目标；培训与开发人员要了解成年人学习的特点；培训与开发人员要学会有效的沟通，学习选择有效的培训手段，要学会因材施教。

（五）现代培训的发展趋势

1. 企业大学

培训与开发的发展趋势之一就是从企业培训中心向企业大学（corporate university）转变。这有几个方面的原因：第一，成功的企业大学不仅能够构建企业的全员培训体系，同时对于企业文化的塑造和推动会发挥重要的作用。第二，员工对自己职业生涯发展愈加重视，使得企业培训成为吸引人才的重要手段。第三，传统的培训部门已经无法承担起企业在未来对人才的需求，而外聘培训师虽然可以带来新的观点和思路，但是却不了解企业的情况，导致培训缺乏针对性甚至无效。

企业大学的雏形出现于 1927 年，通用汽车公司成立 GM 学院。1955 年通用电气的企业大学 GE 克劳顿维尔管理学院成立，企业大学正式出现。1981 年摩托罗拉大学成立，企业大学在全球进入快速发展时期。

企业大学是指以企业文化和企业战略为核心，运用现代信息技术，按照混合式培训模式建立的企业学习基地。企业大学以构筑企业全员培训体系为基础，通过企业文化的导入和组织学习系统与流程的培养，形成企业战略执行、知识管理、人才培养、核心竞争力的智力平台，最终成为企业战略规划的战略工具。

2. 学习型组织

学习型组织指组织成员能够有意识、系统、持续地以个体、团队和组织的方式进行学习，以不断获得新的知识、技能、信念与思维方式，改善个体、团队与组织的行为，实现个体、团队与组织的共同进步，共同实现组织目标。学习型组织的关键特征见表 5－6。

表 5－6　　学习型组织的关键特征

特征	具体描述
持续学习	员工共享学习成果并把工作作为知识应用和创造的基础
知识创造与共享	开发创造、获取和共享知识的系统
严格的系统化思维	鼓励员工用新的方式思考，找出联系和反馈渠道，并验证假设
学习文化	公司及管理人员有明确的目标，对学习进行奖励、促进和支持
鼓励灵活性和实践性	员工可自由承担风险，不断革新，开创新思路，尝试新过程，并开发新产品和服务
珍视员工的价值	系统和环境注重对每一位员工的培训开发和福利

资料来源：雷蒙德・A. 诺伊．雇员培训与开发：第 6 版．北京：中国人民大学出版社，2015.

3. 应用新兴技术进行培训

应用新兴技术培训主要有媒体辅助远程培训（media-assisted distance learning）、技术辅助远程培训（technology-assisted distance learning）、计算机辅助培训（computer-assisted training）、利用电信技术进行培训（technology based training）、多媒体远程培训（multimedia distance learning）及网络培训（network training）等。其共同特点包括：第一，以技术为基础。如采用网络、可视会议、计算机等手段。第二，跨边界。通过信息技术提供声音、录像、图片来将两个或多个学习点连接起来，它超越了传统课堂的边界，使培训和教育成为没有边界的资源，增加了培训和教育的机会。第三，学习更以学员为中心。应用新兴技术的培训给学员提供了更多自我探索和自我学习的机会。如网络学习给学员提供了更多相关网址，学员可自己去搜索和获取有用信息。

（1）计算机辅助培训。计算机辅助培训主要通过设计一些课程程序和软件帮助学员进行自主学习，学员可以根据自己学习的步调，调整学习进度。计算机辅助培训特别适合于一些基本知识和概念的培训，是应用新兴技术培训中最基本的形式。

（2）网络培训。网络培训主要是在网上开设课程主页，将与课程有关的内容放置到网上，经由局域网、广域网、个人计算机、调制解调器和路由器等通信技术设备和方式使学员可以在全世界范围内浏览某个课程并进行学习。

网络培训从开设的主体来说通常有两类。一类是公司内部开设的培训课程，主要针对公司内部员工，员工有密码，通过内部网络或局域网可以得到网上的课程资料。比如摩托罗拉公司已经开发了100多种网络课程，大部分集中在IT方面。其他公司如福特汽车、雀巢等也开发了内部网上培训课程。另一类是由专业培训公司提供的培训课程，在网上公布课程单元，企业购买它的服务，可以得到进入课程的密码，企业的员工就可以进行网上学习了。

（3）多媒体远程培训。多媒体远程培训是指综合使用多种媒体手段，利用现代技术将声音、图像传递到各个教学地点，学员在各地专门的教室中接受远在外地的教师的培训。培训过程中可以多方互动，即学员可当场提出问题并得到实时回答。

多媒体远程培训经常用到的技术手段包括可视会议系统和ISDN接入。多媒体远程培训还经常和计算机辅助培训、网络培训联合起来，即在课堂上通过可视会议系统进行授课和互动，课堂外则通过课程网、电子邮件进行沟通，有时还可以形成全球范围的虚拟学习团队，就某个问题展开讨论，并往往配有计算机辅助学习软件或课程光盘给学员进行课后的自我学习。传统培训、计算机辅助培训、网络培训和多媒体远程培训方式的特点比较见表5-7。

表5-7　　不同培训方式的特点比较

项目	传统培训	计算机辅助培训	网络培训	多媒体远程培训
跨地域性	无	无	应用地域范围极广	可在多地同时进行
信息流动	双向	通常为单向	通常为单向	多向
组织形式	正规	松散	松散	一定的正规性
培训内容	会滞后	及时	及时	及时
技术设备要求	低	中	高	极高
对讲师的要求	中等	自主学习，教师只负责回答和咨询	教师只负责回答和咨询	高，同时面对多个培训点、不同培训对象
学员主动性	一般	高	高	高

（六）知名企业培训展示

1. 朗讯：管教一体

朗讯公司有一个理念，即做领导的同时也要充当员工的老师，高级管理人员需要有教书的能力。在朗讯公司，公共课程通常请专人来讲，参加人数少的送出去听，没有专职的教员。许多经理具备教书的能力，是技术方面的讲师。

2. GE：培养全球化的职业经理人

GE公司认为，教授领导能力的最好方式就是由领导人授课，而不是请大学教授给领导人讲课，这样才能传授实际的经验和教训。在韦尔奇担任CEO的20年中，GE公司共举办了280次这类课程，他几乎每次都参与授课，只有一次例外，当时他在住院，刚做完心脏搭桥手术。每次讲课，他都要讲2～6个小时，教授领导能力，教授怎样做事，而不是做什么样的事。韦尔奇的退休晚会有十多家《财富》500 强企业的 CEO 参加，他们向韦尔奇表示敬意，这些人都在他手下工作过，他们感谢韦尔奇、感谢 GE 公司培养他们，使他们成为全球知名大公司的领导者。

3. 惠普：不仅用你，而且培养你

惠普公司以“不仅用你，而且培养你”著称。在惠普公司，当员工升迁为部门负责人后，需要参加什么培训就主要由他本人决定了。员工进入惠普公司，一般要经历 4 个自我成长的阶段。第一个阶段是自我约束阶段，不做不该做的事，强化职业道德；然后进入第二个阶段，即自我管理阶段，做好应该做的事——本职工作，强化专业技能；接下来进入第三个阶段，自我激励，不仅做好自己的工作，而且要思考如何为团队做出更大的贡献，思考的立足点从自身转移到整个团队；最后是自我学习阶段，学海无涯，随时随地都能找到学习的机会。

4. 英特尔：“一带一”手法

如果有两个人拥有同样的头衔并管理同一部门，那么就让一个带另一个，这种方法有效的最有力证明就是英特尔公司 4 位赫赫有名的总裁都出自公司内部。公司前任 CEO 格鲁夫曾多次说过，管理者的部分关键工作就是为继任者铺路，而为继任者铺路的最好方式就是平稳过渡，即当铺路者仍然工作的时候能对其继任者起推动作用。

英特尔公司的经理人通常会经过三个阶段的培训。第一阶段是做事流程和制度的培训，让经理人更深入地了解管理层；第二阶段是管理任务周期培训，此过程是管理业务技能的训练，即告诉管理者如何去管理；第三阶段是人员管理的培训，这一阶段主要练就沟通技能和发展员工的能力。

英特尔公司有专门的新员工培训计划，比如上班第一天会有公司常识的培训，介绍各部门规章制度、在什么地方可以找到所需要的东西等。然后由经理指派给新员工一个“伙伴”，新员工不方便问经理的问题随时都可以问自己的“伙伴”，这是很有人情味的一种帮助。英特尔公司会给每位新员工制定一个详细的培训计划，第一周、第二周、第一个月、第二个月时，新员工分别需要做到什么程度、可能需要什么样的支持，都可以照着这个去做，公司也会随时追踪。新员工在入职第 3～9 个月之间，会接受一周关于英特尔文化和在英特尔公司怎样成功的培训。另外，公司会有意安排许多一对一的会议，让新员工有机会与自己的老板、同事、客户进行面对面的交流，尤其是和高层经理的面谈，给了新员工直接表现自己的机会。

5. 海尔：即时培训

海尔公司提出“干什么，学什么；缺什么，补什么；急用先学，立竿见影”的即时培训理念，这成为海尔公司管理的一大特色。

即时培训，具体来说就是海尔公司在进行技能培训时重点利用在实际工作中出现的案例，比如最优事件和最劣事件，在当日利用班后会的时间立即在现场剖析，并以此为教材来统一员工的动作、观念、意识和技能，然后利用现场看板的形式在工作区域进行

培训学习。

通过这样的培训，一方面员工可以吸取教训，以免再发生同样的事情；另一方面，员工能从案例中学到分析问题、解决问题的思路与观念，经过提炼后在集团内部的报纸《海尔人》上公开发表、讨论，形成共识，从而提高整体技能水平。

6. IBM："魔鬼"训练

IBM 为员工描绘了学习蓝图，将素质教育日常化。有人称 IBM 的新员工培训是"魔鬼训练营"，因为培训过程非常艰苦。除行政管理类人员只有为期 2 周的培训外，IBM 所有销售、市场和服务部门的员工全部要经过 3 个月的"魔鬼"训练，内容包括了解 IBM 内部工作方式，了解自己的部门职能，了解 IBM 的产品和服务；专注于销售和市场，以模拟实践的形式学习 IBM 怎样做生意，以及团队工作和沟通技能、表达技巧等。这期间，十多种考试像跨栏一样需要新员工跨越，包括做讲演、笔试产品性能、练习扮演客户和销售市场角色等。全部考试合格，才能成为 IBM 的一名新员工并拥有自己正式的职务和责任。之后，负责市场和服务部门的人员还要接受 6～9 个月的业务学习。

事实上，在 IBM 培训从来都不会停止。从进入公司的第一天起，公司就给员工描绘了一个学习蓝图。课堂上、工作中，经理和师傅言传身教，员工通过公司内部的局域网络自学，总部的培训以及到别的国家工作和学习等，庞大而全面的培训系统一直是 IBM 的骄傲。鼓励员工学习和提高，是 IBM 培训文化的精髓。如果哪个员工要求涨薪，IBM 公司可能会犹豫；如果哪个员工要求学习，IBM 肯定会非常欢迎。IBM 非常重视素质教育，基于此，IBM 设置了师傅和培训经理这两个角色，将素质教育日常化。每个新员工到 IBM 都会有一名专门带他的师傅，而培训经理是 IBM 专门为照顾新员工、提高培训效率而设置的一个职位。

7. 西门子：新人培训，帮你"导入"；老员工培训，心中有数

西门子公司针对新员工设计了一个"导入计划"，以帮助他们尽快适应工作。该培训计划不脱产，为期 6 个月。新进入公司的员工必须根据每一阶段的培训，不断地调整自己的心态和工作状态，以最快的速度适应工作环境。培训期同时也是试用期，公司可以随时解雇不称职的员工。

除了对新员工的必要培训，西门子公司为每一个员工都提供了一流的培训和个人发展机会。西门子公司深信员工的知识、技能和对工作的胜任能力是公司最宝贵的资源，也是公司成功的基础。为了配合公司在中国的业务发展，使本地员工获得现代化、高质量的培训与教育，西门子公司于 1997 年 10 月在北京成立了西门子管理学院。该学院的培训涵盖了高级管理培训教程、业务和管理研讨会、职业和商务等几大领域，旨在提高公司中层管理人员的管理能力，加速管理人员本地化并在不同的领域培养员工的各种能力。西门子管理学院不断改进和拓展培训项目，为员工未来的发展做准备。在公司内部网站上，每个阶段都明确公布下一步的人才需求倾向和培训方向。有志于在新岗位上锻

炼的员工，可以根据自身的情况决定参加哪种培训。

8. 微软：打磨具有“微软风格”的人

进入微软公司的第一步是接受为期 1 个月的封闭式培训，培训的目的是把新人转化为真正的微软职业人。光是关于如何接电话，微软公司就有一套手册，技术支持人员拿起电话，第一句话肯定是：“你好，微软公司!”一次，微软全球技术中心举行庆祝会，员工集中住在一家宾馆，深夜，某项活动日程临时变动，前台服务员只得一个房间一个房间打电话通知，第二天她惊奇地说：“你知道吗？我给 145 个房间打电话，起码有 50 个电话的第一句是‘你好，微软公司’。”在深夜里迷迷糊糊地接起电话，第一句话依然是“你好，微软公司”，事情虽小，但微软风格可见一斑。

新员工进入公司之后，除了进行语言、礼仪等方面的培训，技术培训也是必不可少的。微软公司内部实行“终身师傅制”，新员工一进公司就会有一个师傅来带，此外，新员工还要参加 3 个月的集中培训。平时，微软公司也会给每位员工提供许多充电的机会：表现优异的员工可以去美国参加一年一度的技术大会；每月都有高级专家讲课；每星期都会安排内部技术交流会。除了技术培训，微软公司还提供诸如如何做演讲、如何管理时间、如何提高沟通技巧等各种职业培训。

9. 宝洁：全方位、全过程的培训

新员工加入公司后，首先会接受短期的入职培训。其目的是让新员工了解公司的宗旨、企业文化、政策及公司各部门的职能和运作方式。

其次是技能和商业知识培训。公司内部有许多关于管理技能和商业知识的培训课程，如提高管理水平和沟通技巧、领导技能的培训等，它们结合员工个人发展的需要，帮助员工成为合格的人才。公司独创了“P&G 学院”，通过公司高层经理讲授课程，确保公司在全球范围的管理人员参加学习，并了解他们所需要的管理策略和技术。

再次是语言培训。英语是宝洁公司的工作语言。公司在员工的不同发展阶段，根据员工的实际情况及工作的需要，聘请国际知名的英语培训机构设计并教授英语课程。新员工还会参加集中的短期英语岗前培训。

接下来是专业技术的在职培训。从新员工进入公司开始，公司便派一名经验丰富的经理悉心对其日常工作加以指导和培训。公司为每一位新员工制定个人培训和工作发展计划，由其上级经理定期与员工回顾，这一做法将在职培训与日常工作实践结合在一起，最终使新员工成为本部门和本领域的专家能手。

最后是海外培训及委任。公司根据工作需要，选派各部门工作表现优秀的年轻管理人员到美国、英国、日本、新加坡、菲律宾和中国香港等地的宝洁分支机构进行培训和工作，使他们具有在不同国家和地区工作的经验，得到更全面的发展。

10. 宜家：培训每时每刻，随时随地

宜家公司在五大洲的 30 多个国家和地区拥有 170 多家分店。宜家公司不喜欢让员工聚在一间屋子里整齐地坐好听老师讲课，“服务行业本身不适合这种培训方式，因为

涉及产品和顾客，你总不能把产品拆了，把各式各样的顾客拉到这里来做示范吧?”因此，宜家公司是在员工之间，尤其是在新老员工之间，进行每时每刻、随时随地的经验分享与言传身教。宜家公司的培训规划有很多种，就英语来说，一方面会聘请外教，另一方面也会送员工去语言培训中心学习。宜家认为，更实用也更便利的是公司内部的环境，宜家是一家跨国公司，工作语言是英语，而在和客户打交道的时候，也会经常碰到客户讲英语的情况，在这种现实场景中学习语言可谓得天独厚。

宜家公司还有一个特别之处，就是它的“外援”——来自瑞典总部的员工，分布在宜家公司的各个部门，并不都是管理人员。这样做的目的是希望把宜家的企业文化渗透到每一个细胞里去，而不只局限于“头脑”。

11. 索尼：培训“走在前面”

索尼公司在短短的 3 年时间内，由北京一个城市迅速扩展到全中国，产品销售与服务覆盖了中国几乎全部的大中城市和部分小城市。在这么短的时间内，索尼公司正是依靠了有力的培训方式，才使众多中方员工迅速成长起来，担负起大部分地区负责人的要职，成为公司经营管理的中坚力量。索尼公司一再强调的是“走在前面”的培训模式。每位新上任的中方职员都会接受角色转化课程的专项培训，使新员工从一名超级销售员向职业经理人过渡。人事、财务、媒体公关、物流、法务甚至总务部门都会派出专业人员集中为他们做相关业务指导，使其全面提高作为一名“指挥员”所应具备的各项素质。

为了便于各地业务经验的交流，以及提高员工的综合业务水平，索尼公司建立了有效的流动机制，通过不同城市间员工的调动和不同业务间的轮换，好的工作经验被推广到其他城市，一批批精通多项业务的员工也随之成长起来。

与许多新业务的开展一样，在新的分公司或办事处成立半年之前，公司的业务部门领导与人事部门已经开始了对外派人员的培训工作。通过岗位的调动或是临时性派往相关地区工作，候选人有机会全面接触未来所要担负的业务以及责任。同时，人事部门制定出相应的培训计划使其能从理论上达到一定的业务水平和管理水平。这种“走在前面”的培训对企业来说十分必要，对中方员工的个人发展也提供了很好的基础。

12. UPS：常规性培训与个性化培训相结合

美国联合包裹服务公司（UPS）是当今全球速递行业的“四大巨头”之一。新员工进入 UPS 伊始，要进行一些常规性的培训，如走一步要迈多大，如何娴熟地用左手系安全带、右手插钥匙开启车门，与客户交流时怎样增强亲切感等。面对特殊货物的时候，UPS 公司的员工还会接受个性化培训。有这样一个经典的故事：UPS 公司受托递送一批吉他，客户要求吉他送到收件方手中时音色不能发生任何变化。长途飞行中颠簸在所难免，为了圆满地完成客户所托，UPS 公司专门送一些递送人员去学习调音。等到收件人收到吉他拨弄琴弦时惊喜地发现，吉他的音色美妙如初。这种常规性和个性化相结合的培训，使新员工很快成为 UPS 公司的合格员工。

第 2 节 培训的过程

培训应按照一定的程序开展，如图 5-3 所示。

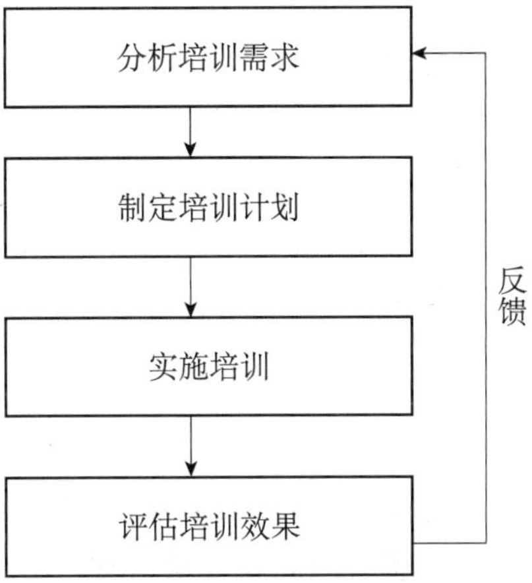

图 5-3 培训的过程

一、分析培训需求

（一）培训需求分析的层面

分析培训需求旨在了解企业需要什么样的培训，哪些人要加以培训，并建立培训标准，以便评估培训成果。麦吉和塞耶（McGehee & Thayer）认为培训需求的分析，要从组织层面（organization level）、任务层面（job or occupation level）、个人层面（individual level）着手。各层面需求分析的重点见表 5-8。

表 5-8 各层面需求分析的重点

层面	分析重点
组织	决定什么地方需要培训及在什么条件下实施培训
任务	决定有效工作的绩效标准及所需的知识、技能、能力
个人	决定哪些人应接受培训及所需的培训类型

（1）组织分析（organizational analysis）了解组织特性，从而决定培训的重点以及培训实施条件的过程。根据戈尔茨坦（Goldstein）的看法，组织分析应确认组织目标、组织资源、组织氛围、环境 4 个因素。

（2）任务分析（task analysis）又称运作分析（operation analysis），是指系统地收集特定职务的相关资料，确定为达到理想的工作绩效员工应该培训的内容。任务分析的结果，会产生绩效标准、达到绩效标准的作业方式以及决定要符合绩效标准应具备的技能（skills）、知识（knowledge）、能力（abilities）。

（3）个人分析（person analysis）有助于管理层了解培训是否适当，以及员工需要哪些培训。路易斯·R. 戈梅斯-梅西亚（Luis R. Gomez-Mejia）等学者认为，以下员工需要培训：工作绩效低于标准或生产力下降；退货率提高或废料增加；意外事件增加；需要工作转换或技术突破。

（二）分析培训需求的方法

1. 访谈法

访谈法是通过与被访谈人面对面地交谈来获取培训需求的信息。访谈法需要专门的技巧，在访谈之前，一般要对访谈人员进行培训，准备全面的访谈提纲；访谈时要营造融洽的、相互信任的访谈气氛。

2. 问卷调查法

问卷调查法是以标准化的问卷形式列出一组问题，要求被访者就问题打分或选择。当需要进行培训需求分析的人员较多且时间较为紧迫时，可以精心准备一份问卷，以信函、传真或直接发放的方式让被访者填写，也可以在进行面谈和电话访谈时由访谈人员填写。

3. 观察法

观察法是通过到工作现场，观察员工工作表现，发现问题，获取信息数据。进行现场观察时，应不干扰工作者的正常工作，注意隐蔽。观察法不适合技术要求高的复杂工作。

4. 关键事件法

关键事件是指那些对组织目标起关键性积极或消极作用的事件，如获取重要大客户、重要客户流失、产品交货期延迟、事故数量过多等。关键事件的记录为培训项目分析提供了方便和有意义的消息来源。关键事件法要求管理人员记录员工工作行为中的关键事件，包括导致事件发生的原因和背景、员工的特别有效或失败的行为、关键行为的后果，以及员工能否控制行为后果等。

5. 经验预计法

有些培训需求具有一定的通用性或规律性，可以凭借丰富的管理经验预计。对于预计到的培训需求，可在需求发生之前采取对策，这样既避免了当需求临时出现给培训工作带来的措手不及的压力，又防止了可能发生的某些由于缺乏培训带来的损失。可通过以下途径和方法预计培训需求：（1）将同行企业或相似企业中出现过的安全问题或其他问题作为本企业培训需求分析的参考对象，防患于未然，为防止同类问题的发生，可据此确定本企业的培训目标。（2）每次招收新员工都要进行上岗导向培训（即岗前培训），让新员工熟悉企业的环境，包括企业的使命、文化和目标、发展过程以及对员工的工作要求与期望等。因此，可安排一个常设的培训课程来为新员工提供上岗导向培训。（3）新设备或新程序的引进。让培训成为采用新技术、新工艺的一个环节，以使员工能够有效地使用新技术、新工艺。根据管理经验，生产前期所花费的培训成本低于由于缺乏技能而导致的生产力或生产效率的下降造成的损失。（4）提升和晋级。当员工获得提升和晋级的机会时，也就被赋予了新的职责。新的职责需要新的知识和技能，因此，对已被确定要提升和晋级的员工，根据新岗位和新工作的要求进行培训就十分必要。（5）组织重组和变革。在企业重组或兼并的过程中，观念的碰撞和磨合、管理机制和方法的改变、员工岗位的变化等，都使员工需要一个适应的过程。为了尽快使员工适应变化的环境和过程，需要对员工进行必要的培训。

6. 绩效分析法

培训的最终目的是改进工作绩效，减少或消除实际绩效与期望绩效之间的差距，因此对个人或集体的绩效进行考核可以作为分析潜在需求的一种方法。图 5-4 描述了绩效分析的一般流程。运用绩效分析法需要集中把握以下 4 个方面：将明确规定并得到一致同意的标准作为考核的基线；重点关注期望达到的业绩；确定未达到理想业绩水平的原因；确定通过培训是否能够达到理想的业绩水平。

7. 头脑风暴法

在实施一项新的项目、工程或推出新的产品之前需要进行培训需求分析，这时可将一群合适的人员集中在一起共同工作、思考和分析。在公司内部寻找那些具有很强分析能力的人让他们成为头脑风暴小组的成员。公司外部的有关人员，如客户或供应商，也可以参加。组员以 5～7 人为宜，讨论时间通常为 1～2 小时，在讨论过程中不允许对任何意见或观点提出批评。①

8. 基于胜任力的培训需求分析法

胜任力指员工胜任某一项工作或任务所需要的个体特征，是区分卓越绩效和一般绩效的知识、态度、技能的组合。公司通过建立组织层面的胜任力模型，为公司员工招聘选拔、培训与开发、绩效考评和报酬管理服务。

9. 任务与技能分析

通过任务和技能分析确定培训需求的方法是对经验预计法的进一步发展。这种方法非常适合分析引进新技术、安装新系统、增设新职位等情形下的培训需求。这种方法是将工作分解为若干项任务，对这些任务所需的技能进行分析，从而确定培训需求，见表 5-9。

---

① OSBORN A F. Applied imagination. New York：Scriber's，1963.

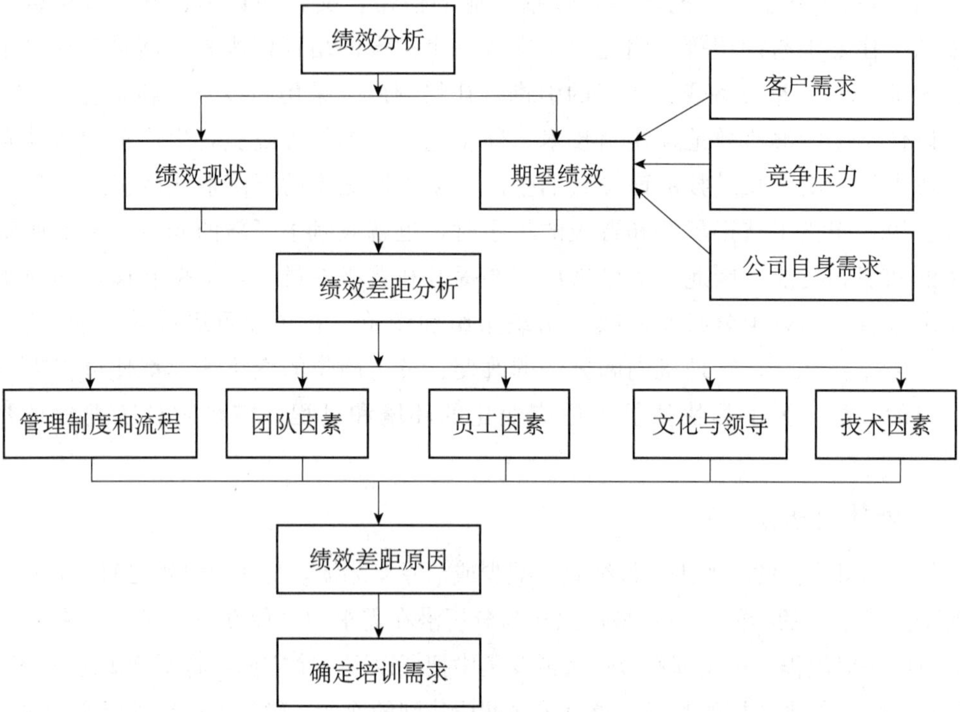

图 5-4　绩效分析的一般流程

表 5-9　任务与技能分析样例

日期______　　分析员______

职务	任务描述	设备/系统/资源	所需技能
文员	编辑文案 转接电话 保管办公用品 接待来访人员 收发传真 复印文件 订餐	个人计算机 文字处理应用软件 电话 传真机 复印机 餐厅、酒店名册	打字速度 计算机系统操作 商业信函写作 电话接听技巧 传真机的使用 复印机的使用

10. 缺口分析

培训是解决问题的首选办法，因此，需要跳开那些培训解决不了的问题，把注意力放到可以通过培训解决的问题上，同时避免通过一次培训解决全部问题的误区。注重现状和需求，然后考虑如何通过培训来弥补缺口。

培训是用来弥补缺口的，通过发现缺口可以确定培训需求。在此，我们引出需求分析中的一个重要概念——缺口分析。

培训的目标是希望填补现有的技能和希望达到的技能之间的缺口。这个缺口可能是显而易见的，如对打字员进行打字培训可以加快其数据输入速度。这个缺口也可能很大，比如一家大公司的总经理存在从国内市场进入国际市场所面临的知识缺口。通过缺口分析，可以知道需要进行多少培训（或者培训是否可以弥补缺口）。图 5－5 说明了缺口分析的过程。

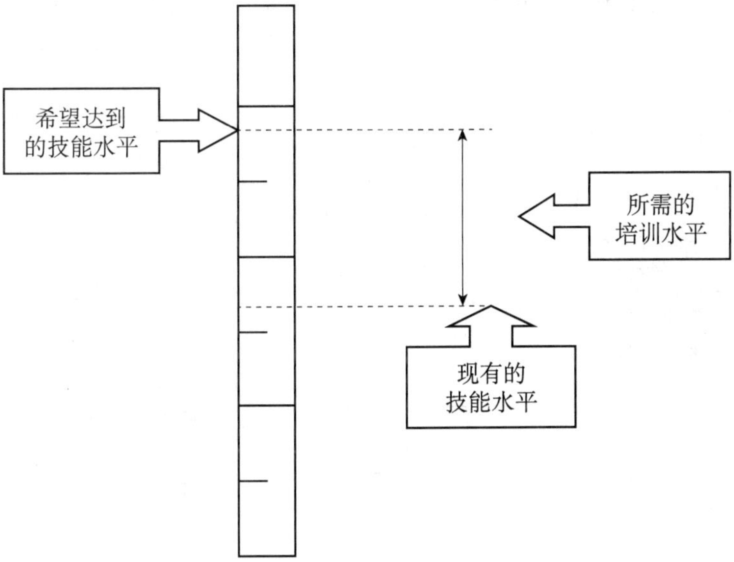

图 5－5 缺口分析过程

资料来源：汤姆·W. 戈特．培训人才八步法．上海：上海人民出版社，1998.

我们以某公司某员工计算机培训需求缺口分析为例具体说明。首先查找职务说明书，明确该职位实际所需的计算机技能为 4，即会使用 COBOL，Assembler，JAVA，UNIX 或其他语言编程，能够提供软硬件支持。同时，经过问卷调查、访谈法或观察法，发现该员工的实际计算机技能只达到 2，即能制作基本/标准的输出（如文字、图形、电子数据表、基本的或递归 DSS 报告等）。通过缺口分析，我们明确了该员工的培训需求，见表 5－10。

表 5－10 培训需求缺口分析具体示例

1. 在清楚的指令和程序下运用计算机（如收发电子邮件、基本数据输入及列示数据信息等）。
2. 能进行基本/标准的输出（如文字、图形、电子数据表、基本的或递归 DSS 报告等）。
3. 能制作复杂的输出（如高级的电子数据宏、数据库报告、HTML 编码、唯一的非递归的 DSS 报告等），在工作经验/知识的基础上定义输入分析程序的功能及使用手册。
4. 能用 COBOL，Assembler，JAVA，UNIX 或其他语言编程。有软硬件的知识和实际工作经验，能为 PC/台式计算机/微型计算机系统提供软硬件支持。
5. 能解决大型的或工作站-服务器系统技术问题（如软硬件和数据库交流）。
6. 能撰写大型的或工作站-服务器系统程序详细说明书（不仅仅是用户使用功能说明）。
7. 设计/升级操作系统软件、大型多用户平台系统、大型的/主机系统的性能和容量模块、文件系统、程序和数据库，为商务问题提供实际完整的硬件/软件/数据库方案。
8. 能设计并执行公司的信息技术策略，为销售产品的软件或硬件升级。

二、制定培训计划

一般来说，一个比较完备的培训计划应当涵盖 6W1H 的内容，如图 5-6 所示。

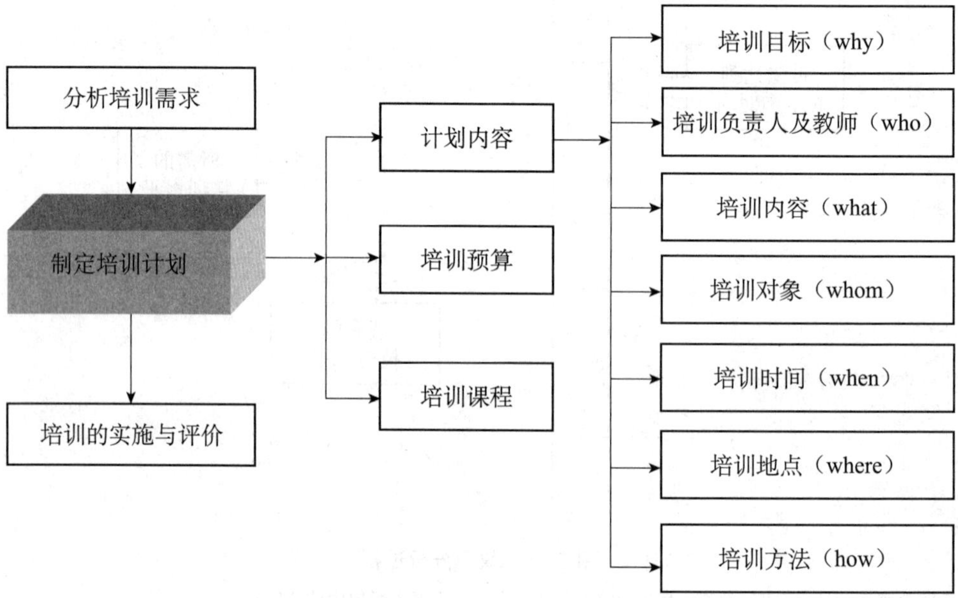

图 5-6　培训计划的内容

三、实施培训

（一）前期准备工作

前期准备工作包括确认并通知参加培训的学员；培训后勤准备，如交通、培训设施与设备、行政服务、座位安排、场地、用餐等；确认培训时间，原则上白天 8 个小时，晚上 3 个小时为宜，须满足培训内容和时间控制要求等；相关资料的准备，如编制课程资料、检查设备、准备活动资料、印制座位表或签到表、准备结业证书等；确认理想的培训师。

（二）培训实施阶段

培训实施的整个过程都需要跟踪和监控，及时发现并解决培训中出现的问题。

（1）课前工作。包括准备茶水、播放音乐；学员报到，引导学员在签到表上签到；引导学员入座；介绍课程及讲师；学员心态引导、宣布课堂纪律。

（2）培训开始的介绍工作。培训进入具体的实施阶段后需作介绍，包括培训主题介绍、培训者的自我介绍、后勤安排和管理规则介绍、培训课程的简要介绍、培训目标和日程安排介绍、“破冰”活动、学员自我介绍。

（3）培训授课。培训授课过程中以及在课程间歇需要做的工作包括正确使用培训设施和设备，如录像机、投影仪要轻拿轻放并定期除尘；注意观察培训师的表现、学员的课堂反应，及时与培训师沟通、协调；协助上课、休息时间的控制；做好上课记录（录音）、摄影、录像；培训结束前要做好回顾和总结工作。

（4）培训授课后。培训授课后的工作包括向培训师致谢，做问卷调查以了解学员对培训的反应，颁发结业证书，清理、检查设备，安排订票或者派车送培训师返程等。

四、评估培训效果

培训效果评估模型，最为人所知和广泛应用的是美国人力资源管理专家唐纳德·柯克帕狄克 1959 年在其博士论文中提出的四个维度的评估模型，这个模型也称为柯氏评估模型。四个维度具体如下：

（1）反应层效果评估，指评估受训人员对培训的印象，对培训是否满意。可以采用问卷调查法、面谈法、座谈法等方式，在培训结束后即可进行。

（2）学习层效果评估，指评估受训人员对培训内容的掌握程度，他们在接受培训以后知识和技能是否有所提高以及有多大程度的提高。学习层的评估可以采取考试法、演讲法、讨论法、角色扮演法、实际操作等方式，在培训结束后即可进行。

（3）行为层效果评估，指评估受训人员在接受培训以后工作行为的变化，也可以看作对学习成果的运用，在工作中是否改进了以前的行为，是否运用了培训的内容。实际上评估的是知识、技能、态度的迁移。可以采用 360°反馈的做法，即让同事、下属、上级共同评估其行为。下属对参加过领导力培训的上级所进行的评估例表见表 5-11。

表 5-11 行为评估例表

和半年前比	5. 非常符合	4. 比较符合	3. 一般	2. 有些不符合	1. 一点也不符合
经理对我的工作有了更好的了解	5	4	3	2	1
经理更加意识到我工作的成绩	5	4	3	2	1
经理更多地发挥我的特长	5	4	3	2	1
经理让我更了解他对我的工作期望	5	4	3	2	1
经理更加频繁地和我讨论我的工作表现	5	4	3	2	1
经理更多地让我表达我的想法和意见	5	4	3	2	1
经理更加关注我的发展	5	4	3	2	1
经理更能帮助我提高	5	4	3	2	1

（4）结果层效果评估，指受训人员或者企业的绩效的改善，经过培训，员工和企业的绩效是否得到了改善和提高，常用的结果指标见表 5-12。

表 5-12 结果层评估项目表

主管/管理培训	销售培训	客户关系培训
增加的产量 减少的缺勤和怠工 成本的下降 离职率的降低 员工建议数的增加 士气和员工态度的改变	销售量 平均销售规模 销售累计	订单的准确性 订单大小 每日交易数目 失去的顾客数 顾客投诉

第 3 节 职业生涯管理

一、职业生涯相关理论

（一）职业

职业是指人们在社会生活中所从事的，利用专门的知识和技能，为社会创造财富，同时获得物质报酬作为自己主要物质生活来源的工作。

（二）职业生涯

格林豪斯认为职业生涯是贯穿一个人整个生命周期的与工作相关的经历的组合。这些活动包括工作时期内离开工作时的生活和角色。例如，对于包含更多责任的晋升，处于职业中期的经理人的态度与即将退休的经理人有很大的不同；同样，对于工作地点发生变动的晋升，学龄儿童的父母与单身人士的反应也是不同的。

（三）职业锚

职业锚是个人经过持续不断的探索确定的长期职业定位。美国哈佛大学心理学博士沙因是最早提出职业锚理论的人。沙因通过面谈、问卷、人才测评等多种方式对麻省理工学院斯隆管理学院的 44 名 MBA 毕业生进行了为期 12 年的职业生涯研究，经过分析总结提出了职业锚理论。沙因提出了 8 种职业锚，即技术/职能型职业锚、管理型职业锚、自主/独立型职业锚、安全/稳定型职业锚、创造/创业型职业锚、服务型职业锚、挑战型职业锚以及生活型职业锚。沙因认为这 8 种职业锚可以涵盖大部分人的事业追求。一个人只能拥有一种职业锚。个人的内心渴望和追求可能是多种多样的，但总会有一个才能、动机、价值观的组合排序，而职业锚就处于这种组合排序中最优先的位置。如果一个人的职业锚不清晰，很可能是由于他缺乏足够的社会经验来判断自己最需要什么。

（1）技术/职能型职业锚。拥有技术/职能型职业锚的人，其工作动机来自有机会充分发挥自己的技术才能，并乐于享受成为某方面的专家带来的满足感。

(2) 管理型职业锚。拥有管理型职业锚的人有非常强烈的愿望成为管理人员，并将此看成职业进步的标准。

(3) 自主/独立型职业锚。拥有自主/独立型职业锚的人追求自主与独立，不愿意受别人的约束，也不愿意受程序、工作时间、着装方式以及在任何组织中都不可避免的标准规范的制约。

(4) 安全/稳定型职业锚。拥有安全/稳定型职业锚的人选择职业最基本、最重要的需求是安全与稳定。只要有条件，他们就会选择提供终身雇佣、很少辞退员工、有良好的退休金计划和薪酬福利体系、看上去强大可靠的公司。

(5) 创造/创业型职业锚。拥有创造/创业型职业锚的人，认为最重要的是建立或设计某种完全属于自己的东西。他们有强烈的内驱力向别人证明这一点，希望通过自己的努力创建新的企业、产品或服务。

(6) 服务型职业锚。对拥有服务型职业锚的人来说，钱不是他们追求的根本。他们希望能够体现个人的价值观，他们关注工作带来的价值，而不在意是否发挥自己的能力。

(7) 挑战型职业锚。拥有挑战型职业锚的人，认为成功就是克服难以超越的障碍、解决难以解决的问题、战胜强有力的竞争对手。他们认为自己可以征服任何事情和任何人。

(8) 生活型职业锚。拥有生活型职业锚的人不追求事业的成功，而是寻求合适的方式整合职业的需要、家庭的需要和个人的需要。他们最看重弹性和灵活性，比如他们会选择包括在家办公、在家庭条件允许的情况下出差、在生活需要的时候非全职工作等职业。

(四) 职业生涯规划

职业生涯规划侧重于个体职业生涯的内在方面，是个体综合对自己的了解以及外界的信息，进行的职业选择和规划。

(五) 职业生涯管理

职业生涯管理是指组织为了更好地实现员工的职业理想和职业追求，寻求组织利益和个人职业成功最大限度的一致化，而对员工的职业历程和职业发展所进行的计划、组织、领导、控制等采取的一系列手段，如图 5-7 所示。

职业生涯管理包含了个人职业渴望和企业提供机会的匹配问题。图 5-8 展示了职业生涯管理过程。

企业可以给员工提供大量的机会，以实现员工的职业发展。

(六) 职业生涯阶段理论

格林豪斯从人生的不同年龄段及职业生涯发展所面临的主要任务的角度，对职业生

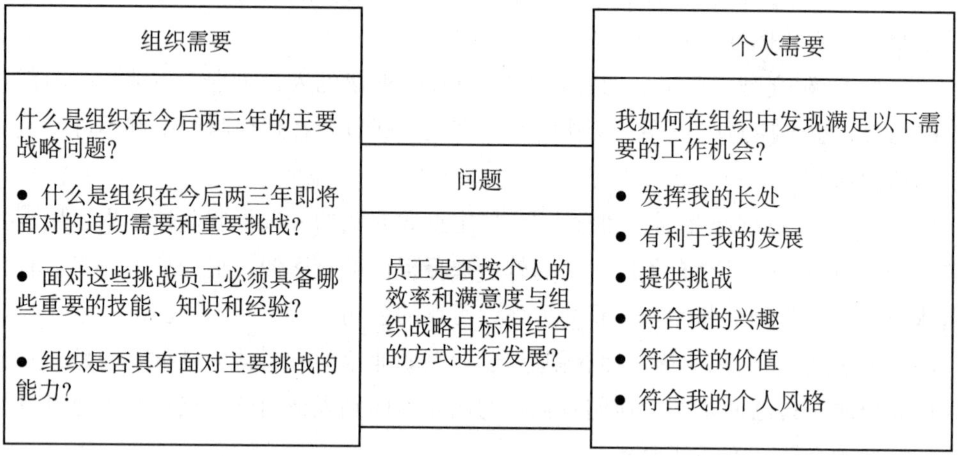

图 5-7　职业发展体系：组织需要和个人需要的联结

资料来源：GUTTERIDGE T G，LEIBOWITZ Z B，SHORE J E. Organizational career development：benchmarks for building a world-class workforce. San Francisco：Jossey-Bass，1993.

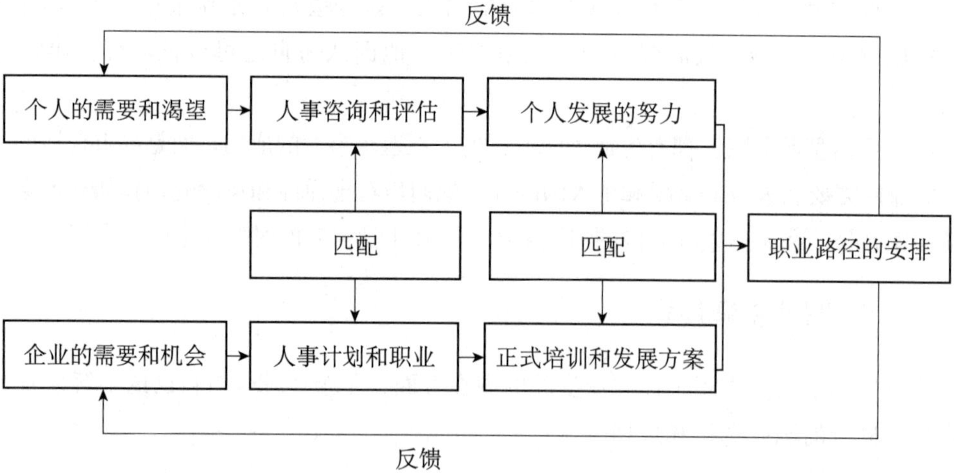

图 5-8　职业生涯管理过程

资料来源：ALPIN J C，GERSTER D K. Career development：an Integration of individual and organizational needs. Personnel：25. 1978.

涯进行了研究，并以此为依据将职业生涯发展划分为 5 个阶段。

（1）职业准备阶段（0～18 岁）：这一时期主要是对职业进行评估和选择，接受必要的职业教育和培训。

（2）进入组织阶段（18～25 岁）：这一时期主要是以求职者的身份出现在劳动力市场上，在获取足够信息的基础上，尽量选择一个合适的、较为满意的职业，并在一个理想的组织中获得一份工作。

（3）职业生涯初期（25～40 岁）：这一时期主要是了解和学习组织纪律与规范，接受组织文化，逐步适应职业工作，适应和融入组织，以获取组织正式成员的资格；不断学习职业技术，提高工作能力，为未来职业生涯成功做好准备。

（4）职业生涯中期（40～55 岁）：这一时期主要是不断学习新的知识；这个阶段还需要对职业生涯初期进行重新评估，以便强化或改变自己的职业理想，重新选定职业；选定职业，努力工作，力争有所成就。

（5）职业生涯后期（55 岁至退休）：这一时期主要是继续保持已有的职业成就，成为一名良师，指导他人，维护自己的尊严，准备隐退。

二、职业测评工具

职业测评工具主要有两类：一类是人格测验，也称个性测验，主要用于测量个人在一定条件下经常表现出来的相对稳定的性格特征，如兴趣、爱好、态度、价值观等。常用的人格测验有：艾森克人格问卷（EPQ）、迈尔斯·布里格斯类型指标（MBTI）、卡特尔 16 种人格测验等。另一类是职业兴趣测验，主要测量个体对某种特定事物或从事特定某种活动的心理态度和情绪。较常用的职业兴趣测验有：库德职业兴趣调查表（Kuder Occupational Interest Survey，KOIS）、霍兰德职业兴趣测试（Holland Vocational Preference Inventory）、斯特朗—坎贝尔兴趣量表（Strong Campbell Interest Inventory，SCII）等。下面简要介绍 EPQ、MBTI 和霍兰德职业兴趣测试。

（一）艾森克人格问卷

艾森克人格问卷（EPQ）是由英国心理学家H. J. 艾森克编制的一种自陈量表，是在艾森克人格调查表的基础上发展而成的。该量表自 20 世纪 40 年代末开始制定，1952 年首次发布，1975 年正式命名，有成人问卷和儿童问卷两种格式，包括 4 个分量表，即内外倾向量表（E）、情绪性量表（N，又称神经质量表）、心理变态量表（P，又称精神质量表）和效度量表（L，用以测量掩饰性）。P、E、N 量表得分随年龄增加而下降，L 则上升。精神病人的 P、N 分数都较高，L 分数极高，有良好的信度和效度。中国的修订本仍分儿童和成人两种，但项目数量分别由原版的 97 项和 107 项，变为 88 项和 88 项。因量表题目少，使用方便，比较实用。

（1）内外倾向量表。分数高表示人格外向，可能是好交际、渴望刺激和冒险，情感易于冲动。分数低表示人格内向，可能是好静，富于内省，除了亲密的朋友之外，对一般人缄默冷淡，不喜欢刺激，喜欢有秩序的生活方式，情绪比较稳定。

（2）神经质量表。反映的是正常行为，与病症无关。分数高可能是焦虑、担心、常常郁郁不乐、忧心忡忡，有强烈的情绪反应，以至于出现不够理智的行为。

（3）精神质量表。精神质并非暗指精神病，它在所有人身上都存在，只是程度不同。但如果某人表现出一定的明显程度，则容易发展成为行为异常。分数高可能是孤独，不关心他人，难以适应外部环境，不近人情，感觉迟钝，对他人不友好，喜欢寻衅，喜欢做奇特的事情，并且不顾危险。

（4）效度量表。测定被试者的掩饰、假托或自身隐蔽性，或者测定其社会性朴实、幼稚的水平。L 与其他量表的功能有联系，但它本身代表了一种稳定的人格功能。

（二）MBTI

MBTI 是基于瑞士心理学家荣格的类型学理论发展起来的一种迫选型、自我报告式的人格测评工具，由美国的布里格斯和迈尔斯共同研制开发，它最初得到实际应用是在 1956 年左右。经过半个多世纪的改良，MBTI 一直在不断发展变化，其信度、效度也得到了逐步的检验。在国外，MBTI 广泛应用于团队建设、职业生涯实践、教育学习以及个体与家庭治疗等领域，MBTI 的出版商 CPP 称此量表是世界上应用最为广泛的人格测验，每年有多达 200 万人接受测验。

MBTI 的理论基础是心理类型理论。按照荣格的理论，由于人格类型的不同，每个个体都从自己的人格类型出发来看待与认识事物，形成对事物的不同看法与观点，从而导致不同的行为。荣格通过临床观察和心理分析得出个体间差异的三个维度：精神能量指向，外向（extraversion）-内向（introversion）；信息获取方式，感觉（sensing）-直觉（intuition）；决策方式，思考（thinking）-情感（feeling）。基于荣格的理论体系，布里格斯和迈尔斯在这三个维度的基础上补充了一个新的维度——与外界互动的方式，判断（judging）-感知（perceiving）。基于这样的理论基础，人格测量工具 MBTI 诞生了。

外向（E）-内向（I）维度定义了表达及获得心理能量的方向。外向型的人会因外界需要而精力充沛，或者因他人的鼓舞而充满活力，他们倾向于探索外部世界。相反，内向型的人喜欢独处和自省，并从思想、经验、自我意识等内部世界获得心理能量，他们相对保守、文静，可以很好地控制自己的情感。

感觉（S）-直觉（N）维度涉及人们获取信息的方式。感觉型的人倾向于通过视觉、听觉、触觉、味觉、嗅觉 5 种方式获取信息，更重视事件中的事实与细节，他们不喜欢没有事实根据的推论或假设。直觉型的人倾向于通过第六感或预感获取信息，他们更关注概念、主意、意见、理论以及对信息的不同方面的推论进而探讨未来的可能性。

思考（T）-情感（F）维度定义了决策时内心斗争所侧重的方向。情感型的人倾向根据个人的主观评价作出决策，他们会更多地依靠情感来作决定。思考型的人通过逻辑分析和客观考虑作出决策，他们倾向于从局外人的角度来看待、分析问题。

判断（J）-感知（P）维度是就生活方式而言的，它表明个体是以有计划的还是随意的方式适应外部环境，是信息获取维度和决策维度的综合效应在个人生活方式中的体现。判断型的人更喜欢决定性的、有计划、有组织的生活方式，他们喜欢有序的生活。感知型的人喜欢灵活、自发的生活方式，他们会更倾向于保持一种灵活的生活方式，很少制定长远的计划。

由以上四个维度可以确定 16 种人格类型，每一种人格类型都有相适应的职业对应。比如，INFP 型比较适合的职业有记者、演员、作家、诗人、大学教师、心理学家、教育顾问、雇员发展专家、人力资源开发等。

（三）霍兰德职业兴趣测试

霍兰德职业兴趣测试由美国著名职业指导专家霍兰德编制，主要用于确定被测试者的职业兴趣倾向，进而用于指导被测试者选择适合自身职业兴趣的专业发展方向和职业发展方向。霍兰德认为兴趣是人们活动的巨大动力，人们对有兴趣的职业充满积极性，可以积极地、愉快地从事该职业，兴趣有助于在职业上取得成功。霍兰德认为人的职业兴趣可分为现实型（R）、研究型（I）、艺术型（A）、社会型（S）、事业型（E）、常规型（C）。这六种类型的特征如下：

（1）现实型（R）。愿意使用工具从事操作性工作，动手能力强，做事手脚灵活，动作协调。偏好于具体任务，不善言辞，做事保守，较为谦虚。缺乏社交能力，通常喜欢独立做事。他们的性格往往是顺应、朴实的，社交能力比较缺乏。

（2）研究型（I）。其基本的倾向是分析型的、智慧的、有探究心的和内省的，喜欢根据观察对物理的、生物的、文化的现象进行抽象的、有创造性的研究活动。因此，这类人的偏好是智力的、抽象的、分析的、独立的、带有研究性质的职业活动，诸如科学家、医生、工程师等。

（3）艺术型（A）。其基本的倾向是具有想象力、冲动、依靠直觉、无秩序、情绪化、理想化、有创意、不重实际等，他们喜欢艺术性的职业环境，也具备语言、美术、音乐、演艺等方面的艺术能力，擅长以形态和语言来创作艺术作品，而对事务性的工作则难以胜任。文学创作、音乐、美术、演艺等职业特别适合他们。

（4）社会型（S）。其基本的倾向是合作、友善、助人、负责任、圆滑、善于社交言谈、善解人意等。他们喜欢社会交往，关心社会问题，具有教育能力和善于与人相处等人际关系方面的能力，适合这一类人的典型的职业有教师、公务员、咨询员、社会工作者等以与人接触为中心的社会服务型的工作。

（5）事业型（E）。其基本的倾向是喜欢冒险、精力充沛、善于社交、自信心强。他们强烈关注对目标的追求，喜欢从事为获得利益而操纵、驱动他人的活动。由于具备优秀的主导性和对人说服、接触的能力，这一类型的人特别适合从事领导工作或企业经营管理的职业。

（6）常规型（C）。其基本的倾向是顺从、谨慎、保守、实际、稳重、有效率、善于自我控制。他们喜欢从事记录、整理档案资料、操作办公机械、处理数据资料等系统、有条理的活动，具备文书处理、算术等能力，适合他们从事的典型职业包括文员、会计师、银行职员等。

人们通常倾向选择与自我兴趣类型匹配的职业环境，如具有现实型兴趣的人希望在现实型的职业环境中工作，这样可以最好地发挥个人的潜能。但在具体职业选择中，个体并非一定要选择与自己兴趣完全对应的职业环境，这主要是因为个体通常是多种兴趣类型的综合体，出现单一类型显著突出的情况不多。因此评价个体的兴趣类型时也时常以其在六大类型中得分居前三位的类型组合而成，组合时根据每个类型得分高低依次排列字母，构成其兴趣组型，如 EIS 适合的工作类型有警察、侦查员、交通检验员、安全咨询员、商人。

选择题（有一个或几个选项是正确的）

1. 心理学家 R. M. 加涅是国际心理学界公认的学习分类的权威人士。他按学习成果将学习分类，他认为学习成果包括（　　）。

A. 言语信息

B. 智慧技能

C. 认知策略

D. 动作技能

2. 学习迁移是指学习会在其他场合通过行为表现出来。有效的学习或者培训，不仅能提高学员的学习效果，更重要的是可以把学习效果迁移到工作中去，对工作行为和工作业绩产生积极影响。学习迁移可以分为以下几种类型（　　）。

A. 正迁移　　B. 负迁移　　C. 渐进迁移　　D. 零迁移

3. 学习立方体模型是欧洲学者费奥和博迈森提出的，是学习和培训过程中广泛应用的学习理论。在图 5－9 所示的三维模型中，横轴、纵轴、立轴代表三个维度，当这三个维度都强时，培训或者学习的效果最佳。请指出这三个维度分别代表（　　）。

A. 实践性　　B. 交互性　　C. 专注性　　D. 自主性

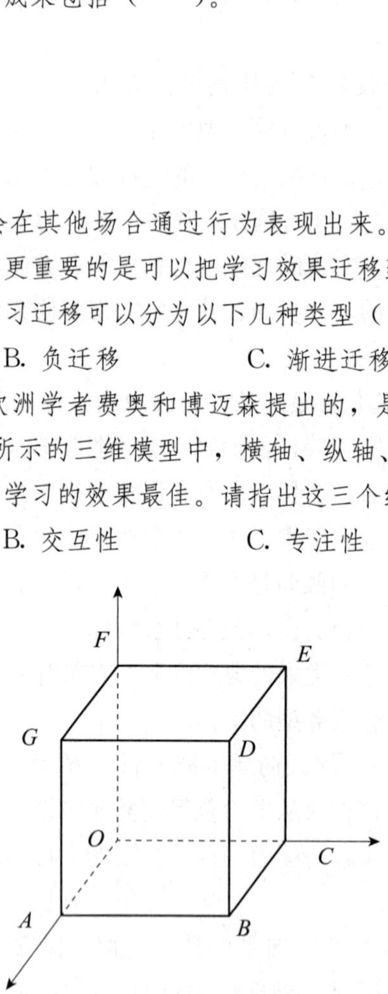

图 5－9　学习立方体模型示意图

4. 国外学者研究认为，已经学会如何学习的人有两个特点：（　　）。前者表现为将学习看作基于内在需要的自觉行为。通常，他会有个人的学习和培训计划，并严格执行。在学习中，他懂得如何学才能学得更好，才能达到预先设定的学习目标。后者则包括渴望学习的习惯，自我激励，使用信息资源的能力，很强的交流沟通能力，解决问题的能力，抽象思维的能力，为学习作出计划、制定目标的能力以及知道自己如何能学得更好的能力。

A. 能够“温故而知新”　　B. 是能够控制自己的学习进程

C. 具有一些关键性的学习能力　　D. 能够学以致用

5. 培训与开发都是通过提高员工的能力来提升员工的业绩，进而提高企业的整体绩效；实施主体都是企业，接受者都是企业内部的员工；两者使用的一些方法也是一样的。但二者也存在一定的区别，主要有（　　）。

A. 侧重点不同。培训注重当前，开发侧重将来

B. 工作经验的应用不同。培训低，开发高

C. 目标不同。培训着眼于当前工作，开发着眼于未来变化

D. 参与程度不同。培训具有强制性，开发则具有自愿性

6. 应用新兴技术的培训主要有（　　）等。

A. 多媒体远程培训

B. 技术辅助远程培训

C. 计算机辅助培训

D. 网络培训

7. 培训与开发的过程包括（　　）。

A. 分析培训需求　　B. 制定培训计划

C. 实施培训　　D. 评价培训效果

8. 培训需求分析可以从（　　）层面来进行。

A. 组织　　B. 职务说明书　　C. 任务　　D. 员工个人

9. 进行培训需求分析时，可以采用的方法有（　　）。

A. 访谈法　　B. 问卷调查法　　C. 观察法　　D. 关键事件法

10. 进行培训需求分析时，可以采用的方法有（　　）。

A. 绩效分析法　　B. 经验预计法

C. 头脑风暴法　　D. 缺口分析

11. 培训实施的整个过程都需要跟踪和监控，及时发现并解决培训中出现的问题，具体来说，包括（　　）。

A. 课前工作。包括准备茶水、播放音乐；学员报到，引导学员在签到表上签到；引导学员入座；介绍课程及讲师；学员心态引导、宣布课堂纪律

B. 培训开始的介绍工作。包括培训主题介绍、培训者的自我介绍、后勤安排和管理规则介绍、培训课程的简要介绍、培训目标和日程安排的介绍、“破冰”活动、学员自我介绍

C. 培训授课过程中的工作。包括正确使用培训设施和设备，如录像机、投影仪要轻拿轻放并定期除尘；注意观察培训师的表现、学员的课堂反应，及时与培训师沟通、协调；协助上课、休息时间的控制；做好上课记录（录音）、摄影、录像；培训结束前要做好回顾和总结工作

D. 培训授课后的工作。包括向培训师致谢，做问卷调查以了解学员对培训的反应，

颁发结业证书，清理、检查设备，安排订票或者派车送培训师返程等

12. 依据柯氏评估模型，培训效果评估需要从（　　）方面来进行。

A. 反应层　B. 学习层　C. 行为层　D. 结果层

13. 在职培训的主要方法有（　　）。

A. 工作轮换　B. 学徒制　C. 教练　D. 行动学习

14. 在职培训的主要方法有（　　）。

A. 初级董事会　B. 瀑布式管理培训

C. 教练　D. 行动学习

15. 脱产培训的主要方法有（　　）。

A. 演讲法　B. 案例研究法　C. 情景模拟法　D. 行为示范法

16. 情景模拟法脱产培训主要包括（　　）。

A. 管理游戏法　B. 角色扮演法　C. 公文筐法　D. 初级董事会

17. MBTI 测试的维度主要包括（　　）。

A. 精神能量指向：外向（extraversion）-内向（introversion）

B. 信息获取方式：感觉（sensing）-直觉（intuition）

C. 决策方式：思考（thinking）-情感（feeling）

D. 与外界互动的方式：判断（judging）-感知（perceiving）

18. 艾森克人格问卷（EPQ）包括（　　）。

A. 内外倾向量表（E）　B. 情绪性量表（N）

C. 心理变态量表（P）　D. 效度量表（L）

综合分析

1. 你认为该如何预防培训后员工的流失？

2. A 公司是一家非常注重培训的企业，现将该企业为 60 名员工实施的一项为期 10 天的培训的费用罗列如下：培训使用的教材每人 60 元，培训后的自学材料每人 25 元，培训教室和视听设备租赁费 7 000 元，每天每人餐费 20 元，培训管理人员工资和福利 6 000 元，受训员工的工资每人每天 150 元，企业内部培训教师的受训费用 1 200 元，培训教师的课时补贴 2 000 元，管理费用占已支总培训费用的 10%。经过培训后，企业新增收益为 300 万元，其中由培训产生的收益为 150 万元，由技术改造产生的收益为 90 万元，其他原因为 60 万元。

思考题：

A 公司的培训是否值得？本培训项目的投资回报率为多少？

3. 为了打造学习型组织，T 公司规定公司每年的培训经费为毛利的 3%，并将其是否使用到位作为考核人力资源部的一项指标。某年年初公司估计全年的毛利为 5 000 万元，因此其培训费用预算为 150 万元。公司人力资源部认真做好培训需求分析并据此制定了年度培训计划。但到 10 月底，公司的经营状况非常好，毛利已经达到 6 700 万元，

预计全年毛利将达7 000万元左右。公司总经理指示人力资源部将培训费用调整为210万元。为了完成考核指标，人力资源部经理把这项任务交给了负责培训工作的小王。由于时间紧，小王就到网上搜索培训广告，凡是与本公司业务有关联的一律报名，然后要求各部门必须派人参加培训。由于年底工作任务比较重，各部门在派人参加培训时都是将非关键岗位上的人员派出去，而这些人员虽然觉得课程不错，但由于和自己的工作关联不大，因此都不太重视。到12月28日，小王终于把增加出来的60万元培训经费用完了。

思考题：

(1) T公司的培训工作有何可取之处？

(2) T公司的培训工作存在哪些问题？

4. N公司是一家位于华北某省的箱包制造公司，拥有近300名工人。大约在1年前，公司因产品有过多的缺陷而失去两个较大的客户。N公司领导研究了这个问题之后一致认为，公司的基本技术还是很可靠的，问题出在生产线上的工人、质量检查员以及管理部门缺乏质量管理意识上。公司决定通过开设一套质量管理课程来解决这一问题。质量管理课程的授课时间被安排在每周五晚上6：30～8：30，历时8周，公司不付额外的薪水，员工可以自愿听课，但是公司的主管表示，如果员工积极地参加培训，那么将被记录在个人档案里，以后加薪或晋升时，公司将予以考虑。课程由质管部的王工程师主讲，主要形式是各种讲座，有时还会放映有关质量管理的录像片，内容包括质量管理的必要性、影响质量管理的客观条件、质量检验标准、检查的程序和方法、抽样检查以及程序控制等。公司所有对此感兴趣的员工都可以去听课。课程刚开始时，听课人数在50人左右。在课程快要结束时，听课的人数已经下降到20人左右。因为课程是安排在周五晚上，听课的人员都显得心不在焉，离家远的课听到一半就提前回家了。在总结这一课程培训的时候，人力资源部经理评论说："王工程师的课讲得不错，内容充实，知识系统，而且他很幽默，他的培训引人入胜。听课人数的减少不是他的过错。"

思考题：

(1) 你认为这次培训在组织和管理上有哪些不合理的地方？

(2) 如果你是N公司的人力资源部经理，你会怎样安排这个培训项目？

5. 杨某是某软件公司的工程师，工作绩效一直卓越。但是最近几个月情况发生了变化，杨某的绩效明显下降。杨某所在的开发部的新任经理苑某根据经验判断，导致杨某绩效下降的原因是知识结构老化，不再胜任现在的工作岗位。她立即向人力资源部经理提交了关于部门人员培训需求的申请，希望人力资源部能尽快安排杨某参加相关的业务知识培训。人力资源部接到申请后，当月即安排杨某参加了一个为期一周的关于编程方面的研讨会。一周培训结束回到公司后，杨某的状况没有发生任何改变。人力资源部经理主动与杨某进行了面对面的沟通，发现了问题的关键。杨某对新上任的苑经理的领导方法不满意，而且杨某认为自己是公司的老员工，很熟悉部门的情况，一贯表现又很优秀，原以为公司会把部门经理的机会给自己，没想到公司却外聘了这名"空降兵"苑某。

思考题：

(1) 这次培训失败的主要原因是什么？

(2) 你从这个培训无效的案例中得到了什么启示？

6. 某公司年底考评工作刚刚结束，人力资源部对销售部门员工的绩效差距进行了分析。该部门共有员工 25 名，其中销售员 22 名，销售主管 3 名，其人员使用效果如图 5－10 所示，部分员工的工作情况和绩效表现见表 5－13。

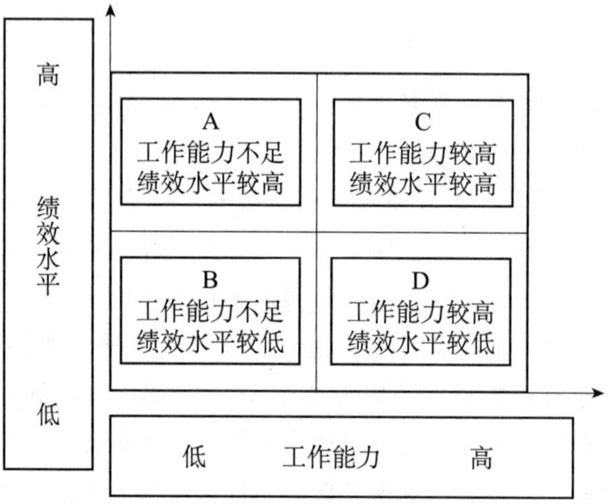

图 5－10 某部门人员使用效果分析图

表 5－13 部分员工绩效表现

员工姓名	职位	工作情况	绩效表现
王波	销售员	应届大学毕业生，工作时间不长，业务较为生疏，在工作中频频出现小失误，但勤奋好学，工作态度很积极	刚刚签了一个 52 万元的销售合同，销售业绩（销售员排名）从第 19 名跃升为第 3 名，综合考评结果为良好
张蕊	销售员	公司的老员工，工作表现一直很优秀，有很强的计划能力和执行能力，市场开拓能力很强，愿意将自己的销售技巧与同事分享	销售业绩为该部门销售员的第一名，连续 3 年的综合考评结果为优秀
李勇	销售主管	猎头公司推荐的资深销售人员，在面试的过程中获得了一致好评，但进入公司十年来，经常迟到早退，有离职倾向，也不愿意和其他同事合作	销售业绩几乎为零，综合考评结果为不合格

思考题：

(1) 一般来讲，企业最需要培训的是哪些人员？

(2) 表中的 3 位员工分别属于图 5－10 中描述的哪类人？在为他们制定培训与使用方案时应分别注意哪些问题？

方案设计题

1. 磐石钢铁有限公司是一家集炼铁、炼钢、轧钢为一体的大型钢铁公司。2016年公司进行了体制改革，建立了新的公司领导班子，在全新的现代经营理念指导下，公司决定实施多元化发展战略，公司规划投资建设一个不锈钢精品生产基地，计划总投资500万元的新厂房正在建设之中，预计两年后新产品生产线可建成投产。由于新生产线采用了先进的生产设备和技术，相比公司已有的几条生产线，其技术含量和自动化程度都有很大提高。为了保证新线上马后能够良好运转，相关人员的培训准备工作正在有条不紊地进行。

由于磐石公司是老厂，员工学历普遍较低，65%的生产人员只有初中学历，有高中学历的占30%，有大专和大学学历的只占5%。一些员工正在完成其高中学业，一些已获得和正在考取公司的相关技术职称。目前为参加新线脱产培训的员工开设的课程有相关高中知识、新线操作相关的英语知识、新线的生产流水线技术、设备操作等。

公司遇到的问题是一些老线上的职工惧怕被抽调去培训，原因是怕新线上岗不通过，原先的工作又被别人取代而下岗。人力资源部的担心是抽调的员工进行培训后是否能满足未来新线的要求。

要求：

请设计一个合理的培训方案来解决公司面临的问题，实现公司新生产线的顺利投产。

2. 某知名连锁酒店为提升企业的竞争力，对部分前台接待人员进行了为期5天的商务礼仪培训，希望通过培训使受训人员能够运用规范的商务礼仪接待入住的旅客，塑造良好的企业形象。培训结束后，人力资源部为了解受训者对培训项目的看法，同时为将来课程的改进收集信息，要求受训者填写培训调查表。

要求：

请根据上述情况，为该酒店设计出一份培训调查表。

3. 某公司培训主管老梁正在组织中层管理人员参加一项“管理通用能力”的认证培训，为了对培训进行全方位的跟踪评价，他让小张设计一份教学质量评估表，以便发现培训师以及培训课程等方面存在的问题和不足，及时采取措施加以解决。

要求：

假如你是小张，请设计一份教学质量评估表。

4. 企业为了实现发展战略目标，提高人力资源的竞争优势，需要不断充实和完善企业的人力资源管理制度，而员工技能培训与开发是各种管理制度中的重点和核心。

要求：

根据你所在单位的具体情况（在校学生可假想一家自己熟悉行业的公司），制定一项员工入职培训制度。

5. 2016年7月某电信公司从各大专院校招收了一批本科生和硕士研究生，这些人员将被补充到市场营销、财务、人事、技术研发等部门110多个工作岗位上。

要求：

请为该公司设计一个对这些新员工进行入职教育的入职培训纲要。

案例分析

麦当劳的副总裁是如何炼成的？

拥有强大体系的麦当劳，怎样帮助一名普通员工在公司中获得重要角色？

16 年前，一名小伙子去厦门当时唯一的一家麦当劳餐厅面试。他要面试管理组的一个职位，然而面试人员告诉他管理组的所有职位均已招满。小伙子毫不犹豫地说："普通员工我也愿意做。"

就这样，他从拖地板开始，在麦当劳一干就是 16 年，其间从未换过公司。有谁能想到，这个当年在麦当劳拖地板的小伙子，成了今天的麦当劳（中国）有限公司副总裁和北区总经理。

在麦当劳的历史上，从未有过中国员工被晋升为主管某个大区市场的副总裁和总经理职位。即便现在，麦当劳三个大区中的南区和中区的总经理也由外籍人员担任。他是第一个例外，他就是缪钦。

从当年拖地板的普通员工，到今天在麦当劳这个拥有全世界三万家餐厅的平台上地位举足轻重的副总裁，是什么成就了缪钦的成长？

（一）后继计划

一年前，缪钦就从东北地区营运总监的位置被调任至北京，这不是一次普通的调任，而是在为他能胜任今天的角色"预热"，这被麦当劳称为后继计划。

在这一年中，缪钦被纳入了一个紧张的培训周期，开始有步骤地接触和了解各个部门的工作，并参与决策，帮助部门设立目标。

"我知道我该什么时候接什么部门，我更知道在我背后永远有一个老师在帮助我。"缪钦所说的老师就是他的前任，新加坡籍的陈麒亦女士。

在这一年中，陈女士的主要职责就是把北区的工作教导给缪钦，就像一位教练一样，向缪钦介绍麦当劳北区的实际运营状况以及人员状况，教导他胜任总经理职位的要义，并对缪钦在培训期的表现进行评分。经过一年的教练式培训，缪钦很快熟悉了北区的整体工作，并正式走上麦当劳中国区副总裁和北区总经理的职位。

麦当劳的后继计划要求所有管理者在被调到其他部门或升迁时，要确保永远有下属可以取代其原有位置。十分幸运，在麦当劳的职业空间每上升一步，缪钦都是其上司的"继任者"。

毫无疑问，本地经理人更加了解本地消费者和本地员工，对他们的大胆起用，将会给跨国公司带来意想不到的收益。以前，当麦当劳认为其强大的管理流程可以胜任当时中国三四百家餐厅的管理时，人力资源本地化的意识也许还不那么强烈，但现在麦当劳已经在中国开设了 1 000 余家餐厅，它们需要更加强大的本地管理团队来支持公司发展。

在此思路下，他们设立了以前从未有过的副总裁职位，与公司总裁、COO 和 CFO 等共同组成高管团队，并将三个大区的总经理也纳入其中。

“我们不把本地人做到多高的职位作为本地化程度的标志，在我以前，有很多中国同事被派往欧洲和美国工作，甚至在汉堡大学执教。”在缪钦看来，他的上任更深层次的意义是，经过近 20 年的发展，中国已经有一大批人逐渐成熟，有足够能力在跨国公司的强系统下进行有效管理，而这些人在未来将更多地面对中国消费者，承担更重要的角色。

“在很久以前，我接受餐厅经理培训时，当时的亚洲区总裁就对我们说，你们要多去学习，你们的使命是取代我，麦当劳以后要靠你们。”

缪钦介绍，麦当劳能够建立强大的学习系统，鼓励员工不断进步和学习，就表明了其对中国人成长的期望：“只要能力达标，职位不是障碍。”

（二）副总裁是这样炼成的

“我无法用一个确切的数字来说明 16 年来我都接受了哪些培训，太多了，包括直接的和间接的，以及公司允许犯错并给予改正的机会，这些都是培训。”缪钦坦言，在一路走来的每个职位上，他都犯过错，做过错误的决定，也给公司带来过经济上的损失，但公司都给予了他足够的信任，相信他通过学习可以做得更好。“我在麦当劳工作了 16 年，培训从来没有间断过，我对别人的培训也从来没有间断过。”

“很多人说麦当劳是一个餐厅，我曾经也这样认为，但现在我更认为麦当劳是一所大学，麦当劳的系统教会了我很多东西。”

缪钦刚刚进入麦当劳时，当知道成长为餐厅经理需要学习四五本很厚的书，而且还要通过考试，他的头都大了。“好不容易走出校门，现在却还要学习和考试，真是一件痛苦的事。”

但当和大家一起上课，听公司高层分享管理和工作心得时，他的态度很快发生了转变。“和我想象的完全两样，我所学到的麦当劳的管理实践是那样妙趣横生。”

现在，缪钦拿起培训餐厅经理的课本，发现与十几年前已经不一样了。现在他们要学习基本管理与操作，学习餐厅管理和跨部门管理课程。做到营运督导时还要走入“国际人”，与全世界的同事分享管理经验。

“这时你会发现，大家都在用同一个理念和模式来管理，你会找到战友，会学到很多以前没有想过的东西。”

而正是基于公司强大的学习平台，更多像缪钦一样的本土人才才能快速成长。在麦当劳中国公司，有为数众多的人被晋升为总监、总经理。

除了跟随公司的系统学习，作为三个大区中最年轻的副总裁和总经理，缪钦还向其他两个大区的副总裁和总经理学习。“作为麦当劳的老员工，他们都有二三十年的管理经验，他们做了很多正确的和不正确的事情，我需要不断向他们请教，加强与另外两个大区的沟通。”

“学习这个词对中国人来说并不陌生，公司提供了学习的平台这是我的幸运，但我更注重自我学习，并很快把学到的东西运用出去，不断在实际工作中予以纠正。”缪钦的信条是“成败皆需付出代价，与其随大流不如去带头”，这是他的精神和价值观。他一直记得麦当劳创始人说过的一句话：“当你觉得自己成熟的时候，就是要腐烂的时候。”而也正是秉承这种学习精神，缪钦改变了别人对他的看法。

“十多年前我去美国汉堡大学学习，别人见到我都会问我是不是日本人，而现在他们不再这样问了，因为他们都知道我是中国人。”缪钦认为，中国市场潜力巨大，中国经理人需要有上进心和企图心去参与管理，因为重用本地经理人并不是一厢情愿的事，还需要本地经理人非常勤奋地学习，以备将来胜任重要角色。

“我常跟美国的同事说，你们的经验比我们多，但我们每天都在学习，在不断想办法鞭策自己，这时就不是跨国企业是否给你机会的问题了。”

（三）麦当劳的层级培训体系

1. 从新入职员工到餐厅管理层

麦当劳为新入职的见习经理到餐厅经理等不同级别的管理人员设计五门课程，分别从管理、营运，以及领导技巧等方面进行培训。这五门课程包括面向见习经理的基本值班管理课程和高级值班管理课程、面向第二副经理的有效实务管理课程、专业的地区机器课程，面向第一副经理的餐厅领导实务管理课程、面向餐厅经理的企业领导实务管理课程。

2. 快速成长体系

快速成长体系旨在帮助表现优异的员工，从见习经理晋升为餐厅经理通常只需要 2～3 年的时间。

3. 督导培训课程

营运顾问课程面向在麦当劳工作 0～12 个月的营运督导。该课程的目的在于通过有效沟通、领导力技巧和督导技巧的培训，帮助营运督导发展与餐厅经理之间的相互信任和尊重的关系，有助于督导们提升指导和领导几家门店的能力。

4. 高级管理层

组织管理课程针对部门经理所设，领导基础课程则面向营运总监和高级部门经理，这两项课程旨在提高他们在制定战略决策方面的组织管理能力。

将麦当劳文化尽快融入本地，让国内人才快速成长，是缪钦上任后要完成的重要使命。

资料来源：刘春晖．麦当劳如何培养副总裁．http：//www.linkshop.com.cn/web/archives/2010/130804.shtml，2010-03-22.

思考题：

试分析麦当劳的培训体系有何可取之处。

第 6 章

绩效管理

第 1 节　绩效管理概述

一、绩效与绩效管理

（一）绩效

绩效（performance）是指员工在工作过程中表现出来的与组织目标相关的并且能够被评价的工作能力、工作态度、工作业绩，其中工作能力和工作态度是指员工的行为，工作业绩是指员工的工作结果。

绩效主要有多因性、多维性、动态性三个特点。绩效的多因性是指员工绩效可能是激励、能力、环境等多种因素共同影响的结果；绩效的多维性是指员工的绩效体现在多个方面，既包括工作行为也包括工作结果；绩效的动态性是指员工的绩效并不是固定不变的，在主客观条件变化的情况下，绩效是会发生变动的。

（二）绩效管理

绩效管理（performance management）是指确定员工的绩效目标并收集与绩效相关的信息，持续关注和反馈员工工作行为表现，并定期对员工的绩效目标完成情况作出评价和反馈，以保证完成组织目标的管理过程。绩效管理并不等同于绩效考核，绩效考核只是绩效管理的一个核心组成部分。

（三）绩效管理的目的

绩效管理的最终宏观目的是改善员工的绩效，从而提升组织的整体绩效。除了这个最终目的，绩效管理还有一些具体的目的，包括掌握员工在完成组织目标中的贡献以及不足；作为评定员工升迁、调配、奖酬、解雇等的依据；作为员工培训、开发的依据；作为人力资源规划、财务预算、工作进度安排等方面的基本信息来源；作为评价招聘和任用政策的依据；向员工反馈组织对其执行工作任务的看法，使之了解自己的长处和缺陷。《财富》100 强公司绩效管理的目的排序见表 6-1。

表 6-1　《财富》100 强公司绩效管理目的排序

1. 提高工作绩效
2. 支付绩效工资
3. 提出工作要求
4. 沟通
5. 晋升
6. 激励
7. 开发员工的潜在能力
8. 教育培训
9. 建立工作中更好的人际关系

二、绩效计划的工具

（一）关键绩效指标

关键绩效指标（key performance indicator，KPI）是衡量企业战略实施效果的系统性关键指标，是战略目标通过层层分解产生的可操作性的指标体系。其目的是建立一种机制，将企业战略转化为内部过程和活动，不断增强企业的核心竞争力，使企业能够得到持续发展。表 6-2 列出了企业员工培训主管人员的 KPI。

表 6-2　企业员工培训主管人员 KPI 汇总表

主要工作职责	增值产出	KPI
制定与实施员工培训开发计划	员工的竞争力有所提高	● 75%以上的员工的生产率明显提高 ● 75%以上的员工能很快掌握新的知识技能 ● 75%以上的员工能够做出更多的独立判断
	员工能够达到学习目标	● 75%以上的员工在培训后能够达到学习目标 ● 实际培训费用与预算差异控制在 5%以内 ● 98%以上的培训项目能在预计期限内完成
	提高管理人员胜任能力	● 70%以上的管理者具备核心的领导胜任力

续前表

主要工作职责	增值产出	KPI
帮助员工制定职业生涯规划	员工能够发展和管理自己的职业生涯规划	● 85%以上的被裁掉的员工获得帮助找到新工作 ● 企业领导对裁员后组织内人员安置比较满意
建立员工发展中心	员工培训满足组织和员工发展的需要	● 直线主管认为该中心支持了企业经营目标的实现 ● 该中心能满足直线主管对相关工作的要求 ● 直线主管能主动提供未来培训开发的需求 ● 一年内来自其他部门的投诉少于2次 ● 实际培训费用与预算差异控制在5%以内
收集与提供员工培训与发展方面的信息	提供支持经营目标的信息	● 85%以上的使用者认为获取的信息支持了经营目标的实现 ● 信息采集费用与预算差异控制在5%以内

（二）平衡计分卡

平衡计分卡（balance scorecard，BSC）是由哈佛大学教授罗伯特·卡普兰（Robert Kaplan）和复兴全球战略集团的创始人兼总裁大卫·诺顿（David Norton）共同建立的一套囊括整个组织各方面活动的绩效评价系统。卡普兰和诺顿认为："如果你不能描述，就不能衡量；如果你不能衡量，就不能管理。"平衡计分卡以企业的战略和使命为基础，对每项战略进行分解，制定财务、客户、内部流程、学习与成长4个层面的衡量指标和目标值，同时配之以达成目标的行动方案，形成一套对战略进行衡量的考核指标体系。平衡计分卡实现了财务指标和非财务指标的平衡、组织内外部指标的平衡、前置指标和滞后指标的平衡、长期指标和短期指标的平衡。BSC可以和KPI一起使用。某公司BSC系统中KPI辞典的部分内容见表6-3。

表6-3　某公司BSC系统中的KPI辞典部分内容实例

层面	KPI	指标定义/计算公式	数据来源
财务层面	部门费用预算达成率	（实际部门费用/计划费用）×100%	部门费用实际及预算资料
	招聘费用预算达成率	（实际招聘费用/计划费用）×100%	招聘费用实际及预算资料
	新产品研究开发费用预算达成率	（实际新产品研究开发费用/计划费用）×100%	新产品研究开发费用实际及预算资料
	人力成本总额控制率	（实际人力成本/计划人力成本）×100%	财务部
客户层面	某重点产品市场占有率	平均值:产品市场销售额/市场容量	市场销售月报，市场资料
	公共关系效果评定	对与媒体、保险学会及社会的效果评定	上级领导评定
	市场知名度	接受随机调查的客户对公司知名度评分的算术平均值	问卷调查
	解决投诉率	（解决的投诉数/投诉总数）×100%	投诉记录及投诉解决记录

续前表

层面	KPI	指标定义/计算公式	数据来源
内部流程层面	财务报表出错率	(查出有误的财务报表数量/提交的财务报表总数)×100%	财务报表检查记录
	各部门预算准确率	(1－超出或未达成预算/部门预算)×100%	各部门费用预算达成率
	内部客户满意度	接受民主测评的相关部门对被测评部门所提供服务的满意度	内部客户满意度民主测评结果
学习与成长层面	雇员建议增长率	[(雇员本期向公司提交的合理化建议数量－雇员上期向公司提交的合理化建议数量)/雇员上期向公司提交的合理化建议数量]×100%	合理化建议统计记录
	雇员培训总人时增长率	[(雇员本期接受各种内外培训的总人时数－雇员上期接受各种内外培训的总人时数)/雇员上期接受各种内外培训的总人时数]×100%	人力资源部培训记录

三、绩效面谈

（一）绩效面谈的种类

按内容划分，绩效面谈可以分为绩效计划面谈、绩效指导面谈、绩效考核面谈、绩效总结面谈。绩效计划面谈，即在绩效管理初期，上级主管与下属就本期内绩效计划的目标和内容，以及实现目标的措施、步骤和方法所进行的面谈。绩效指导面谈，即在绩效管理活动的过程中，根据下属不同阶段的实际表现，主管与下属围绕思想认识、工作程序、操作方法、新技术应用、新技能培训等方面的问题进行的面谈。绩效考评面谈，即在绩效管理末期，主管与下属就本期的绩效计划的贯彻执行情况，及其工作表现和工作业绩等方面所进行的全面回顾、总结和评估。绩效总结面谈，即在本期绩效管理活动完成之后，将考评结果以及有关信息反馈给员工本人，并为下一期绩效管理活动创造条件的面谈。

按具体过程及其特点划分，绩效面谈可分为单向劝导式面谈、双向倾听式面谈、解决问题式面谈、综合式面谈。单向劝导式面谈，又称为单向指导式面谈，是通过对员工显示的工作行为和表现进行剖析，说明哪些行为是正确的、有效的，哪些行为是错误的、无效的，说服下属接受并提出新的、更高的工作目标，不断提高其绩效水平所进行的面谈。双向倾听式面谈中沟通是双向的。解决问题式面谈是主管针对上次面谈以来员工所遇到的困难、需求、工作满意度等各种问题，逐一进行剖析，以达成共识，从而促进员工成长和发展所进行的面谈。综合式面谈是将上述各种面谈方式，经过合理的搭配综合而成的一种绩效面谈方式。

（二）提升绩效面谈质量的措施

1. 做好绩效面谈的准备工作

为了提高和保证绩效面谈的质量和效果，考评者应当注意做好以下两项准备工作。其一，拟订面谈计划，明确面谈主体，预先告知被考评者面谈的时间、地点，以及应准备的各种绩效记录和资料。其二，收集各种与绩效相关的信息资料。

2. 采用有效的信息反馈方式

大量事实证明，要保证绩效面谈的质量，进一步提高其有效性和科学性，除了应做好绩效面谈的各种准备工作，更重要的是采取有效的信息反馈方式，并达到以下要求：第一，有效的信息反馈应具有针对性。在绩效面谈中，考评者所回馈的信息不应当是针对某位具体的被考评者，而应当针对某一类行为，且这种行为应该是员工通过自身的努力，能够改进、克服的。例如，指出某人某种工作行为是无效的，比批评他本人如何不成大器、不争气要更恰当。第二，有效的信息反馈应具有真实性。反馈时信息应该是经过核实和证明的。第三，有效的信息反馈应具有及时性。针对被考评者的近期行为提出一些及时的有意义的信息反馈，对工作绩效的改进大有裨益。第四，有效的信息反馈应具有主动性。无论是考评者还是被考评者，尤其是对被考评者来说，主动获取信息反馈比被动接受更为有效。为了不断地提高自身素质和工作绩效，被考评者应主动提问，寻求上级主管的信息反馈，请求考评者给予必要的解释和说明，以便及时纠正不正确的行为。第五，有效的信息反馈应具有适应性。适应性既指对被考评者的沟通要因人而异，还包含信息反馈要集中在重要、关键的事项。

第 2 节　绩效管理过程

绩效管理过程可以分为准备阶段、实施阶段、考评阶段、总结阶段和开发阶段。

一、准备阶段

（一）确定考评者

1. 考评者的来源

考评者可以来自 5 个不同的层面，即上级、同事、下级、自己、外部人员。

（1）上级考评。被考评者的上级主管对被考评者承担着领导管理与监督责任，对下属人员是否完成了工作任务，是否达到了预定的绩效目标等实际情况比较熟悉了解，而且在思想上也没有更多顾忌，能较客观地进行考评，所以在绩效管理过程中，一般以上级主管的考评为主，其考评分数对被考评者的评价结果影响很大，占60%～70%。

（2）同级考评。同事通常与被考评者共同工作，密切联系，相互协作，相互配合，被考评者的同事比上级更能清楚地了解被考评者，对其潜质、工作态度、工作能力和工作业绩了如指掌。但他们在参与考评时常受人际关系状况的影响，所以在绩效管理中，同级考评只占10%左右。

（3）下级考评。被考评者的下级与上述考评者不同，作为被考评者的下属，对其工作作风、行为方式、实际成果有比较深入的了解，对其一言一行有亲身的感受，而且有其独特的观察视角。但他们对被考评者又容易心存顾虑，致使考评的结果缺乏客观公正性，所以其评定结果在总体评价中一般控制在10%左右。

（4）自评。自评容易受到个人的多种因素的影响，具有一定的局限性，所以其评定结果在总体评价中一般控制在10%左右。

（5）外部人员考评。外部人员即被考评者所在部门或小组以外的人员，如直接服务的客户，他们虽能较客观公正地参与绩效考评，但很可能不太了解被考评者的能力、行为和实际工作的情况，其考评结果的准确性和可靠性大打折扣。在实际考评中，采用外部人员考评时应当慎重考虑。

在设计绩效考评方案时，在明确被考评者的情况下，考评者具体由哪些人组成，取决于三种因素：被考评者的类型、考评的目的、考评指标和标准。例如，在一项旨在了解员工绩效提高程度的对操作工人的考评中，就应以该员工的直接主管作为信息的主要来源，以他们为主进行考评评价。因为这些人最熟悉员工的工作情况，能作出比较符合实际的判断。

2. 考评者需要具备的条件

考评者需要具备一些条件，包括办事公道、有事业心和责任感、有主见、坚持原则、熟悉被考评者的情况等。

3. 培训考评者的内容

考评之前，需要对考评者进行培训，培训内容包括企业绩效管理制度的内容和要求，绩效管理的目的、意义，考评者的职责和任务等；绩效管理的基本理论和基本方法，成功企业绩效管理的案例剖析；绩效考评指标和标准的设计原理，以及具体应用中应注意的问题和要点；绩效管理的程序、步骤，以及贯彻实施的要点；绩效管理的各种误差和偏误的杜绝和防止；如何建立有效的绩效管理运行体系，如何解决绩效管理中出现的矛盾和冲突，如何组织有效的绩效面谈等。

（二）确定被考评者

企业的绩效管理系统应该涵盖上至总经理下至一线普通员工的所有人员。被考评者可以大致分为四类，即生产人员、管理人员、技术人员和营销人员。这四类人员所承担的工作任务的内容、作业环境和条件、劳动强度、工作责任等具有明显差别，在明确了这些人员的工作性质和特点之后，才能保证所涉及的绩效管理体系具有针对性和可行性。

（三）确定考评方法

考评方法主要有四类，即品质导向型、行为导向型、结果导向型、综合型。在设计考评方法时可依据以下几个原则：成果产出可以有效测量的工作，采用结果导向型考评方法；考评者有机会、有时间观察被考评者需要考评的行为时，采用行为导向考评方法；上述两种情况都存在，应采用两类或其中某类考评方法；上述两种情况都不存在，可以考虑采用品质导向型考评方法或者采用综合型考评方法。表 6－4 列示出不同类型考评方法的常用考核项目，综合型考评方法是前三类方法的结合使用。

表 6－4　各类绩效考评方法的常用考核项目

品质导向型	行为导向型	结果导向型
工作知识	完成任务	销售额
力气	服从指令	生产水平
眼手协调能力	报告难题	生产质量
证书	维护设备	浪费
商业知识	维护记录	事故
成就欲	遵守规则	设备修理
社会需要	按时出勤	服务的客户数量
可靠性	提交建议	客户的满意程度
忠诚	不吸烟	
诚实	不吸毒	
创造性		
领导能力		

（四）绩效考评指标和标准

绩效考评指标和标准，明确地回答“考评什么，如何进行衡量和评价”。绩效管理不但要考察、衡量员工的最终劳动成果，还要重视员工在劳动过程中的表现；不但要考察劳动态度、行为和表现，还要考察员工的潜质，即心理品质和能力素质。

绩效指标（performance index）是指绩效项目的具体内容，它可以理解为对绩效项目的分解和细化，例如对于某一职位，工作能力这个考核项目就可以细化为分析判断能力、沟通协调能力、组织指挥能力、开拓创新能力、公共关系能力以及决策行动能力这六项具体的指标。绩效标准（performance standard）是对员工工作要求的进一步明确，即对员工绩效内容作出明确的界定，员工应当怎样来做或者做到什么程度。例如“产品的合格率达到 95%”“接到投诉后 1 个工作日内给客户以满意的答复”等。

（五）绩效考评周期

绩效考评周期即多长时间考评一次。绩效考评分为不定期的和定期的。比如公司财务部经理离职，需要在财务部内部对两名财务主管进行绩效评估，以确定哪一个可以晋升到财务部经理职位，这种考评就是不定期的。

定期的考评根据考评周期的长短可以分为日、周、月、季度、半年、年度考评。具体选择哪种考评周期，与被考评者所在职位的性质以及考评指标的性质相关。职位比较低的考评周期一般比较短，职位较高的考评周期要长些，比如对生产工人的考评可以短到日，而对部门经理则实施年度考评。性质比较稳定的考评指标，考评周期要长一些；性质不太稳定的考评指标，考评周期要短一些。

（六）面向全员的宣传鼓动工作

绩效管理在实施之前，需要在思想上、组织上充分准备，做好宣传解释工作。一项没有全员支持和参与的管理制度是难以得到贯彻实施的，为了保证企业绩效管理制度和系统的有效性和可行性，必须采取“抓住两端，吃透中间”的策略。首先，获得高层管理者的全面支持。实践证明，没有企业高层管理者的支持，企业绩效管理系统将寸步难行。其次，赢得一般员工的理解和认同。绩效管理人员必须借助各种各样的方式方法，使员工对绩效管理的重要性和必要性，特别是其对自己今后职业生涯的发展具有的积极作用有所认识和理解并达成共识，才能提高员工参与绩效管理的积极性并发挥其主观能动性。最后，寻求中层管理人员的全心投入。中层管理人员既是被考评者，又是考评者，中层管理人员的作用发挥得如何，直接关系到绩效管理活动的质量和效果。

二、实施阶段

实施阶段是管理者组织全体员工贯彻绩效管理制度的过程。实施阶段需要注意两个问题。

（一）通过提高员工的绩效增强企业核心竞争力

一个有效的绩效管理系统往往通过以下几个环节提高员工的工作绩效，从而保持和增强企业的竞争优势。第一，设置绩效目标。在绩效考评之初，上级主管必须和考评者进行必要的沟通，明确工作绩效的目标和要求，使员工正确理解和接受，并能全心投入，积极工作。第二，确定绩效计划。主管应根据企业现有的资源和条件，听取员工的意见，选择确定实现绩效目标的具体步骤、措施和方法。第三，绩效跟进。良好的绩效管理系统为各级主管提供了一个系统、全面监督下属的程序和方法，主管知道“员工应当在什么时间和地点，怎样去完成工作任务”，主管可以通过多种检测手段，了解和掌握下属的行为、工作态度，以及工作进度和工作质量，并激励下属达到甚至超越考评标准。对达不到考评标准的员工，通过检测和确认，帮助他们改进工作，赶上先进者。第四，工作指导。员工为了“达标”，在执行计划的过程中会对上级的指令和工作安排产生疑问，在作业中会遇到很多困难和难题，当下属有困难时，上级主管一定要对其作出必要的指导，可以与下属交换意见，解释有关决策、指令的含义，说明预定的步骤和方法；也可以召集有关人员共同研讨，集思广益，合作攻关；还可以对不切实际的计划、目标和措施进行必要调整，以促进员工提高工作绩效。第五，绩效评估。主管应定期对工作目标复查，对员工的业绩作出评估，找出差距和问题，分析原因，并将信息反馈给员工，全力推进工作的展开。

（二） 收集信息并注意资料的积累

在绩效管理系统的运行过程中会产生大量的新信息，这些信息既可能涉及考评指标和标准体系，也可能涉及某些部门或个人，因此，需要各级主管注意定期或不定期地采集和存储这些相关信息，以便为下一阶段的考评工作提供准确、翔实和可靠的数据资料。

为保证绩效管理信息的有效性和可靠性，应注意以下几点。第一，所采集的材料尽可能以文字形式证明所有的行为，应包括有利和不利的记录。第二，所采集的材料，应当说明是考评者直接观察的第一手资料，还是间接地由他人观察的结果。第三，详细记录事件发生的时间、地点以及参与者。第四，所采集的材料在描述员工的行为时，应尽可能对行为过程、行为环境和行为的结果作出说明。第五，进行考评时，应以文字描述记录为依据，可以保证考评的质量。

三、考评阶段

考评阶段是绩效管理的重心，应注意从以下几个方面做好考评工作。

（一） 考评准确性

正确的绩效考评结果有利于人事决策的科学性，能有效地激励员工、鼓舞士气；不准确的考评，不但会造成决策上的失误，严重挫伤员工的积极性，还会引起员工流失，给企业带来不利影响。考评出现偏误和误差的主要原因包括考评标准缺乏客观性和准确性；考评者不能坚持原则；考评依据的记录和原始资料不准确；考评程序不合理、不完善等。

绩效考核容易产生的误差一般有以下几种。

1. 宽厚误差

宽厚误差，又称宽松误差，即将大多数员工评为优良。考评结果过松过宽，容易使低绩效员工滋生侥幸心理，怀有“蒙混过关”的心态，不仅不利于组织的变革和发展，形成狭隘的内部保护主义的错误倾向，更不利于个人绩效的改进和提高，特别容易使那些业绩优秀的员工受到伤害。

2. 苛严误差

苛严误差，也称严格、偏紧误差，即评定的结果是大多数员工被评为不合格或勉强及格。考评结果过于苛刻，对组织来说，容易造成紧张的氛围；对个人来说，容易增加工作压力，涣散员工的士气和斗志，降低对工作的满意度，不利于调动业务骨干的积极性、主动性和创造性。

3. 居中趋势

居中趋势，也称集中趋势和中间倾向，即评定结果相近，都集中在某一分数段或所有的员工都被评为"一般"，使被考评者全部都集中在中间水平，或者说是平均水平，没有真正体现员工之间的实际绩效存在的差异。这种考评结果会造成绩效管理的扭曲，出现"好人不好、强人不强、弱者不弱"的情况，形成某些人的考评结果偏高，而某些人的考评结果偏低的结果。

4. 晕轮误差

晕轮误差，也称晕轮效应、晕圈错误、光环效应。这种误差就是指以员工某一方面的特征为基础对其总体作出评价。例如，某公司的行政部经理认为"仪表整洁"是考评体系中的一个重要因素，当他考评一个极不注重仪表的下属时，他不仅在仪表这一项给该下属打了最低分，还有意无意地给该下属的其他被考核项目都打了很低的分数。这种误差主要是由于缺乏明确、详尽的评价标准，或考评者没能按照评价标准进行评定造成的。纠正这种误差的方法，一是建立严谨的工作记录制度；二是评价标准要制定得详细、具体、明确；三是对考评者进行适当培训，端正考评者的认识，提高考评的技术技巧水平，或者将评价结果与实际绩效的误差大小作为对考评者评价的重要内容之一。

5. 首因效应

首因效应是指考评者根据员工期初的表现而对整个绩效考核周期的表现作出评价，从而出现了"以偏概全"的考评误差。

6. 近期误差

近期误差是指考评者根据下属最近的绩效信息，对其考评期内的全部表现作出评价，以近期的部分信息替代全期的全部信息，从而出现了"以近代远"的考评误差。

7. 对比效应

对比效应是指考评者按照自己的标准寻找被考评者与其不同的方面进行评定。当考评者对下属进行考评时，如果根据自己心目中的假设，对不同表现的人员进行比较，就会产生对比偏差。如对一员工进行考评时，如果前一个被考评对象被认为是绩效"差"的人，那么该员工即使表现一般，考评者也会给其很高的评分。

8. 相似偏差

相似偏差是指考评者按照自己的标准寻找被考评者与其相同的方面进行评价。如考评者认为某人是员工中的模范，这人就成为考评者的依据，凡是与“模范”相似的下属都可能得到很高的评分；反之，在考评者心目中某人是“极差”的，则与其相似的下属，就可能有“极差”的表现评定。

9. 后继效应

后继效应又称记录效应，即被考评者在上一个考评周期内评价结果的记录，对考评者在本次考评期内的评价产生作用和影响。

10. 个人偏见

个人偏见又称个人偏差、个人偏误，即基于被考评者个人的特性，如年龄、性别、宗教、种族、出身、地域等方面的差异，因考评者个人的偏见或者偏好的不同所带来的评价偏差。比如，有些人不喜欢锋芒毕露或过于沉默寡言的人，有些则不喜欢某地的人或女性，那么在评分时，这些被考评者即使表现得再好，也往往比表现相同的人所得的评分要低。

（二） 考评的公正性

企业可以通过建立公司员工绩效评审系统和公司员工申诉系统来保证考评的公正性。其一，建立员工绩效评审系统。由人力资源部牵头，高层管理者和专家、专业人员组成非常任的工作小组，定期开展活动（如每个月开展一次活动），承担起监督考评结果的任务。其主要功能包括监督各个部门的领导者有效地组织员工的绩效考评工作；针对绩效考评中存在的主要问题，进行专题研究，提出具体对策；对员工的考评结果进行必要的复审，确保考评的公平性和公正性；对存在严重争议的考评结果进行调查甄别，防止诱发不必要的冲突。其二，建立员工申诉系统。人力资源部应建立一个工作小组全面负责员工的申诉接待和处理。其主要功能包括允许员工对绩效考评的结果提出异议，他们可以就自己关心的事件发表意见和看法；给考评者一定的约束和压力，使他们慎重行事，在考评中更加重视信息的采集和证据的获取；减少矛盾和冲突，防患于未然，尽量减少不利的影响。

（三） 考评使用表格的再检验

虽然在准备阶段确定考评方法时就已经确定了相关的考评表格，但在考评之前仍然需要认真检查以下项目：（1）考评指标的相关性检验。例如，对于需要跟客户当面沟通来销售产品的工业品销售员岗位，用出勤率这个考核指标就不合适，而销售额、回款额、合同履约率、销售费用等指标则是与销售员的绩效相关的。（2）考评标准的准确性检验。例如，对于生产工人岗位，用“一个工作日生产合格品 200 件”，就比“迅速及时完成本道工序的加工任务”准确得多。（3）考评表格的繁简程度再检验。设计良好的考评表，应该文字说明简洁，栏目结构简单，阅读填写简便，整理汇总快捷，省纸省时省力。太过简单或太过烦琐的考评表格都需要改进。

（四）考评方法的再审核

考核之前，需要确保考评方法在成本、实用性、适用性三个方面符合企业的标准和要求。第一，成本。在设计考评方法时，需要进行管理成本的分析，包括考评方法的研制开发成本；执行前的预付成本，如绩效管理的培训成本、各种书面说明指导书的编写和印制的成本等；实施应用成本，如考评者定时观察的费用、进行评定回馈考评结果、改进绩效的成本。在管理成本之外，还存在隐性成本，如方法不得当，可能会引起员工的厌烦和抵触情绪，甚至影响员工的士气，如果处理不当，还可能诱发冲突或劳动争议，严重影响企业的正常生产经营活动。第二，实用性。考评方法必须切实可行，便于贯彻实施。如果一种方法需要耗费几年的时间才能研制出来，那么再好的测评工具也失去了使用价值和实际意义。第三，适用性。考评方法的适用性是指考评方法、工具与岗位人员的工作性质之间的对应性和一致性，切实保证考评方法能够体现工作的性质和特点。例如，超市前台接待员的实际产出是不太可能有效测量的，只有对其工作行为进行评估才是有效的，而生产企业的生产工人宜采用结果导向型考评方法。

四、总结阶段

绩效管理的总结阶段，不仅是在各个层面上下级之间进行绩效面谈，沟通管理信息，相互激励的过程，也是对企业整体绩效管理体系，乃至企业总体管理状况和水平进行必要的检测、评估和诊断的过程。总结阶段需要做好以下工作：

（1）完成绩效诊断工作，包括对企业绩效管理制度的诊断，对企业绩效管理体系的诊断，对绩效考评指标和考评标准的诊断，对考评者全面的、全过程的诊断，对被考评者全面的、全过程的诊断，对企业组织的诊断。

（2）定期召开绩效管理总结会。主管应该认真做好月度、季度、年度绩效管理总结会，以使其领导的部门和下属及时了解绩效状况，实时改进绩效。

（3）各个考评者完成考评工作，形成考评结果的分析报告（包括上下级绩效面谈记录在内的各种相关表格资料的说明）。

（4）制定出下一期企业全员培训与开发计划，薪酬、奖励、员工升迁与补充调整计划。

（5）汇总各个方面的意见，在反复论证的基础上，对企业绩效管理体系、管理制度、绩效考评指标和标准、考评表格等相关内容，提出调整和修改的具体计划。

五、开发阶段

（一）企业绩效管理系统的检查与评估

通常可以采用座谈法、问卷调查法、查看工作记录法、总体评价法等方法检查和评估企业绩效管理系统的有效性。其中总体评价法是聘请企业内外的专家组成评价小组，运用多种检测手段，对企业绩效管理系统进行总体的评价。

（二） 绩效管理系统的应用开发

开发阶段是绩效管理的终点，又是一个新的绩效管理工作循环的起点。在这个阶段，应从考评者绩效管理能力的开发、被考评者的绩效开发、绩效管理的系统开发以及企业组织的绩效开发等方面入手来推进绩效管理活动顺利开展。

第 3 节　绩效考评方法

一、绩效考评的效标

（一） 效标的含义

效标即评价员工绩效的指标及标准，是为实现组织目标，对个人或集体的绩效应当达到的水平的要求。

（二） 效标的类别

1. 特征性效标

特征性效标，即考量员工是怎样的一个人，其侧重点是员工的个人特质。

2. 行为性效标

行为性效标的侧重点是考量“员工如何执行上级指令，如何工作”，这类效标对人际接触和交往频繁的工作岗位尤其重要。例如，商业大厦的警卫或服务员是否对顾客保持真诚的笑容和友善的态度，对公司影响很大。因此，公司可将所期望的行为一一列出，经过选择形成员工绩效考评的效标。

3. 结果性效标

结果性效标的侧重点是考量“员工完成哪些工作任务或生产了哪些产品，其工作成效如何”，比如打字员可采用“每分钟的输入字数”来衡量其操作水平和工作成果，还可用“每千字差错率”来测量其工作质量。结果性效标最常见的问题是若干质化指标较难以量化。例如，律师的接案数或医师的诊病人数是很容易检测的，但由于每个案件或病例的困难度、耗费的时间和精力不同，律师的咨询服务、办案能力，医师的诊断水平、医术，是难以进行有效的量化和测定的。

二、品质导向型考评方法

品质导向型的绩效考评，采用特征性效标，以考评员工的潜质为主，着眼于“他这个人怎么样”，重点是考量该员工素质（如心理素质、能力素质）如何。品质导向型的考评涉及员工信念、价值观、动机、诚信度，以及一系列能力素质，如领导能力、沟通能力、协调能力、判断力、理解力、改善力、研究能力、计划能力、企划力等。由于品质导向型的考评需要使用如忠诚、可靠、创造性、自信心、合作精神、主动等定性的词语，很难具体掌控，其考评操作性及信度、效度较差。

三、行为导向型考评方法

（一）行为导向型主观考评方法

1. 排序法

排序法（ranking method），又称排列法、简单排列法，是绩效考评中比较简单易行的一种综合比较方法。排序法通常是由上级主管依据员工工作的整体表现，按照优劣顺序依次进行排列。由于考评时是在员工之间进行主观比较，不是用员工工作的表现和结果与客观标准相比较，因此有一定的局限性，不能用于比较不同部门的员工，个人业绩接近时排序困难，也不能使员工得到关于自己优缺点的反馈。

2. 选择排序法

选择排序法（alternative ranking method）也称交替排列法，是简单排序法的进一步推广。选择排序法利用的是人们容易发现极端、不容易发现中间的心理，在所有员工中挑出最好的员工，然后挑出最差的员工，将他们作为第一名和最后一名，接着在剩下的员工中再选择出最好的和最差的，分别将其排列在第二名和倒数第二名，以此类推，最终将所有员工按照优劣全部排列完毕。

3. 成对比较法

成对比较法（paired comparison method）也称配对比较法、两两比较法等。其基本程序是：首先，根据某种考评要素如工作质量将所有参加考评的人员逐一比较，按照从最好到最差的顺序对被考评者进行排序；然后再根据下一个考评要素进行两两比较，得出本要素被考评者的排列次序，以此类推，经过汇总整理，最后求出被考评者所有考评要素的平均排序数值，得到最终考评的排序结果。具体示例见表 6-5。

4. 强制分布法

强制分布法（forced distribution method），也称强迫分配法、硬性分布法。假设员工的工作行为和工作绩效整体呈正态分布，那么按照正态分布规律，员工的工作行为和工作绩效好、中、差的分布存在一定的比例关系。强制分布法就是按照一定的百分比，将被考评的员工强制分配到各个类别中。一般有 5 类，从最优到最差的具体百分比

表 6－5　　　　**成对比较法示例**

对工作质量的评价						对创造性的评价					
	A	B	C	D	E		A	B	C	D	E
A	/	+	+	−	−	A	/	−	−	−	−
B	−	/	−	−	−	B	+	/	−	+	+
C	−	+	/	+	−	C	+	+	/	−	+
D	+	+	−	/	+	D	+	−	+	/	−
E	+	+	+	−	/	E	+	−	−	+	/
B 的评价等级最高						A 的评价等级最高					

说明：用表中第 2 行的人员分别与表中第 1 列的人员绩效进行对比，以第 1 列的员工作为对比的基础，如果比该员工优，画“＋”，如果比本员工差，画“－”，“＋”和“－”可以相抵，最后可得到员工绩效排序结果。

可以根据企业实际需要确定。比如，优秀 5％、良好 15％、一般 70％、较差 7％、很差 3％。采用这种方法，可以避免考评者过分严厉或过分宽松的情况发生，克服平均主义。当然，如果员工的能力呈偏态分布，该方法就不适合了。强制分布法只能把员工分为有限的几种类别，难以具体比较员工之间的差别，也不能在诊断工作问题时提供准确可靠的信息。

5. 结构式叙述法

结构式叙述法是采用预先设计的结构性表格（见表 6－6），由考评者按照各个项目的要求，用文字对员工的行为作出描述的考评方法。考评者描述出下属的特点、长处和不足，并根据自己的观察分析和判断，对其提出建设性的改进意见和建议。该法简便易行，特别是有被考评者的参与，正确性有所提高。但本方法由于受考评者的文字水平、实际参与考评的时间和精力的限制，其可靠性和准确性大打折扣。

表 6－6　　　　**结构式叙述法示例**

被考评者姓名		岗位名称		岗位编码	
举例说明下属的有效行为：					
举例说明下属的无效行为：					
为了改变下属的无效行为采取了哪些具体的措施？					
工作说明书有无需要修改之处，如需修改说明原因：					
上级主管评语： 签字：　　　日期：					

被考评者自述（可对考评结果提出申诉，亦可对异议之处作出解释）： 签字：　　　日期：	
双方面谈纪要（上下级所达成的共识，对尚未统一的问题的说明）： 考评者签字：　　日期： 被考评者签字：　日期：	

（二）行为导向型客观考评方法

1. 关键事件法

这里的关键事件是指员工在工作中表现出来的最有效或者最无效的工作行为。考评者观察并记录其下属最好或最差行为表现的典型性活动事例，即关键事件，把它作为考评的指标和衡量的尺度。

关键事件法对事不对人，以事实为依据，考评者不仅要注重对行为本身的评价，还要考虑行为的情境，用来向员工提供明确的信息，使他们知道自己在哪些方面做得比较好，在哪些方面做得不好。例如，一名流水线的生产工人，由于自己操作失误，导致本道工序的所有半成品全部报废，这就属于最无效行为表现的关键事件。再如，车间主任，通过调整车间各工段布局及改进生产工艺，在不降低产品质量的前提下，大幅度提高产品产量，这就是最有效行为表现的关键事件。

关键事件法的优点包括为考评者提供了客观的事实依据；考评的内容不是员工的短期表现，而是一年内的整体表现，具有较大的时间跨度，可以贯穿考评期的始终；以事实为依据，保存了动态的关键事件记录，可以全面了解下属是如何消除不良绩效，如何改进和提高绩效的。关键事件法的缺点包括关键事件的记录和观察费时费力；能做定性分析，不能做定量比较；不能具体区分工作行为的重要性程度，很难使用该方法在员工之间进行比较。

2. 行为锚定等级评价法

行为锚定等级评价法也称行为锚定量表法、行为定位法、行为决定性等级量表法或行为定位等级法，是由美国学者史密斯（Patricia Cain Smith）和肯德尔（Lorne Kendall）于 1963 年提出的一种考核方法。这种方法是关键事件法的进一步拓展和应用，它将关键事件法和等级评价有效地结合在一起，通过一张行为等级评价表（见图 6－1）可以发现，在同一个绩效考核要素中存在一系列的行为，每种行为分别表示该绩效考核要素中的一种特定绩效水平，将绩效按等级量化，可以使考评的结果更有效、更公平。

行为锚定等级评价法的操作步骤如下：首先，确定关键事件。让对被考核的工作非常熟悉的人（如员工本人或其直接上级）来描述哪些是典型的高绩效和低绩效的行为，即形成关键事件。其次，初步建立绩效考核要素。将确定的关键事件合并为几个（通常

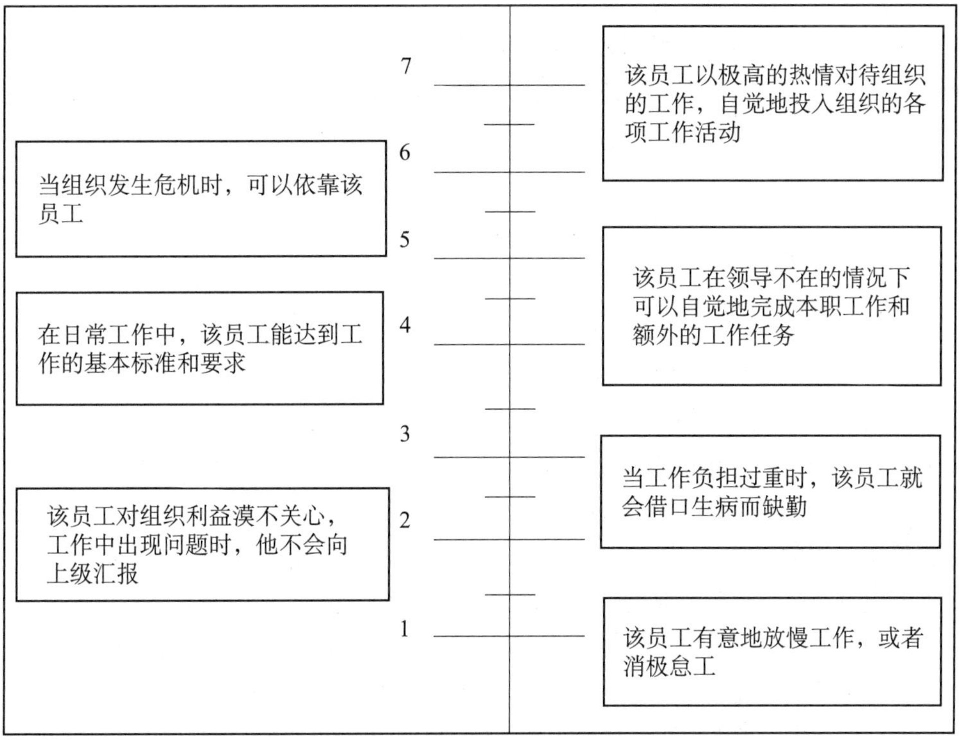

图 6-1 行为锚定等级评价法示例——员工在工作中的行为表现考评表

是 5～10 个）绩效要素，并给出绩效要素的定义。再次，重新分配关键事件，确定相应的绩效考核要素。向另外一组同样熟悉工作内容的人展示确定的考核要素和所有的关键事件，要求他们对关键事件重新排列，将这些关键事件分别归入他们认为合适的绩效要素中。如果第二组中一定比例的人（通常是 50％～80％）将某一关键事件归入的考核要素与前一组相同，就可以确认这一关键事件应归入的考核要素。最后，确定对应于同一考核要素的各关键事件的锚定等级（一般为 5～9 级），建立最终的行为锚定评价表。

行为锚定等级评价法的优点包括对员工绩效的考量更加精确；绩效考评标准更加明确；具有良好的反馈功能；具有良好的连贯性和较高的信度；考评的维度清晰。其缺点包括费时费力，设计和实施费用高。

3. 行为观察法

行为观察法也称行为观察评价法、行为观察量表法、行为观察量表评价法。行为观察法是在关键事件法的基础上发展起来的，与行为锚定等级评价法大体接近，只是在量表的结构上有所不同。该方法不是首先确定工作行为处于何种水平，而是确认员工某种行为出现的概率，要求评定者根据某工作行为发生的频率或次数来对被评者打分，如从不（1 分）、偶尔（2 分）、有时（3 分）、经常（4 分）、总是（5 分）。可以按照对工作绩效的重要性程度赋予工作行为不同的权重，经加权后再相加得到总分。总分可以作为不同员工之间进行比较的依据。

行为观察量表法克服了关键事件法不能量化、不可比，以及不能区分工作行为重要性的缺点，但是编制一份行为观察量表费时费力，同时，完全从行为发生的频率考评员工，可能会使考评者和员工双方忽略行为的结果。

四、结果导向型考评方法

（一）目标管理法

目标管理法是由美国管理学家彼得·德鲁克于1954年提出来的，我国企业于20世纪80年代初开始引进，并取得了较好的成效。目标管理法是由员工与主管共同协商制定个人目标，个人目标依据企业的战略目标及相应的部门目标而确定，并与它们尽可能一致；该方法用可观察、可测量的工作结果作为衡量员工工作绩效的标准，以制定的目标作为员工考评的工具。

在制定每个部门和每个成员的目标时，上级要向下属提出自己的方针和目标，下属要根据上级的方针和目标制定自己的目标方案，在此基础上协商，最后由上级综合考虑后作出决定。目标的设计应符合SMART原则，即目标明确具体原则（specific），目标要明确地、具体地体现出管理者对每一位员工的绩效要求；目标可衡量原则（measurable），绩效目标应该是可以衡量的；目标可达成原则（attainable），绩效目标应该具有一定挑战性，但通过员工的努力是可以达成的；目标相关原则（relevant），绩效目标必须是相关的，它必须与公司的战略目标、部门的任务及岗位职责相联系；目标时间原则（time-based），绩效目标必须有明确的时间要求。

目标的管理主要体现为过程的管理和结果的管理。目标管理绝不意味着只是在期初确定目标后，到期末按照目标对员工进行考核，不必理会中间的过程。目标管理非常侧重过程的管理，管理者为了帮助下属完成预期的绩效目标，必须在整个绩效管理期间对下属的工作表现进行关注和监控，发现问题及时沟通并解决问题，以保证绩效目标的实现。对结果的管理主要体现为管理者运用奖惩措施，对绩效目标完成好的给予奖励、对绩效目标完成差的给予惩罚，激励员工改进绩效。

目标管理整个过程中都需要上下级之间有充分的沟通。无论是在确定绩效计划之时，还是在实施绩效的过程之中、完成绩效之后的考核与总结都伴随着大量的沟通。沟通是目标管理法得以有效实施的不可或缺的工具。

目标管理法的评价标准直接反映员工的工作内容，结果易于观测，所以很少出现评价失误的情况，也适合对员工提供建议，进行反馈和辅导。由于目标管理的过程是员工共同参与的过程，因此，员工的工作积极性大为提高，增强了责任心和事业心。但是，目标管理法没有在不同部门、不同员工之间设立统一目标，因此难以对不同员工和不同部门之间的工作绩效作横向比较，不能为以后的晋升决策提供依据。目标管理法的示例见表6-7。

表 6-7　目标管理法示例

目标内容	目标值	权重	实际值	达标率（%）	评价	分数
电话销量	200	0.3	210	105	A	27
接触新顾客的次数	50	0.1	30	60	C	7
销量：A 产品	15 000	0.2	12 000	80	B	16
销量：B 产品	20 000	0.3	11 000	55	D	18
顾客满意度	10	0.1	13	130	S	10
S：达标率 120%以上（100 分） A：达标率 100%以上（90 分） B：达标率 80%以上（80 分） C：达标率 60%以上（70 分） D：达标率 60%以下（60 分）					合计	78

（二）短文法

短文法，也称书面短文法或描述法。由考评者撰写绩效考评的报告，迫使考评者讨论绩效的特别事例，减少考评的偏见和晕轮效应。由于考评者以事例说明员工的表现，而不是使用评级量表，因此可以减少考评中的趋中和过宽的评价误差。但是，其最大的问题是，由考评者为每个员工写一篇独立的短文，其所花费的时间和精力可想而知，因此，在下属众多的情况下根本无法推行该方法。另外，由于短文法仅适用于激发员工表现，开发其技能，而不能用于员工之间的比较，以及做出重要的人事决策，因此使用范围很窄。

（三）成绩记录法

成绩记录法是一种新开发出来的绩效考评方法。这种方法比较适合从事教学、科研工作的教师、专家采用，因为“成绩记录本身就代表一切”，同时也适用那些与教师、专家工作性质相同的人员，如律师，即他们每天工作的内容是不同的，无法用完全固化的衡量指标进行考量。采用这一方法的步骤是，先由考评者把自己与工作职责有关的成绩写在成绩记录表上，然后由其上级主管验证这些成绩是否真实准确，最后由外部专家就这些材料进行分析，从而对被考评人的绩效进行评价。

该方法需要聘请外部专家参与评估，时间、人力和成本等耗费较高。目前，许多高等学校为了加强对教职员工的绩效管理，采用了成绩记录法对专业人员进行季度或年度考评，取得了令人满意的效果。专家普遍认为，该方法具有很强的适用性和有效性。

（四）劳动定额法

劳动定额法是比较传统的绩效考评方法，具体步骤如下：首先，进行工作研究，从宏观到微观，运用科学方法对生产流程、作业程序和员工的操作过程进行全面调查分析，使组织形式和作业方法达到精简、高效、健康、舒适、安全等方面的要求，最终实现劳动组织最优化，工作环境条件安全化，作业流程程序标准化，人工操作规范化，人机配置合理化，生产产出效率化的目标。其次，在工作研究即方法研究和动作研究的基础上，进行时间研究，运用工作日写实、测时和工作抽样等工时研究的方法，采用经验估工、统计分析、类推比较或技术测定的技术，对劳动者在单位时间内生产某种产品或完成某项任务的劳动消耗量作出具体限定，即制定出工时定额或产量定额，作为员工绩效考评的主要依据。最后，通过一段时间的试行期，开始正式执行新的劳动定额，根据不同的工种和工序，企业可以采取多种不同形式的劳动定额，如工时定额、产量定额、综合定额、单项定额、看管定额、服务定额、工作定额，以及计划定额、设计定额、现行定额和不变定额等多种多样的形式和方法，对员工绩效进行考评。

（五）直接指标法

直接指标法是指在员工的衡量方式上，采用可监测、可核算的指标构成若干考评要素，作为对下属的工作表现进行评估的主要依据。对于非管理人员，可以衡量其生产率，跟踪数量、工作质量等。工作数量的衡量指标有工时利用率、月度营业额、销售量等；工作质量的衡量指标有顾客不满意率、废品率、产品包装缺损率、顾客投诉率、不合格品返修率等。对管理人员的考评，可以通过对其所管理的下属进行诸如缺勤率、流动率的统计得以实现。

五、综合型考评方法

（一）图解式评价量表法

图解式评价量表法也称图表评估尺度法、尺度评价法、图尺度评价法、业绩评定表法。该方法由美国斯科特公司设计，在美国工商企业中广泛使用。本方法首先根据岗位工作的性质和特点，选择与绩效有关的若干评价因素。个体方面的因素包括判断能力、适应性、积极性等；与工作成果有关的因素包括工作质量、数量等；与行为有关的因素包括合作程度、工作态度等。其次，以这些评价因素为基础，确定出具体的考评项目（指标），每个项目分成5～9个等级，用数字或文字表示，如最优、良好、一般、较差、极差或1、2、3、4、5，并对各个等级尺度的含义作出具体说明。最后，制成专用的考评量表。在应用的过程中，考评者根据对下属工作的观察和了解，只需在量表的每个项目等级评估的尺度上作出记号，待全部项目考评完成后，将各个项目所得的分数相加，即可得到考评的总结果。图解式评价量表法的示例见表6-8。

表 6-8　　　　图解式评价量表法示例

<table>
<tr><td>被考评者姓名</td><td></td><td>所属部门</td><td></td><td>职务名称</td><td></td></tr>
<tr><td>绩效考评期限</td><td colspan="3">从　　年　月　日到　　年　月　日</td><td>考评者</td><td></td></tr>
<tr><td colspan="6">1 代表未达到要求；2 代表基本符合要求；3 代表全面达到要求；4 代表很好地达到要求；5 代表超过要求</td></tr>
<tr><td colspan="6">被评价岗位：行政秘书</td></tr>
<tr><td colspan="5">A. 打字速度（权重：30%）</td><td>评价等级 1 2 3 4 5</td></tr>
<tr><td colspan="5">以每分钟 60 个单词的速度按照适当格式准确地将来自各个方面的指令打印成文件；口头指示、录音内容、手写笔记或对工作日程进行有效管理，包括对约见、会议、出差的正式笔记，总经理的手写材料、手写会议纪要等；打印通知、会议议程、工作日程和其他内部材料；打印商业协会调查；汇总和打印经营报告和其他各种报告，包括文本和表格；打印从报刊上摘选下来的文章；整理和打印信件、备忘录、文件副本以及其他要求打印的文件</td><td>评述：</td></tr>
<tr><td colspan="5">B. 接待（权重：25%）</td><td>评价等级 1 2 3 4 5</td></tr>
<tr><td colspan="5">当面或通过电话核定已签订的合同，热心地帮助来电话者和来访者；接听电话，转达消息、提供信息或将电话例行转给某人；接待来访者，提供信息或直接将客人引导到相应的办公室或个人处；在客人等待期间提供服务；操控自动应答设施；与来电话者及来访者保持合作态度</td><td>评述：</td></tr>
<tr><td colspan="5">C. 计划安排（权重：20%）</td><td>评价等级 1 2 3 4 5</td></tr>
<tr><td colspan="5">对工作日程进行有效管理，包括对约见、会议、出差以及其他此类活动的安排；对工作日程进行安排；为总经理、董事会成员和其他人员约见会面人员；为办理出差补贴做好准备；协助进行年度会议的安排；为保证在职培训计划的实施，提供必要的服务，如在房间内、课间供应咖啡以及饮食；对组织各项设施的使用进行计划安排；为外部发言人、咨询专家等安排好交通、旅程以及相应的费用</td><td>评述：</td></tr>
<tr><td colspan="5">D. 文件与资料管理（权重：15%）</td><td>评价等级 1 2 3 4 5</td></tr>
<tr><td colspan="5">创建并维护文件管理系统，能够按照要求迅速地放置和剔除文件；制定文件空间分配计划，分别在文件管理系统中为回函、会议记录、报告、规定以及其他相关文件作出妥当的安排；将资料放进文件夹的适当地方；从文件夹中查找并取出需要的资料；对文件进行挑选、装订和剔除，在必要时进行文件汇总或销毁；保存和保护某些重要文件；将文件资料整理成可直接使用的形式</td><td>评述：</td></tr>
<tr><td colspan="5">E. 办公室一般服务（权重：10%）</td><td>评价等级 1 2 3 4 5</td></tr>
<tr><td colspan="5">以一种受欢迎的方式和既定的程序履行相关的办公室职责；通过邮递中心处理邮件、寄送文件和邮品；拆阅外来邮件并分送；对文件进行复制；掌管一定的现金；从相关的报刊中摘取与组织有关的文章；负责公告栏的书写，完成其他预定的工作</td><td>评述：</td></tr>
<tr><td colspan="6">考评者总评述：
总评分：　　　　　　　　考评者签字：　　　　　　日期：</td></tr>
<tr><td colspan="6">被考评者自述：
被考评者签字：　　　　　　日期：</td></tr>
<tr><td colspan="6">上下级双方所达成的共识、异议与其他需补充说明的问题：

主管签字：
下属签字：</td></tr>
<tr><td colspan="6">审核者意见
　　　　　　　　审核者签字：　　　　　　日期：</td></tr>
</table>

资料来源：加里·德斯勒．人力资源管理：第 14 版．北京：中国人民大学出版社，2017.

（二）360°考核

360°考核方法又称全视角考评方法，是指由被考评者的上级、同事、下属和（或）客户（包括内部客户、外部客户）以及被考评者本人，从多个角度对被考评者进行360°全方位评价，再通过反馈程序，达到改变行为、提高绩效等目的的考评方法。

360°考核方法产生于20世纪40年代，最初运用于英国军方设立的评价中心，在评价部队战斗能力以及选拔士兵等活动中发挥了重要作用。从20世纪50年代起，360°考核方法推广到工商企业，主要用于工作岗位分析，以及管理人员的能力评价、筛选与安置。到了20世纪80年代，360°考核方法日趋完善，成为跨国公司人力资源管理和开发的主要工具之一。据调查，在《财富》杂志排名前100位的企业中，已有90%的企业将不同形式的360°考核方法用于人力资源管理和开发，如IBM、摩托罗拉、诺基亚、福特、迪士尼、美国联邦银行等。目前，360°考核方法在国内也开始被一些企业采用，例如金蝶软件、李宁公司等。

360°考核方法具有全方位、多角度等优点；考虑的不仅仅是工作产出，还考虑深层次的胜任特征；采用匿名评价方式，有助于消除考评者的顾虑；充分尊重组织成员的意见，有助于创造更好的工作氛围；加强了管理者与员工的双向交流；有利于促进员工的个人发展；有助于强化企业的核心价值观，增强企业的竞争优势，建立更为和谐的工作关系，能够帮助管理者发现并解决问题，从而提高组织绩效。

360°考核方法的缺点包括侧重于综合评价，定性评价比重较大，定量的业绩评价较少，因此经常与KPI相结合，以使评价更全面；360°考核方法的信息来源渠道广，但是从不同渠道得到的信息并非总是一致的；360°考核方法收集到的信息比单渠道评价方法要多得多，这虽然使考评更加全面，但也增加了收集和处理数据的成本；在实施360°考核的过程中，如果处理不当，可能会在组织内造成紧张气氛，影响组织成员的工作积极性，甚至带来企业文化震荡、组织成员忠诚度下降等现象。

目前，已开发出很多基于互联网的360°考核方法系统，这种系统只需公司管理层或人力资源工作人员对网络环境进行维护，与服务提供商通过电话或网络沟通协调即可顺利进行。基于互联网的360°考核方法的优势包括：克服地域性差异给绩效考评带来的问题；网络系统可简化评价管理工作，降低评价过程的复杂性；保持了整个评价过程的适时性和动态性；大大降低了评价成本。基于互联网的360°考核方法面临的问题包括：受公司网络化程度的影响大；存在信息安全隐患。

选择题（有一个或几个选项是正确的）

1. （　　）面谈要求参加者事先准备一些问题，而且要掌握提问和聆听的时机。

A. 双向倾听式　B. 综合式　C. 单向劝导式　D. 解决问题式

2. 品质导向型的绩效考评，以考评员工的（　　）为主。

A. 品德　B. 知识　C. 行为　D. 素质

3. 关键事件法的缺点是（ ）。

A. 无法为考评者提供客观依据　B. 不能做定量分析

C. 不能贯穿考评期的始终　D. 不能了解下属如何消除不良绩效

4. 强制分布法假设员工的工作行为和工作绩效整体呈（ ）分布。

A. 偏态　B. 正偏态　C. 正态　D. 负偏态

5. 在剖析各种绩效差距的原因时，“工作计划性不周”属于（ ）原因。

A. 个人　B. 外部　C. 组织　D. 管理

6. 在绩效面谈中，反馈的信息应该“去伪存真”，这体现了有效信息反馈所具有的（ ）。

A. 针对性　B. 及时性　C. 主动性　D. 真实性

7. 在本期绩效管理活动完成之后，将考评结果以及有关信息反馈给员工本人，并为下一期绩效管理活动创造条件的面谈，称为（ ）。

A. 绩效计划面谈　B. 绩效考评面谈

C. 绩效总结面谈　D. 绩效指导面谈

8. 绩效管理的准备阶段需要解决的基本问题有（ ）。

A. 选择考评方法　B. 收集考评资料

C. 明确绩效管理的对象　D. 提出考评要素和考评体系

E. 对运行程序、实施步骤提出具体要求

9. 公司员工申诉系统的主要功能有（ ）。

A. 使考评者了解员工意愿

B. 减少矛盾和冲突

C. 允许员工对绩效考评结果提出异议

D. 提高员工的工作积极性

E. 使考评者重视信息的采集和证据获取

10. 按照绩效面谈的具体过程及其特点，绩效面谈可以分为（ ）。

A. 单向劝导式面谈　B. 双向倾听式面谈　C. 解决问题式面谈

D. 综合式面谈　E. 分析问题式面谈

11. 为保证绩效面谈的质量，有效的信息反馈应具有（ ）。

A. 真实性　B. 及时性　C. 适应性

D. 针对性　E. 主动性

12. 由于采用的效标不同，从绩效管理的考评内容上看，绩效考评方法可以分为（ ）。

A. 品质导向型　B. 目标导向型　C. 行为导向型

D. 过程导向型　E. 结果导向型

13. 平衡计分卡从（ ）四个维度衡量企业业绩。

A. 财务、客户、内部流程、学习与成长

B. 财务、美誉度、内部流程、适应能力
C. 战略、客户、内部流程、学习与成长
D. 战略、美誉度、内部流程、适应能力

14. 绩效考评的效标主要包括（　　）。
A. 行为性效标　B. 优越性效标　　C. 特征性效标
D. 一般性效标　E. 结果性效标

15. 宽厚误差产生的原因可能有（　　）。
A. 评价标准过低
B. 考评标准主观性太强
C. 指标太多，涉及面广
D. 主管为了缓和关系，给下属过高的评价
E. 考评者与被考评者进行多次沟通

16. 战略导向的 KPI 体系与一般绩效评价体系的区别主要是（　　）。
A. 前者以战略为中心，后者以控制为中心
B. 前者结合财务指标和非财务指标，后者以财务指标为主
C. 前者有助于形成团队合作精神，后者有助于控制管理成本
D. 前者来源于组织的战略目标与竞争的需要，后者与组织战略的相关度不高
E. 前者是组织内部自上而下对战略目标的层次分解，后者根据以往的绩效产生

17. 关于 360°考核方法，以下说法正确的是（　　）。
A. 强调客观考评员工
B. 下属评价比上级评价更重要
C. 强调全方位对员工进行考评
D. 注重考核员工的行为结果，而非行为过程
E. 如果没有反馈，难以达到提高绩效的目的

计算题

某公司对销售部门的员工采用 360°绩效考评的方法，每项打分最高 6 分，最低 1 分，考评结果见表 6－9。请你在空白栏处填写相关内容。

表 6－9　　某公司 360°绩效考评表

考评尺度与分数：杰出 6 分　优秀 5 分　良好 4 分　一般 3 分　较差 2 分　极差 1 分								
考评项目		权重（%）	考评得分					
			上级考评（70%）	同事考评（10%）	下级考评（10%）	自我考评（5%）	客户考评（5%）	本项得分
个人特质	事业心	10	4	5	4	5	5	
	主动性	10	3	4	4	5	4	

续前表

<table>
<tr><td colspan="9">考评尺度与分数：杰出 6 分　优秀 5 分　良好 4 分　一般 3 分　较差 2 分　极差 1 分</td></tr>
<tr><td colspan="2" rowspan="2">考评项目</td><td rowspan="2">权重（%）</td><td colspan="6">考评得分</td></tr>
<tr><td>上级考评（70%）</td><td>同事考评（10%）</td><td>下级考评（10%）</td><td>自我考评（5%）</td><td>客户考评（5%）</td><td>本项得分</td></tr>
<tr><td rowspan="2">工作行为</td><td>合作能力</td><td>10</td><td>4</td><td>5</td><td>4</td><td>4</td><td>5</td><td></td></tr>
<tr><td>服务水平</td><td>10</td><td>4</td><td>4</td><td>4</td><td>5</td><td>4</td><td></td></tr>
<tr><td rowspan="2">工作成果</td><td>合同维持</td><td>30</td><td>3</td><td>3</td><td>4</td><td>4</td><td>4</td><td></td></tr>
<tr><td>业务开拓</td><td>30</td><td>4</td><td>4</td><td>5</td><td>5</td><td>4</td><td></td></tr>
<tr><td colspan="9">总分＝</td></tr>
</table>

图表分析题

某企业正在进行绩效考评，其中考评人员 A，B，C 的打分结果如图 6－2 所示。请据此分析这三位考评人员的考评误差，并分析该误差会给企业带来哪些不良影响。

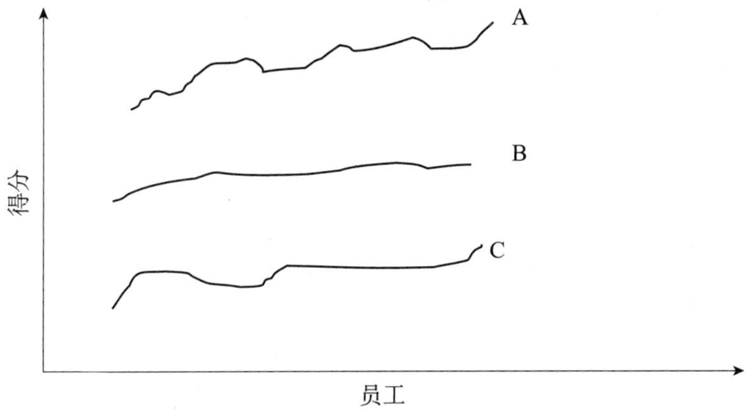

图 6－2　某公司员工打分图

综合分析题

1. 李某是 M 公司的生产部门主管，该部门有 20 多名员工，其中既有生产人员又有管理人员。该部门采用的考评方法是排队法，每年对员工考评一次。具体做法是：根据员工的实际表现打分，每个员工最高分 100 分，上级打分占 30%，同事打分占 70%，在考评时，20 多人互相打分，以此确定员工的排序。李某平时很少与员工就工作中的问题进行交流，只是到了年度奖金分配时才对所属员工进行打分排序。

思考题：

（1）该部门在考评过程中存在哪些问题？

（2）产生问题的原因是什么？

2. 某公司又到了年终绩效考核的时候了，从主管人员到员工每个人都忐忑不安。公司采用强迫分布式的末位淘汰法，到年底，根据员工的表现，将每个部门的员工划分为 A、B、C、D、E 五个等级，分别占 10%、20%、40%、20%、10%，如果员工有一次被排在最后一级，工资降一级，如果有两次排在最后一级，则下岗进行培训，培训后根据考核的结果再决定是否上岗，如果上岗后再被排在最后一级则被淘汰，培训期间只领取基本生活费。主管人员与员工对这种绩效考核方法都很有意见。财务部主管老高每年都为此煞费苦心，该部门是职能部门，大家都没有什么错误，工作都完成得很好，把谁评为E档都不合适。去年，小田因家里有事请了几天假，有几次迟到了，但是也没耽误工作。老高没办法只好把小田报上去了。为此，小田到现在还耿耿于怀。今年又该把谁报上去呢？

思考题：

（1）请问财务部是否适合采用强制分布法进行绩效考评？为什么？

（2）如果重新设计该公司财务部门的绩效考评方案，你认为应该注意哪些问题？

方案设计题

1. 某汽车有限公司为了提高效益，树立公司形象，形成文明礼貌的风气，准备对公司的售票员从以下几方面进行考评：（1）能有效地保证票款的收取；（2）微笑服务，礼貌用语；（3）注意仪表，形象良好；（4）熟悉相关线路的换乘情况；（5）熟悉沿途重要设施的分布情况。

要求：

请根据以上内容为售票员设计一个行为观察量表，以评选出公司优秀员工。设计方案时需考虑各因素权重的不同。

2. A公司是一家民营电气企业，在创业初期，公司只有员工15人。由于业务繁忙，公司一味地追求降低成本、提高销售额，没有及时建立科学的绩效考评体系，尤其没有建立针对管理人员的绩效考评体系。这几年公司发展迅速，业务量持续上升，员工数量由过去的15人猛增到780人。随着公司规模的扩大，管理过程中存在的问题日益凸显，许多管理人员明显不能胜任工作，管理方法简单粗暴，由此引发的人员流失现象非常严重。经过认真细致的调研，公司发现管理人员管理能力不足主要体现在人际关系技巧、团队合作精神、领导能力、语言表达能力等方面。经过分析与讨论，公司领导决定采用当前广泛应用的评价中心技术有针对性地评估本企业管理人员的管理能力，并责成人力资源部进行相关筹备工作。

要求：

假设你是人力资源部经理，请针对该项工作写出具体评价方法及实施方案。

案例分析

控制要点优化绩效管理

任何企业的绩效管理都是不断完善优化的过程，管理者需要不断审视绩效管理的目的与意义，通过控制要点、完善绩效管理，使绩效管理从优秀走向卓越。中国移动集团（以下简称中移动）进行绩效管理的四个要点是：承载战略，科学制定绩效计划；注重效果，通过绩效沟通提升员工能力；分类排序，科学呈现员工评价结果以激发动力；强化运用，丰富绩效结果应用。

（一）承载战略，科学制定绩效计划

绩效计划是绩效管理的起点，科学地制定绩效计划将直接影响公司战略执行效果。中移动为了保证绩效计划制定能够有效承载公司战略目标，经过多年摸索，在绩效指标选取、指标标准等方面形成了自己的方法。

在指标选取上，中移动由传统的财务性指标向价值性指标转变，通过对公司战略主题的价值指标分解，实现公司战略主题的价值指标与员工绩效指标一致。中移动通过量化指标层层分解、非量化指标转化成可以量化的指标后再分解来实现公司战略价值主张有效落地。

比如，集团战略目标包括两个方面，一个是量化指标，如销售收入、利润等，这些指标可以直接层层分解到最小的经营单元；另一方面是非量化指标，如强调“客户管理年”，这就是战略主题，要实现有效落地。要使“客户管理年”这一非量化指标落地，就要将其分解为客户分类数据库、老客户保有量、新客户开发量等可以进一步量化或者度量的指标来实现。

在指标标准制定上，中移动以全面预算管理为基础构建了指标标准分解体系。如以数量、质量、时间、成本四个标尺量化、细化非财务指标，使得指标在考核中做到可衡量、可操作。

为避免在绩效管理中经常会出现的指标“层层加量”，以致执行乏力甚至是执行不下去的情况，中移动给执行单元（子分公司）两种选择：一是完全承接集团指标；二是依据自己的现实情况，制定内部指标。比如，2014 年集团给某个省公司定的目标是销售收入 200 亿元，利润 30 亿元，这个子公司通过分析发现如果收入为 200 亿元，将很难实现 30 亿元的利润，于是它的内部指标将销售目标定为 220 亿元，利润指标 30 亿元，实现有效“加量”。

（二）注重效果，通过绩效沟通提升员工能力

绩效沟通是提高员工满意度的最重要环节，绩效管理不仅在于让员工取得多少绩效成绩，更在于通过绩效沟通让员工知道自己的能力差距，为下一步提升指明方向。

通过绩效沟通加强组织和员工的能力建设是中移动绩效管理的目标，中移动的绩效沟通包括绩效计划沟通、绩效过程沟通和绩效结果应用沟通三个环节。

首先，在绩效计划沟通环节，通过绩效计划和标准的研讨，明确相关组织和部门承接相应工作所需要的能力，通过岗位绩效指标标准制定过程，使得不同层级组织和岗位在考核前基本明确自身所需要的能力标准。如此，就可以基于组织、岗位和员工的具体情况和特点有针对性地制定计划和标准体系，明显提高了组织、岗位和员工与指标之间的匹配性和针对性。

其次，通过绩效过程沟通有效培养和提升员工的能力素质。通过上下级和绩效相关方之间的沟通交流，及时发现员工的能力短板，有针对性地提出解决方法和路径，不断提升员工发现问题、解决问题的能力。尤其是上级对下级的绩效辅导发挥着至关重要的作用，通过上级的“传帮带”，可以有效促进下属员工的能力提升，从而不断提高员工的能力和素质。

最后，通过绩效反馈和结果应用，让员工及时了解绩效结果和自己的能力短板，加深对自己的全面认识。中移动会将阶段性考核结果及时反馈给被考核者，通过与被考核者之间的沟通交流，总结优点，查找不足，通过绩效考核进一步评价能力，为针对性的能力开发和培训培养提供依据。

（三）分类排序，科学呈现员工评价结果以激发动力

通过绩效管理实现员工排序是绩效管理目标之一。通过员工排序，“把人力资本的压力、潜力、动力传递到每一个管理者身上，不断找到有潜质、高水平的人，不断淘汰不合格者”，从而在各方面最大限度地激发员工的积极性和创造性，为公司创造惊人的业绩。

中移动的绩效评估结果呈现形式经历了三个发展阶段，在不断改进和完善中，最终采取了强制分布和柔性分布兼顾的方法。

第一阶段：强制正态分布。主要做法是对组织或部门绩效进行考核，按照部门绩效考核的等级确定该部门员工绩效等级的分布，在各个部门内部推进强制分布。即把绩效等级分为A、B、C、D、E五个等级（部门和员工都要这样划分），然后给每个等级标上人数限制并与薪资总额挂钩，人为控制绩效考核的正态分布，从总体上做到有奖有罚。假设A部门的绩效成绩是A，那么这个部门员工绩效可以没有E，假设部门绩效为B，部门员工绩效必须有E。以组织绩效成绩分布设置员工绩效等级有一定的科学性，但这也会令员工数量偏少的部门吃亏。

另外，把非量化部门和量化部门强制放在一起评价，会导致部分员工有怨言，在实施过程中效果不太好。

第二阶段：划大单元的强制分布阶段。为了改善由于员工数量少而难以进行强制分布和评价主体不同导致绩效差异的问题，中移动调整了思路。第一，将相似部门（如行政、后勤等部门）以大部门来进行强制分布，放到一个核算单元中。第二，为避免打分主体主观差异，往往将一个分管领导下的几个不同部门划为一个独立单元进行考核。第三，对于上面两种方法都不能解决的小部门以减少考核周期来强制分布，如监察部就3个人，就按照3个周期，相当于3×3=9个人来强制分布，实现周期是3个月。

第三阶段：强制分布和柔性分布相结合的阶段。改进后的强制分布还是有很多问题，为了进一步改进，中移动在强制分布的基础上引进了柔性分布方式。所谓柔性分布，即在遵循强制分布原则的基础上，分子公司或部门结合自身的特点，进一步调整和优化强制部分分布。比如某部门员工绩效考核成绩必须按照分数高低进行排序（员工之间的分数必须有差距），但部门可以按照排序将绩效等级从5类分为3类，表现最好的15%是A类员工，表现较好或一般的75%是B类员工，表现欠佳的10%是C类员工。这样既保证了总体绩效成绩考核结果，也实现了员工排序，为绩效不好的员工预留了提升空间，绩效管理的整体效果得以体现。

（四）强化运用，丰富绩效结果应用

从根本上注重对考核结果的应用，严肃规范地对待绩效考核的结果，是中移动绩效管理工作推行成功的关键。通过薪酬激励、岗位晋升、培训开发、末位淘汰等多方面的应用，有效强化和巩固了绩效管理的规范性和考核结果的落地，促进了绩效管理目标的实现。

在薪酬应用方面：将月度、季度绩效考核与绩效工资的发放结合起来，将年度考核结果和岗位薪酬调整、年度奖金结合起来，不断激发员工工作动力。

在岗位晋升方面：将部门和岗位考核的季度、年度结果与员工的岗位晋升结合起来，在出现高一层岗位空缺或增加相应新岗位的情况下，符合条件的A类绩效员工可直接进入竞聘序列，部分岗位甚至可以直接晋升。

在培训发展方面：根据考核结果的不同，结合员工的具体情况有针对性地选择相应的科目进行培训和开发。A类员工以培养和提升为主，同时安排适合他们职业发展的针对性项目进行培养开发；B类员工以巩固和提升为主；C类及以下的员工以补缺补差为特点进行培训和开发。

总之，绩效管理是一项系统工程，从战略到计划、从指标到标准、从过程到结果，不能缺少任何一个环节。同时，除了遵循绩效管理的一般规律，还要将绩效和公司的战略及系统管理有机结合起来，有针对性地设计绩效管理的方法和策略，使绩效管理不断完善和优化。

资料来源：时代光华．如何控制要点优化绩效管理体系．http：//www.hztbc.com/news/news_41681.html，2015-01-22.

思考题：

试着从绩效管理的流程层面阐述中国移动的绩效管理有何可取之处。

第 7 章 薪酬管理

第 1 节　薪酬管理概述

一、薪酬

（一）薪酬的含义

与薪酬相关的概念有薪给、薪金、工资、收入、奖励、福利、报酬等。薪给（pay）分为薪金和工资两种。

薪金（salary）通常指以较长的时间为单位计算的员工的劳动报酬，如月薪、年薪，我国常使用“薪水”一词代替。工资（wages）通常以小时或完成产品的件数计算员工应当获得的劳动报酬，如计时工资（小时、日、周工资）或计件工资。

收入（earnings）指员工所获得的全部报酬，包括薪给、奖金、津贴和加班费等项目的总和。

奖励（incentives）指员工因超额劳动所获的报酬，如红利、佣金、利润分享等。

福利（benefits）指公司为每个员工提供的福利项目，如带薪年假、各种保险等。

报酬（reward）指员工完成任务后，所获得的一切有形和无形的待遇。报酬可以按照两种不同的方式分类。一种方法是将报酬划分为经济性报酬（financial reward）和非经济性报酬（non-financial reward）。经济性报酬和非经济性报酬之间的界线是某种报酬是否以金钱形式提供，或者能否以货币为单位加以衡量。经济性报酬通常包括各种形式的薪酬和福利（其中，薪酬又称为直接经济报酬，福利又称为间接经济报酬）。非经济报酬则包括成长和发展的机会、从事富有挑战性工作的机会、参与决策的机会、特定的个人办公环境、工作地点的交通便利性等，见表7-1。

表7-1　经济性报酬与非经济性报酬

经济性报酬		非经济性报酬	
直接的（薪酬）	间接的（福利）	成果型	过程型
基本工资	保险	职务	工作环境
绩效工资	补助	成就感	工作性质
奖金	住房资助	表彰	工作条件
津贴	员工服务	信任	参与机会
年金	娱乐设施	个人成长	获得相应授权
利润分享	带薪休假	影响力	

另一种划分方法是将报酬划分为内在报酬（intrinsic reward）和外在报酬（extrinsic reward）。内在报酬指员工由工作本身获得的心理满足和心理收益，如参与决策、工作自主性、个人成长、挑战性的工作等。外在报酬指员工得到的各种货币收入和实物。内在报酬和外在报酬之间的区别在于，某种报酬对劳动者所产生的激励是一种外部刺激，还是一种发自内心的心理激励。这种划分方法与工作特性理论（job characteristic theory）是紧密联系在一起的。该理论认为，具有技能多样性、任务一致性、自主性以及反馈性等五个方面特征的工作，会导致员工产生三种关键性的心理状态，即感受到工作的意义、感受到自己对工作的责任感、了解自己的工作活动所产生的结果，而这些关键的心理状态又会带来员工的低流失率、低缺勤率和高工作满意度，同时强化他们的工作绩效。

薪酬（compensation）是指雇员作为雇佣关系中的一方得到的各种货币收入，以及各种具体的服务和福利之和。薪酬包括直接性的经济报酬和间接性的经济报酬（福利）。从本质上讲，薪酬是一种公平的交换或交易，企业对员工为其所做的贡献以及依据员工的工龄、知识、技能、工作表现等支付给员工相应的报酬。这种交换或交易必须服从市场的交换或交易规律，否则这种交换关系不可能长久地持续下去。

阅读材料

雷尼尔效应

位于美国西雅图的华盛顿大学准备在校园内修建一座体育馆。消息一传出，立刻引起了教授们的反对。最终学校领导顺从了教授们的意愿，取消了这项计划。

教授们为什么会反对校方修建体育馆呢？因为这个拟建的体育馆位于校园内的华盛顿湖畔，一旦建成，就会阻挡教授们从餐厅欣赏窗外的美景。原来，与美国教授平均工资水平相比，华盛顿大学教授们的工资要低20%左右。教授们之所以愿意接受较低的工资，而不到其他大学去寻找收入更高的教职，完全是因为留恋西雅图的湖光山色：西雅图靠近太平洋，大大小小的湖泊星罗棋布，天气晴朗时可以看到美洲最高的雪山之一——雷尼尔山，还可以开车去圣海伦火山……为了美丽的景色牺牲更高的收入机会，被华盛顿大学经济系的教授们戏称为“雷尼尔效应”。

资料来源：http：//bbs. 51job. com/topic. php? tid=189131，2011 - 07 - 12.

（二）经济性薪酬

1. 基本薪酬

基本薪酬（basic pay）也称标准薪酬或基础薪酬，是一个组织根据员工所承担或完成的工作本身，或者员工所具备的完成工作的技能或能力而向员工支付的稳定性报酬。

基本薪酬具有以下特点：(1) 常规性。基本薪酬是雇员在法定工作时间内和正常条件下所完成定额劳动的报酬。(2) 稳定性。雇员的基本薪酬数额以组织所确定的基本薪酬等级为依据，等级标准在一定时期内相对稳定，雇员的基本薪酬数额也相对固定。(3) 基准性。基准性有两层含义，其一，基本薪酬是辅助薪酬的计算基准，辅助薪酬的数额、比例及其变动以基本薪酬为基础，在薪酬管理中，称基本薪酬为辅助薪酬的“平台”(platform)；其二，为保证雇员的基本生活需要，政府一般对企业基本薪酬的下限作出强制性规定。

2. 可变薪酬

可变薪酬（variable pay）也称激励薪酬、浮动薪酬，是薪酬系统中与绩效直接挂钩的部分。采用可变薪酬的目的是在薪酬和绩效之间建立起一种直接的联系，这种绩效既可以是员工个人的绩效，也可以是组织中某一业务单位、团队甚至整个组织的业绩。

可变薪酬具有以下特点：(1) 补充性。基本薪酬具有相对稳定的特点，不能及时反映员工实际工作绩效和组织需要的变化，可变薪酬可以作为其补充。(2) 激励性。可变薪酬通过支付标准、支付时间、支付方式的变化，把员工利益和组织的发展联系在一起，能起到激励员工实现组织目标的作用。

按照其支付时限，可以分为短期可变薪酬和长期可变薪酬两种。短期可变薪酬一般建立在具体的绩效目标基础上，其主要表现形式是奖金。奖金是组织对员工的超额劳动或突出绩效以货币支付的奖励性报酬。长期可变薪酬的目的在于鼓励员工实现跨年度或多年度的绩效目标。实践中，许多企业的高层管理人员和一些核心的专业技术人员所获得的企业股权、股票期权以及与企业长期目标（如市场占有率、投资收益率等）挂钩的红利等，都属于长期可变薪酬的范围。

3. 福利薪酬

福利薪酬（benefit pay）也称间接薪酬，主要是组织为员工提供的各种物质补偿和服务形式，包括法定福利和组织提供的各种补充福利，如各类保险、带薪休假、子女教育津贴、廉价住房等。与基本薪酬和可变薪酬不同的是，福利薪酬不是以员工向组织提供的工作时间为单位来计算的薪酬组成部分。作为一种不同于其他薪酬形式的薪酬支付手段，福利薪酬具有独特的优势。第一，由于减少了以现金方式支付给员工的薪酬，并且国家对部分福利项目有免税的规定，因此，组织通过这种方式能达到适当避税的目的；第二，福利薪酬为员工将来的退休生活和可能发生的不可预测事件提供了保障；第三，福利薪酬具有灵活的支付形式，可以满足员工工作和生活需求，具有货币薪酬所不能比拟的功能，如提高服务水平、增强组织凝聚力等。

（三）薪酬的功能

薪酬的功能，可以从员工、企业、政府三个方面来加以理解，如图7-1所示。

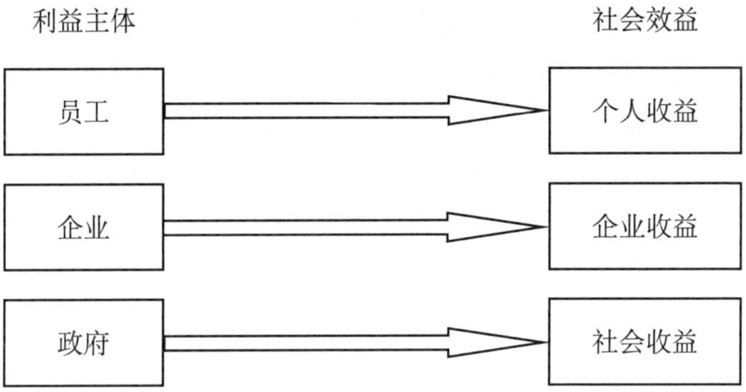

图7-1 薪酬的利益主体

1. 员工方面

薪酬对于员工的重要性主要体现在：第一，经济保障功能。薪酬不仅要满足员工在吃、穿、用、住、行等方面的基本生存需要，同时还要满足员工在娱乐、教育、自我开发等方面的发展需要。第二，心理激励功能。从心理学的角度来说，薪酬是个人和组织之间的一种心理契约，这种契约通过员工对于薪酬状况的感知影响员工的工作行为、工作态度以及工作绩效。第三，价值实现功能。薪酬是对员工工作业绩、综合素质、能力的认可和回报，是个人价值实现的重要标志。

2. 企业方面

薪酬的功能对于企业的重要性主要体现在：第一，控制经营成本。对于任何企业来说，薪酬成本都是一项不容忽视的成本支出。薪酬成本在制造业总成本的比重可能会低于20%，而在服务业中薪酬总额占总成本的比重往往高达80%～90%。通过合理控制企业的薪酬成本，企业能够将自己的总成本降低。第二，改善经营绩效。薪酬不仅决定企业可以招募到的员工数量和质量，决定了企业的人力资源存量，同时还决定了现有员工受到激励的状况，影响他们的工作效率、缺勤率、对组织的归属感以及组织承诺度，从而直接影响企业的生产能力和生产效率。第三，塑造和强化企业文化。薪酬会对员工的工作行为和态度产生很强的引导作用，因此，合理的和富有激励性的薪酬制度有助于企业塑造良好的企业文化，或者是对已经存在的企业文化起到积极的强化作用。例如，一些企业以团队为单位计算和发放薪酬，这种做法能够强化员工的合作精神和团队意识，从而支持团队文化，使得整个组织更有凝聚力。第四，支持企业变革。薪酬可以通过作用于员工、工作团队、企业整体来创造出与变革相适应的内部和外部氛围，从而有效推动企业变革。

3. 政府方面

薪酬的功能对于政府的重要性主要体现在：第一，薪酬是劳动力市场的价格信号。为了保证雇佣双方的公平交易以及市场的供求平衡，作为要素市场之一的劳动力市场是政府主要干预的场所。第二，薪酬是宏观经济运行的参考因素。薪酬会对区域经济发展、产品市场及国际贸易等产生重要影响，因此需要宏观政策的调节。第三，薪酬是衡量社会公平的标准。薪酬是社会成员收入的主要来源之一，从一定程度上显示社会是否公平。通过薪酬的变动，可以发现不同社会层面、社会群体的收入变动与收入公平问题。第四，薪酬是财政支出的重要组成部分。公共管理部门的人员收入构成了政府财政支出的主要组成部分。对公务人员的薪酬管理不仅会影响到政府开支，而且会对私营部门产生示范效应。

二、薪酬管理

薪酬管理（compensation management）是指根据企业总体发展战略的要求，通过管理制度的设计与完善，薪酬激励计划的编制与实施，最大限度地发挥各种薪酬形式如工资、奖金、福利等的激励作用，为企业创造更大的价值。

（一）薪酬管理的基本原则

薪酬管理的基本原则是，保证薪酬在劳动力市场上具有竞争性，能吸引并留住优秀人才；对各类员工的贡献给予充分肯定，使员工及时得到相应的回报；合理控制企业的人工成本，提高劳动生产率，增强企业产品的竞争力；通过薪酬激励机制，将企业与员工长期、中短期利益有机结合在一起，促进公司与员工结成利益共同体，谋求员工与企业的共同发展。

（二）薪酬管理的内容

1. 工资总额管理

工资总额管理不仅包括工资总额的计划与控制，还包括工资总额调整的计划与控制。工资总额的组成包括计时工资、计件工资、奖金、津贴和补贴、加班加点工资、特殊情况下支付的工资等。对于企业来说，工资总额是人工成本的一部分，是企业掌握人工成本的主要信息来源，是企业进行人工成本控制的主要方面。管理工资总额，首先考虑影响确定合理工资总额的因素，如企业支付能力、员工的生活费用、市场薪酬水平，以及员工现有薪酬状况等，然后计算合理的工资总额。可以采用盈亏平衡点或者工资总额占附加值比例的方法来推算合理的工资总额。

2. 薪酬水平与薪酬关系

薪酬水平是指企业中各职位、各部门以及整个企业的平均薪酬水平，它决定了企业薪酬的外部竞争性。应根据劳动力市场的供求关系以及社会消费水平的变化，及时调整企业员工的总体薪酬水平，以最大限度地调动员工的工作积极性、主动性和创造性。薪酬关系是指企业内部不同职位的薪酬水平所形成的相互比较关系，涉及企业薪酬的内部一致性。在企业总体薪酬水平一定的情况下，员工对企业内部的薪酬关系是极为关注的，薪酬关系的合理与否往往会对员工的流动率和工作积极性产生重大影响。企业内部哪类员工对企业的贡献大，从薪酬中得到的回报就应当多；哪类员工对企业的贡献小，从薪酬中得到的回报就应当少，方才公平。

3. 薪酬结构

薪酬结构有纵向等级结构和横向要素结构两种形式。纵向等级结构是指薪酬水平的排列形式，主要是一种纵向的等级关系，包括薪酬等级的数目、等级区间以及每一薪酬等级内的薪酬档次等。横向要素结构是指薪酬由哪些部分构成，各个构成部分又以怎样的比例结合在一起，如基本薪酬、可变薪酬和福利薪酬之间的比例关系等。

4. 薪酬体系

对于任何一个组织来说，薪酬体系决策需要解决的重要问题是员工基本薪酬的决定方式。常用的薪酬体系主要有职位（岗位）薪酬体系、技能（能力）薪酬体系、绩效薪酬体系。职位（岗位）薪酬体系是指根据各岗位所需劳动的熟练程度、复杂程度、责任及强度等对职位本身的价值作出客观评价，然后根据评价结果确定与该职位价值相当的薪酬。技能（能力）薪酬体系，是指企业根据员工所掌握的与工作相关的技能、能力以及知识的广度和深度来支付薪酬。绩效薪酬体系是在正确评定员工业绩的基础上按业绩支付薪酬。

5. 薪酬形式

薪酬形式是指计量劳动和支付薪酬的形式。薪酬的各个组成部分有其特定的内容，也有其特定的计量形式。例如，直接薪酬与员工提供的劳动密切相关，并直接以货币的形式支付；间接薪酬则由企业员工普遍享受、不与其提供的劳动相关，并常常以非货币形式提供。直接薪酬中的基本薪酬可以按照劳动时间计算（计时工资），也可以按劳动产品数量计算（计件工资）等。

6. 薪酬政策和薪酬制度

薪酬政策是企业管理者对企业薪酬管理目标、任务和手段的选择和组合，是企业在员工薪酬方面所采取的方针策略。例如，企业的薪酬水平是高于、低于还是相当于市场薪酬水平；薪酬结构和薪酬体系是着重于稳定员工收入，还是激励员工绩效等。薪酬制度则是对既定薪酬政策加以具体化、规范化。

（三）薪酬管理的流程

企业薪酬管理应遵循一定流程进行，如图 7-2 所示。

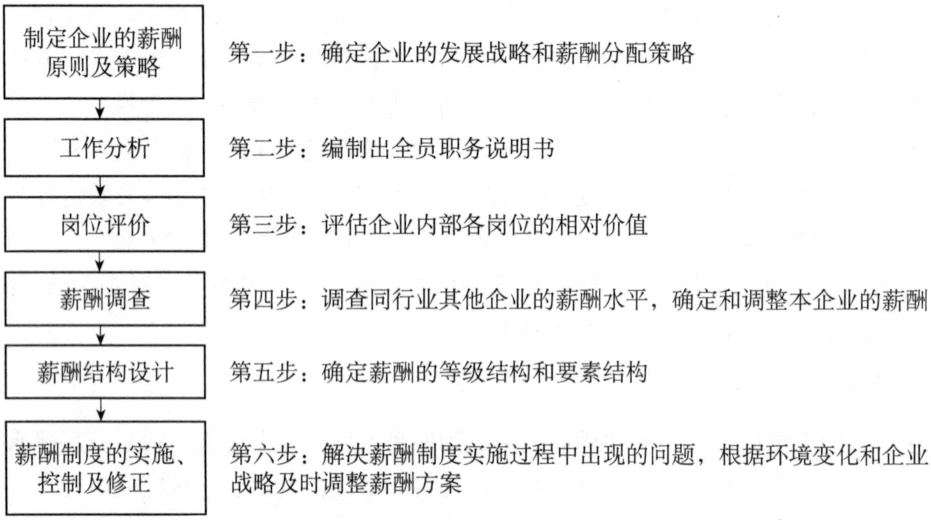

图 7-2 薪酬管理的流程

（1）制定企业的薪酬原则与策略。包括对员工总体价值的评价、对管理人员和专业人员所起作用的估计、薪酬差距标准的确立等。

（2）工作分析。是指对各种工作的性质、任务、责任、相互关系以及任职人员的知识、技能、条件进行系统调查和研究分析，并作出科学系统的描述和规范化记录的过程。工作分析的结果是编制出全员职务说明书。工作分析是企业人力资源管理的基础性工作，对于人力资源管理各项活动有着极其重要的意义。

（3）岗位评价。又称岗位价值评估，是在工作分析的基础上，对岗位本身所具有的特性（如岗位对企业的影响、职责范围、任职条件、环境条件等）进行评价，以确定岗位相对价值的过程。岗位评价是通过设计评价模型，包括设计岗位评价指标体系和岗位评价标准，对企业各岗位工作和对企业贡献的大小进行评估，并对各岗位的评估值统计整理后进行排序，来评价各个岗位价值的高低。

（4）薪酬调查。是指企业通过搜集薪酬信息来判断其他企业薪酬水平高低的一个系统过程。薪酬调查主要解决外部竞争性问题，使员工将自己的投入与产出的比值进行横向比较时感到公平。薪酬调查的主要内容为本行业、本地区，尤其是主要竞争对手的薪酬状况。调查数据的资料来源可以是公开的统计资料，也可以是抽样采访、专门问卷调查，或者是招聘单位发布的招聘信息等。

（5）薪酬结构设计。薪酬结构是对同一组织内部的不同职位或者技能所得到的薪酬进行的各种安排，是依据公司的经营战略、经济能力、人力资源配置战略和市场薪酬水平等为公司内价值不同的岗位制定不同的薪酬水平和薪酬要素，并且提供确认员工个人贡献的办法。薪酬结构设计包括纵向等级结构设计和横向要素结构设计两个层面。

（6）薪酬制度的实施、控制及修正。把设计好的薪酬制度投入运行并实施规范的运作管理，以验证和保障该薪酬制度达到预期的设计要求。

三、薪酬管理制度

（一）企业薪酬制度设计的基本要求

设计企业薪酬制度时，应当充分考虑以下几个方面的基本要求。体现保障、激励和调节三大职能；体现劳动的三种形态，即潜在形态、流动形态和凝固形态；体现岗位的差别，即技能、责任、强度和条件（环境）；建立劳动力市场的决定机制；合理确定薪资水平，处理好工资关系；确立科学合理的薪酬结构，对人工成本进行有效的控制；构建相应的支持系统，如机动灵活的用工系统、严格有效的绩效考核系统、学以致用的技能开发系统、动静结合的晋升调配系统。

（二）衡量薪酬制度的标准

企业在制定薪酬管理制度时，必须遵循国家有关工资、福利、保险的法律法规，比如关于最低工资和最长劳动时间的规定。

我国是实行最低工资保障的国家之一。在《中华人民共和国劳动法》中明确规定，国家实行最低工资保障制度，同时也明确规定制定最低工资的方法。确定和调整最低工资标准应综合参考下列因素：劳动者本人及平均赡养人口的最低生活费用；社会平均工资水平；劳动生产率增长率；劳动就业实际状况；地区之间经济发展水平的差异。

除了合法性之外，检测一个组织的薪酬制度是否科学、合理和有效，可以采用以下衡量标准。（1）员工的认同度。体现多数原则，90%以上的员工能够接受。（2）员工的感知度。明确简化的原则，一分钟可讲清楚。（3）员工的满足度。等价交换的原则，及时支付兑现员工报酬。

四、岗位评价

（一）岗位评价概述

1. 岗位评价的含义

岗位评价（job valuation）是指借助一定的方法，确定企业内部各职位相对价值大小的过程。

岗位评价所需要的岗位信息可以通过两个渠道获得：（1）直接的信息来源，即直接通过组织现场岗位调查，采集有关数据资料。这种方法所获得的岗位信息真实可靠，详细全面，但需要投入大量人力、物力和时间。（2）间接的信息来源，即通过现有的人力资源管理文件，如岗位描述、岗位规范、规章制度等，对岗位进行评价。采取间接的岗位信息，虽有节省时间、节约费用的优点，但所获取的信息过于笼统、简单，有可能影响工作岗位评价的质量。

2. 岗位评价的原则

岗位评价遵循以下原则：评价的是岗位，而不是岗位上的员工；让员工积极地参与到岗位评价工作中来，使他们认同岗位评价的结果；评价的结果应该公开。

3. 岗位评价的基本功能

岗位评价的基本功能包括：为实现薪酬管理的内部公平公正提供依据；能够以量化数值表现出工作岗位的综合特征；使得组织内各个岗位之间，能够在客观衡量自身价值量的基础上进行横向和纵向比较，以确定各岗位在组织中所处的地位和作用；为组织岗位归级等奠定基础。

4. 岗位评价与薪酬等级的关系

岗位与薪酬的对应关系可以是线性的，如图 7－3 所示，直线 A、直线 B 反映了不同的薪酬差距，直线 A 比直线 B 的岗位薪酬差距大，激励作用大。岗位与薪酬的对应关系也可以是非线性的，如图 7－3 所示的曲线 M，反映了岗位等级低的薪酬增长的速度慢于岗位等级高的。实际上 M 在企业中比较常用，因为岗位等级低的工资水平低，提高比较少的薪酬就能产生激励作用；而岗位等级高的，工资也高，需要增加较多的薪酬才能达到激励效果。

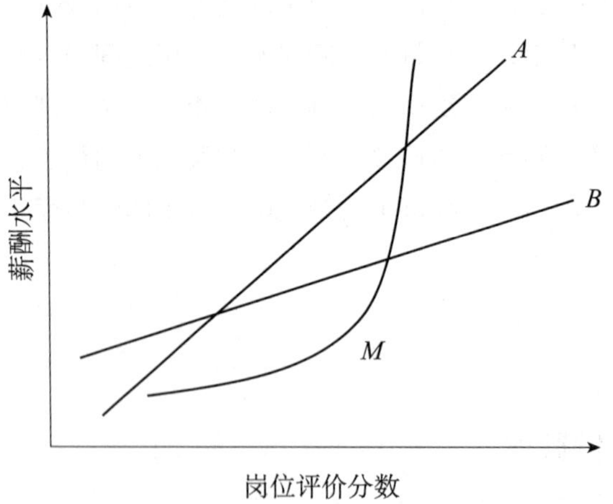

图 7－3　岗位评价与薪酬的比例关系

（二）岗位评价指标与标准

1. 岗位评价要素

岗位评价要素是指构成并影响岗位工作任务的最主要的因素。影响岗位工作的因素很多，但就相关程度来看，大致可以分为主要因素（相关系数在 0.5 以上的要素）、一般因素（相关系数为 0.4～0.5 的要素）、次要因素（相关系数为 0.3～0.4 的要素）、极次要因素（相关系数在 0.3 以下的要素）。在确定岗位评价要素时，首先应当明确各个要素的重要程度，然后进行取舍，一般来说，次要因素和极次要因素不应当列入评价要素所属的指标体系中。在主要因素和一般因素中到底确定哪些岗位评价要素和指标，需要遵循少而精、界限清晰便于测量、具有综合性和可比性的原则。其中可比性原则应当体现在：不同岗位之间可以在时间上或空间上进行对比，各个不同岗位的任务可以在数量或质量上进行对比，各个不同岗位的评价指标可以从绝对数或相对数上进行对比等。一般来说，影响岗位工作数量和质量的因素，可以概括为劳动责任、劳动技能、劳动强度、劳动环境、社会心理等。

（1）劳动责任要素。劳动责任是指岗位在生产过程中的责任大小，反映岗位劳动者智力的付出和心理状态，主要包括以下几方面：

① 质量责任。评价岗位生产活动对质量指标的责任大小。

② 产量责任。评价岗位生产活动对产量指标的责任大小。

③ 看管责任。评价岗位所看管的设备仪器对整个生产过程的影响程度。

④ 安全责任。评价岗位对整个生产过程安全的影响程度。

⑤ 消耗责任。评价岗位物资消耗对成本的影响程度。

⑥ 管理责任。评价岗位在指导、协调、分配、考核等管理工作上的责任大小。

（2）劳动技能要素。劳动技能是指岗位在生产过程中对劳动者技术素质方面的要求，反映岗位对劳动者技能要求的程度，主要包括以下几方面：

① 技术知识要求。评价岗位知识文化水平和技术等级的要求。

② 操作复杂程度。评价岗位作业复杂程度和掌握操作所需的时间长短。

③ 看管设备复杂程度。评价岗位操作使用设备的难易程度及看管设备所需经验和水平。

④ 品种质量难易程度。评价岗位生产的产品品种规格的多少和质量要求水平。

⑤ 处理预防事故复杂程度。评价岗位能迅速处理或预防事故所应具备的能力水平。

（3）劳动强度要素。劳动强度是指岗位在生产过程中对劳动者身体的影响，反映岗位劳动者的体力消耗和生理、心理紧张程度，主要包括以下几方面：

① 体力劳动强度。评价岗位劳动者体力消耗的程度。

② 工时利用率。评价岗位净劳动时间的长短。它等于净劳动时间与工作日总时间之比。

③ 劳动姿势。评价岗位劳动者主要劳动姿势对身体疲劳的影响程度。

④ 劳动紧张程度。评价岗位劳动者生理器官的紧张程度。

⑤ 工作班制。评价岗位劳动组织安排对劳动者身体的影响。

（4）劳动环境要素。劳动环境是指岗位的劳动卫生状况，反映岗位劳动环境中的有害因素对劳动者健康的影响程度，主要包括以下几方面：

① 粉尘危害程度。评价岗位劳动者健康受生产场所粉尘的影响程度。

② 高温危害程度。评价岗位劳动者接触生产场所高温对其健康的影响程度。

③ 辐射热危害程度。评价岗位劳动者接触生产场所辐射热对其健康的影响程度。

④ 噪声危害程度。评价岗位劳动者接触生产场所噪声对其健康的影响程度。

⑤ 其他有害因素危害程度。评价岗位劳动者接触化学性、物理性等有害物质对其健康的影响程度。

(5) 社会心理要素。社会心理因素是指社会对某类岗位的各种舆论对该类岗位人员在心理上所产生的影响，主要采用人员流向指标。人员流向指标反映由于岗位的工作性质和地位对员工在社会心理方面产生的影响而形成人员流动的趋势。

2. 岗位评价指标的分级标准

岗位评价指标的分级标准是根据各类指标的质或量的规定性，将每个评价指标细分细化，使其按照一定阶梯排列，或者由高到低，由大到小，或者由优到劣，由难到易，或者由复杂到简单，从而有利于对岗位的某类影响因素作出更加客观的衡量评比标准。具体示例见表 7-2 至表 7-4。

表 7-2　劳动紧张程度分级标准表

	1	2	3	4
生理器官紧张状态（眼、耳、手、足等）	1 种生理器官处于紧张状态	2 种生理器官处于紧张状态	3 种生理器官处于紧张状态	3 种以上生理器官处于紧张状态

表 7-3　劳动姿势分级标准表

	1	2	3	4
劳动姿势	姿势自由 不受限制	以坐姿为主 活动受限制	以站姿为主 活动受限制	半蹲、弯腰、仰卧、前俯等难适应的姿势

表 7-4　安全责任指标分级标准表

等级	分级定义
1	不应该发生事故的岗位
2	事故发生率小，造成的伤害和损失都较小的岗位
3	事故发生率小，造成的伤害轻、损失大的岗位
4	事故发生率小，造成的伤害大、损失小的岗位
5	事故发生率小，但会造成严重伤害和重大损失的岗位
6	事故发生率大，造成的伤害轻、损失大的岗位
7	事故发生率大，易造成伤害和重大损失的岗位

（三）岗位评价方法

岗位评价的方法主要有四种：排序法、归类法、因素比较法、要素计点法。前两种不把岗位划分成要素来分析，后两种则是岗位内各要素间的比较。这四种方法已经使用了半个多世纪，尤其前三种方法在很多国家广泛使用。

1. 排序法

(1) 简单排序法。简单排序法，是指由评定人员依据自己的工作经验主观判断，对被评价的岗位按照相对价值从高到低进行排序。首先，由有关人员组成评定小组，并做好各项准备工作；其次，了解情况，收集有关岗位方面的资料、数据；再次，评定人员事先确定评判标准，对本单位同类岗位的重要性逐一作出评判，最重要的排在第一位，重要程度仅次于第一位的排在第二位，以此类推，逐级往下排列；最后，将经过所有评定人员评定的每个岗位的结果加以汇总，得到序号和，再将序号和除以参加评定的人数，得到每一岗位的平均排列数，根据平均排列数的大小，按照由大到小或者由小到大的顺序作出排列。表7-5中岗位按照重要性程度由高到低排列的结果是0104，0105，0103，0102，0101。

表7-5　　简单排序法示例

岗位编码	0101	0102	0103	0104	0105
评价人员A	3	4	5	1	2
评价人员B	4	5	2	1	3
评价人员C	5	4	3	2	1
评价人员D	5	3	4	1	2
合计	17	16	14	5	8
平均值	4.25	4	3.5	1.25	2
岗位排序	5	4	3	1	2

在实际应用中，还可以采用多维度的排序法，如从岗位责任、知识经验、技能要求、劳动强度、劳动环境等多个维度进行评价，以提高信度和效度，见表7-6。

表7-6　　岗位综合排序法示例

岗位编码		0101	0102	0103	0104	0105
岗位五项指标初评结果	岗位责任	1	2	4	3	5
	知识经验	2	1	3	5	4
	技能要求	3	2	1	4	5
	劳动强度	4	3	5	2	1
	劳动环境	2	5	4	1	3
合计		12	13	17	15	18
岗位排序		1	2	4	3	5

（2）选择排序法。选择排序法是简单排序法的推广，是按照岗位相对价值的衡量指标，选择最突出的岗位，将其排在第一的位置，同时选出程度最低或最差的岗位，将其排在最后的位置；接下来，从余下的岗位中再选择出最突出的岗位和程度最差的岗位，将其排在第二和倒数第二的位置，以此类推，直至完成对所有岗位的排序。

（3）成对比较法。成对比较法，也称配对比较法、对子比较法、平行比较法、两两比较法等。其基本程序是，先将每个岗位按照所有的评价要素与其他所有岗位一一进行对比，见表7-7；然后，再将各个评价要素的考评结果整理汇总，求得最后的综合考评结果，见表7-8。

表 7-7　　成对比较法：劳动强度评价要素

岗位代码	A	B	C	D	E	F	排序
A	0	＋	＋	＋	＋	＋	6
B	－	0	＋	＋	－	＋	4
C	－	－	0	－	－	＋	2
D	－	－	＋	0	－	＋	3
E	－	＋	＋	＋	0	＋	5
F	－	－	－	－	－	0	1
汇总	－5	－1	＋3	＋1	－3	＋5	

说明：以第一列的岗位为“基”，让第一行的各岗位分别与“基”对比，比“基”重要计“＋”，不如“基”重要计“－”。也可以以第一行的岗位为“基”，让第一列的岗位分别与之相比，得出的结果恰好相反。

表 7-8　　成对比较法统计汇总表

工作岗位评价要素	A	B	C	D	E	F
岗位责任	5	6	1	2	4	2
劳动强度	6	4	2	3	5	1
知识水平	6	5	4	2	3	1
技能要求	5	4	6	3	2	1
劳动环境	5	6	1	4	3	2
社会心理	6	5	3	2	4	1
排序号汇总	33	30	17	16	21	8
岗位排序	6	5	3	2	4	1

成对比较法是在同一时间内仅在两对岗位之间进行比较，如果涉及的岗位不多，成对比较法简单易行，能快速及时完成工作岗位评价的任务；当一个部门的岗位数目很多时，成对比较次数会明显增加。需要配对比较的次数等于 $X(X-1)/2$ ，其中 X 是岗位数。例如，要比较 20 个岗位，则需要配对比较的次数为［20×(20－1)/2］＝190。因此，该方法更适合较小范围内的岗位评价工作。

2. 归类法

归类法是指按照一定的标准将岗位归入事先确定好的岗位等级中的岗位评价方法，这种方法最早由美国政府对其文职岗位进行评价。使用该方法时，首先，要确定出岗位等级的数量；其次，要选择薪酬要素，根据薪酬要素界定各个岗位等级的定义；最后，根据岗位的职务说明书，对照确定好的标准，将岗位归入与等级定义相同或最相近的职位等级中去。归类法也是比较简单的一种方法，尤其是当企业的职位数量比较多时，它比排序法要节省时间。但是，由于实际上很难建立起通用的职位等级定义，特别是职位类型差异较大时，进行等级定义的难度会更大；而且它也无法准确地衡量出各个职位之间的价值差距到底有多大，因此它仍然具有主观性比较强的缺点。表 7-9 是某组织所采用的岗位级别体系的部分内容。

表 7-9　　某组织采用的岗位级别描述表

等级	等级描述
1	例行的事务：按照既定的程序和规章工作；不带有技术色彩；在主管人员的直接监控之下
2	需要一定独立判断能力的职位：具有初级的技术水平；需要一定的经验；需要主管人员监督
3	中等复杂程度的工作：根据既定的策略、程序和技术进行独立思考和判断；需要接受专业训练，具有一定的经验；无须他人监督
4	复杂工作：独立作出决策；需要经过高级的专业训练和丰富的经验积累；监督他人工作

3. 因素比较法

因素比较法是最为复杂的一种量化岗位评价技术，操作难度最大。它与其他三种岗位评价方法最大的不同在于，其他三种方法仅仅是根据岗位的价值划分到不同的重要性等级之中，至于每个岗位等级对应的薪酬水平如何，还需要通过进一步的薪酬调查来了解。而因素比较法则直接将市场薪酬调查和岗位评价两个步骤结合在一起。它首先选取有代表性的典型岗位，然后通过市场薪酬调查获取这些典型岗位的市场薪酬水平，接着把典型岗位的市场薪酬水平分解到各个薪酬要素上去，从而形成评价标杆，最后将被评价岗位的某一报酬要素与典型岗位的报酬要素做比较，得出相应的货币值，将被评价岗位在每个报酬要素上的货币值相加，便可得出被评价岗位的薪酬水平。具体步骤如下：

第一步，获取岗位信息，确定报酬要素。因素比较法要求评价者必须仔细、全面地做好工作分析，最好有标准、规范的职务说明书，同时，还需要确定用来对岗位进行比较的依据或尺度，即报酬要素是什么。比如，在因素比较法中我们选择使用以下几种报酬要素：(1) 智力条件，包括记忆力、理解力、判断力、所受的教育程度、专业知识、基础常识等；(2) 技能，包括工作技能和本岗位所需要的特殊技能；(3) 责任，包括对人的安全，对财务、现金、资料、档案、技术情报保管和保守机密的责任，对别人的监督或别人对自己的监督；(4) 身体条件，包括体质、体力、运动能力，如持久性、变动性、运动速度等；(5) 工作环境，如工作地的温度、湿度、通风、光线、噪声等。

第二步，选择典型岗位。岗位评价小组需要挑选出企业中 15～20 个有代表性的基准岗位作为岗位评价的对象，即典型岗位，其他岗位的价值可以通过与这些典型岗位之间的报酬要素比较来得出。典型岗位不仅要能够代表所研究的岗位序列中的绝大多数岗位，而且必须是广为人知的。此外，在确定了典型岗位之后，企业还必须确定给这些典型岗位支付多少薪酬是合理的，即根据外部市场状况和企业的实际情况为这些典型岗位定价。

第三步，根据典型岗位内部报酬要素的重要性对岗位进行排序。这里要求岗位评价者根据上述五个报酬要素分别对典型岗位进行排序。排序过程是以职位描述和任职资格为基础的。通常由评价小组的每位成员分别对岗位进行排序，然后再以开会讨论或者计算平均排序值的方法来决定每个岗位的序列值。例如，某公司办事机构中的主要岗位为会计、出纳、文员、炊事员、保洁。可分别按上述五项条件一一对该五个岗位进行评定排序，见表 7-10。

表 7-10　　岗位智力要求排序表

岗位	会计	出纳	文员	炊事员	保洁
排序（从高到低）	1	2	3	4	5

第四步，将每个典型岗位的薪酬水平分配到其内部的每个报酬要素上去，其结果见表 7-11。

表 7-11　　岗位评价排序与工资额对应表　　单位：元

月度岗位工资	智力条件		技能		责任		身体条件		工作环境	
	序号	工资额	序号	工资额	序号	工资额	序号	工资额	序号	工资额
会计（2 650）	1	660	1	610	1	730	1	350	1	300
出纳（2 200）	2	400	2	420	2	770	2	330	2	280
文员（2 000）	3	280	3	470	3	550	3	380	3	320
炊事员（1 900）	4	100	4	510	4	240	4	500	4	550
保洁（1 400）	5	80	5	320	5	100	5	420	5	480

第五步，找组织中尚未进行评定的其他岗位，例如 K 岗位，与现有的已评定完毕的典型岗位对比，K 岗位的某要素与哪一个典型岗位的同一要素相近，就按该典型岗位的相近要素分配工资，累计后就是该岗位的工资。K 岗位经过比较后，得到以下结果，见表7-12。

表 7-12　　K 岗位评价结果汇总表

岗位评价指标	与标准对比	岗位评价结果
智力条件	K 与出纳相似	按出纳岗位智力条件工资额应为 400 元
技能	K 与炊事员相似	按炊事员岗位技能条件工资额应为 510 元
责任	K 与会计相似	按会计岗位责任条件工资额为 730 元
身体条件	K 与出纳相似	按出纳岗位身体条件工资额应为 330 元
工作环境	K 与出纳相似	按出纳岗位工作环境工资额应为 280 元

将各项结果相加，400＋510＋730＋330＋280＝2 250（元），则 K 岗位的评价结果为 2 250 元，视为其相对价值量。同理可以计算出其他岗位的相对价值量，并按其相对价值量归级列等，编制出岗位系列等级表。

4. 要素计点法

要素计点法是根据各个岗位在薪酬要素上的得分来确定它们价值的相对大小。常用的要素计点法岗位评价系统有翰威特岗位价值评价系统、美世国际岗位评估系统和海氏工作评价系统。下面我们以海氏工作评价系统为例来说明如何运用要素计点法进行岗位评价。

海氏工作评价系统是由美国工资设计专家艾德华·海（Edward Hay）于 1951 年研发出来的，它有效地解决了不同职能部门的不同职务之间相对价值的相互比较和量化的难题，在世界各国上万家大型企业中推广应用并获得成功，被企业界广泛接受。

第一，确定薪酬要素。海氏工作评价系统认为所有工作都可以用三类薪酬要素来评价，具体包括技能水平、解决问题能力和岗位职责。每个薪酬要素又分成数量不等的子要素，最终形成了一个由 3 个一级薪酬要素、8 个二级薪酬要素构成的薪酬要素体系，具体见表 7-13。

表 7-13　　海氏工作评价系统

薪酬要素	薪酬要素定义	子要素	子要素定义
技能水平	要使工作绩效达到可接受的水平所必需的专门知识及相应的实际运作技能的总和	专业理论知识	职务要求的对理论、实际方法与专门知识的理解。分为 8 个等级，从基本的（第一级）到权威专门技术的（第八级）
		管理诀窍	为达到要求绩效水平而具备的计划、组织、执行、控制、评价的能力与技巧。分为 5 个等级，从起码的（第一级）到全面的（第五级）
		人际技能	职务所需要的沟通、协调、激励、培训、关系处理等方面主动而活跃的活动技巧。分为基本的、重要的、关键的 3 个等级
解决问题能力	在工作中发现问题，分析诊断问题，提出、权衡与评价对策，做出决策等能力	思维环境	指定环境对职务行使者的思维的限制程度。该子要素分为 8 个等级，从几乎一切都按既定规则办的第一级（高度常规性的），到抽象规定的第八级
		思维难度	解决问题时对当事者创造性思维的要求。该子要素分为 5 个等级，从几乎无须动脑只须按老规矩办的第一级（重复性的），到完全无先例可供借鉴的第五级（无先例的）
岗位职责	职务行使者的行动对工作最终结果可能造成的影响及承担责任的大小	行动的自由度	职务能在多大程度上对其工作进行个性指导与控制。该子要素包含 9 个等级，从自由度最小的第一级（有规定的），到自由度最大的第九级（一般性无指导的）
		岗位对后果形成的作用	该子要素包括 4 个等级：第一级是后勤性作用，即只在提供信息或偶然性服务上出力；第二级是辅助性作用，即出主意或提供建议；第三级是分摊性作用，即与本企业内外其他部门和个人合作，共同行动，责任分摊；第四级是主要作用，即由本人承担主要责任
		岗位责任	可能造成的经济性后果。该子要素包括 4 个等级，即微小的、少量的、中量的和大量的，每一级都有相应的金额下限，具体数额要视企业的具体情况而定

第二，将每个薪酬要素内的子要素进行组合，并对该组合划分等级和赋予分数，形成分别用来评价技能水平、解决问题能力、岗位职责的三张评价表。表 7-14 至表 7-16 就是技能水平、解决问题能力与岗位职责的评价表。

表 7-14　　海氏工作评价系统中的技能水平评价表

		管理诀窍														
		起码的			相关的			多样的			广博的			全面的		
人际技能		基本的	重要的	关键的	基本的	重要的	关键的	基本的	重要的	关键的	基本的	重要的	关键的	基本的	重要的	关键的
专业理论知识	基本的	50 57 66	57 66 76	66 76 87	66 76 87	76 87 100	87 100 115	87 100 115	100 115 132	115 132 152	115 132 152	132 152 175	152 175 200	152 175 200	175 200 230	200 230 264
	初等业务的	66 76 87	76 87 100	87 100 115	87 100 115	100 115 132	115 132 152	115 132 152	132 152 175	152 175 200	152 175 200	175 200 230	200 230 264	200 230 264	230 264 304	264 304 350
	中等业务的	87 100 115	100 115 132	115 132 152	115 132 152	132 152 175	152 175 200	152 175 200	175 200 230	200 230 264	200 230 264	230 264 304	264 304 350	264 304 350	304 350 400	350 400 460
	高等业务的	115 132 152	132 152 175	152 175 200	152 175 200	175 200 230	200 230 264	200 230 264	230 264 304	264 304 350	264 304 350	304 350 400	350 400 460	350 400 460	400 460 528	460 528 608
	基本专门技术	152 175 200	175 200 230	200 230 264	200 230 264	230 264 304	264 304 350	264 304 350	304 350 400	350 400 460	350 400 460	400 460 528	460 528 608	460 528 608	528 608 700	608 700 800
	熟练专门技术	200 230 264	230 264 304	264 304 350	264 304 350	304 350 400	350 400 460	350 400 460	400 460 528	460 528 608	460 528 608	528 608 700	608 700 800	608 700 800	700 800 920	800 920 1 056
	精通专门技术	264 304 350	304 350 400	350 400 460	350 400 460	400 460 528	460 528 608	460 528 608	528 608 700	608 700 800	608 700 800	700 800 920	800 920 1 056	800 920 1 056	920 1 056 1 216	1 056 1 216 1 400
	权威专门技术	350 400 460	400 460 528	460 528 608	460 528 608	528 608 700	608 700 800	608 700 800	700 800 920	800 920 1 056	800 920 1 056	920 1 056 1216	1 056 1 216 1 400	1 056 1 216 1 400	1 216 1 400 1 600	1 400 1 600 1 800

表 7-15　　海氏工作评价系统中的解决问题能力评价表

		思维难度（%）				
		重复性的	模式化的	中间型的	适应性的	无先例的
思维环境	高度常规性的	10～12	14～16	19～22	25～29	33～38
	常规性的	12～14	16～19	22～25	29～33	38～43
	半常规性的	14～16	19～22	25～29	33～38	43～50
	标准化的	16～19	22～25	29～33	38～43	50～57
	明确规定的	19～22	25～29	33～38	43～50	57～66
	广泛规定的	22～25	29～33	38～43	50～57	66～76
	一般规定的	25～29	33～38	43～50	57～66	76～87
	抽象规定的	29～33	38～43	50～57	66～76	87～100

表 7 - 16　　海氏工作评价系统中的岗位职责评价表

岗位职责		等级															
		微小				少量				中量				大量			
岗位对后果形成的作用		间接		直接		间接		直接		间接		直接		间接		直接	
		后勤	辅助	分摊	主要	后勤	辅助	分摊	主要	后勤	辅助	分摊	主要	后勤	辅助	分摊	主要
行动的自由度	有规定的	10	14	19	25	14	19	25	33	19	25	33	43	25	33	43	57
		12	16	22	29	16	22	29	38	22	29	38	50	29	38	50	66
		14	19	25	33	19	25	33	43	25	33	43	57	33	43	57	76
	受控制的	16	22	29	38	22	29	38	50	29	38	50	66	38	50	66	87
		19	25	33	43	25	33	43	57	33	43	57	76	43	57	76	100
		22	29	38	50	29	38	50	66	38	50	66	87	50	66	87	115
	标准化的	25	33	43	57	33	43	57	76	43	57	76	100	57	76	100	132
		29	38	50	66	38	50	66	87	50	66	87	115	66	87	115	152
		33	43	57	76	43	57	76	100	57	76	100	132	76	100	132	175
	一般性规范的	38	50	66	87	50	66	87	115	66	87	115	152	87	115	152	200
		43	57	76	100	57	76	100	132	76	100	132	175	100	132	175	230
		50	66	87	115	66	87	115	152	87	115	152	200	115	152	200	264
	有指导的	57	76	100	132	76	100	132	175	100	132	175	230	132	175	230	304
		66	87	115	152	87	115	152	200	115	152	200	264	152	200	264	350
		76	100	132	175	100	132	175	230	132	175	230	304	175	230	304	400
	方向性指导的	87	115	152	200	115	152	200	264	152	200	264	350	200	264	350	460
		100	132	175	230	132	175	230	304	175	230	304	400	230	304	400	528
		115	152	200	264	152	200	264	350	200	264	350	460	264	350	460	608
	广泛性指导的	132	175	230	304	175	230	304	400	230	304	400	528	304	400	528	700
		152	200	264	350	200	264	350	460	264	350	460	608	350	460	608	800
		175	230	304	400	230	304	400	528	304	400	528	700	400	528	700	920
	战略性指引的	200	264	350	460	264	350	460	608	350	460	608	800	460	608	800	1 056
		230	304	400	528	304	400	528	700	400	528	700	920	528	700	920	1 216
		264	350	460	608	350	460	608	800	460	608	800	1 056	608	800	1 056	1 400
	一般性无指导的	304	400	528	700	400	528	700	920	528	700	920	1 216	700	920	1 216	1 600
		350	460	608	800	460	608	800	1 056	608	800	1 056	1 400	800	1 056	1 400	1 840
		400	528	700	920	528	700	920	1 216	700	920	1 216	1 600	920	1 216	1 600	2 112

第三，赋值。依据岗位说明书，并结合三张评价表中的要素和相应标准，就可以对岗位进行评价打分了。其中技能水平得分和岗位职责得分都是绝对值，而解决问题能力得分是百分数，将这个百分数与技能水平要素中的得分相乘，从而得到解决问题能力的绝对得分。下面以某高层管理岗位 A、某研发岗位 B、某基层岗位 C 为例说明。依据岗位说明书，分别对三个职位的技能水平、解决问题能力和岗位职责进行分析，A、B、C 三个岗位的技能水平得分分别为 1 400、304、175；解决问题能力得分分别为 87%、66%、25%；岗位职责得分分别为 1 056、264、57。

第四，海氏工作评价系统认为，每个岗位都具有一定的“形态”，即由岗位形态构成，这个形态主要取决于技能水平和解决问题能力的影响与岗位职责的影响的权重大小。对于某个岗位，若前两者的重要性大于后者，则该岗位属于下山型，在计算总分时前两者占 70%，后者占 30%；若前两者的重要性小于后者，则该岗位属于上山型，在计算总分时前两者占 40%，后者占 60%；若两者重要性相当，则该岗位属于平路型，在计算总分时前两者占 50%，后者占 50%。以上述例子为例：A 属于上山型，该岗位的岗位职责比技能水平、解决问题的能力更重要；B 属于下山型，该岗位的岗位职责没有技能水平、解决问题能力重要；C 属于平路型，技能水平、解决问题能力与职责基本相当。确定岗位的岗位形态构成后，就可以根据赋值的分数分别计算这三个岗位的得分，具体计算结果如下所示。

A 评价总分＝(1 400＋1 400×87%)×40%＋1 056×60%＝1 680.8

B 评价总分＝(304＋304×66%)×70%＋264×30%＝432.448

C 评价总分＝(175＋175×25%)×50%＋57×50%＝137.875

以上就是根据海氏工作评价系统，得到的 A、B、C 三个岗位的评价结果。理论上讲，在使用要素计点法进行岗位评价时，应当针对企业内部所有的岗位，这样对各个岗位的相对价值的确定才更有说服力。但是，在实践中很难做到这一点，因此一般也只是对典型岗位作出评价，其他岗位则通过与典型岗位的比较来确定它们的相对价值。典型岗位的选取，一般要覆盖各个类别和各个级别，数量也要根据企业内部的岗位数量来确定，通常来说要选取 1/4～1/3 的岗位作为典型岗位。

与前三种方法相比，要素计点法的优点体现在：它是一种量化的方法，可以对不同性质的岗位进行横向比较，评价的结果更准确，也更容易让员工接受；此外，它除了可以比较出各岗位相对的价值大小之外，还可以衡量出价值大小的差距，更有利于进行基本薪酬的设计。这种方法的缺点是尺度的设计比较麻烦，操作起来也比较费时；而且这种方法不能完全消除主观因素的影响，要素指标的选择、权重和点数的分配会受主观判断的影响。

岗位评价的各种方法的特点及适用范围，见表 7－17。

表 7－17　各种岗位评价方法的比较

方法	概述	实施步骤	优点	缺点	适用企业
排序法	根据各种岗位的相对价值或它们对组织的相对贡献进行排列	选择评价岗位 根据职务说明书进行评价、排序	方法简单，易理解、操作；节约成本；满意度较高	评价标准太宽泛，很难避免主观因素的影响；要求评价人员对每个岗位的细节都非常熟悉；只能排列各岗位价值的相对次序，无法回答岗位之间的价值差距	适合规模较小、生产单一、岗位设置较少的企业

续前表

方法	概述	实施步骤	优点	缺点	适用企业
归类法	将各种岗位归入事先确定好的职位等级中	进行岗位分析并作出分类 确定岗位类别的数目 对各岗位类别的各个级别进行定义	方法简单明了，易理解、接受；能避免出现明显的判断错误	不能清晰地界定等级；岗位之间的比较存在主观性，准确度较差；成本较高	适合各岗位间差别明显的企业或公共部门和大企业的管理岗位
因素比较法	确定代表性岗位在劳动力市场的薪酬标准，将一般性岗位与之相比较来确定一般性岗位的薪酬标准	选择普遍存在、工作内容稳定的代表性岗位 确定报酬要素 确定各代表性岗位在各报酬要素上应得到的基本工资 将各一般性岗位在每个薪酬要素上分别同代表性岗位比较，确定其在各报酬要素上应得的报酬并加总	要素的确定富有弹性，适用范围广；简单易行	对要素的判断常常带有主观性，使评价的结果受到影响；需要经常做薪酬调查，成本相对较高	适合能随时掌握较为详细的市场薪酬调查资料的企业
要素计点法	选择关键评价要素和权重，对各因素划分等级，并分别赋予分值，然后对每个岗位进行评价	确定关键影响要素 选择评价标准和分配权重 对各要素划分等级并给予分值 进行评分并最后加总	能够量化，可以避免主观因素对评价工作的影响；可以根据情况对要素和权重进行调整；易于理解接受	要素的选择及权重的分配带有主观性；方法的设计比较复杂；对企业的管理水平要求较高；工作量大，较为费时费力，成本相对较高	适合生产过程复杂、岗位类别数目多、对精度要求较高的大中型企业

（四）岗位评价的步骤

第一步，按岗位的工作性质，先将组织的全部岗位划分为若干个大类。例如高等学校可以将教师岗位分成教学岗、教学科研岗、科研教学岗和科研岗四类；企业可以把所有岗位分为技术岗、管理岗、营销岗、生产岗等。岗位类别的多少，应根据组织的生产规模或工作范围、产品或服务繁杂程度等具体情况来决定。

第二步，收集有关岗位的各种信息。采用不同的方法进行岗位评价，所需要的信息不同，所需信息的详细程度可能也不同。因为有些方法简单，有些方法复杂。例如，海氏工作评价系统中，所有岗位所包含的薪酬因素主要有六种：任职资历；人际关系与沟通技巧；管理范围；岗位资源；岗位竞争；任务的艰巨性与复杂性。因此，用此方法进行岗位评价需要收集这六个方面的数据和信息，通常采用调查表格的形式。为得到所需的信息，应以表格记录汇总有关信息。常用的表格有问卷调查表和调查汇总表，表 7－18 为调查汇总表格式示例。

表 7-18 岗位评价信息调查汇总表格式示例

姓名	性别	年龄	所属部门名称	岗位名称	岗位编码	岗位评价得分	薪酬等级

当准备表格时，有几点需要注意：(1) 确保表格是必要的，保证表格能满足使用目的。表格设计好后，应请一位同事来填写表格样本，倾听他的反馈意见，了解表格设计是否合理。(2) 要求语言标准，问题简单明确。尽量采用画圈或者选择是/否的问题形式，减少表中的文字书写。使用简单的打印样式以确保容易阅读。(3) 注明填表须知。(4) 考虑信息如何处理，要方便信息的汇总和处理。

第三步，建立由岗位分析评价专家组成的岗位评价小组，培训有关评价人员，使他们系统地掌握岗位评价的基本理论和方法，能够独立地完成对各个层级工作岗位的综合评价。

第四步，制定出工作岗位评价的总体规划，并提出具体的行动方案或实施细则。

第五步，在广泛收集资料的基础上，找出与岗位有直接联系、密切相关的各种主要因素及其指标，列出细目清单，并对有关指标作出说明。

第六步，通过评价专家小组的集体讨论，构建工作岗位评价的指标体系，规定统一的衡量评比标准，设计有关调查问卷和测量评比的量表。

第七步，先挑选几个重要岗位进行试点，以便总结经验，发现问题，采取对策，及时纠正。

第八步，全面落实工作岗位评价计划，按照预定方案，逐步组织实施，包括岗位测量评定、资料整理汇总、数据处理存储、信息集成分析等具体工作的开展。

第九步，最后撰写出组织各个层级岗位的评价报告书，提交有关部门。

第十步，对岗位评价工作进行全面总结，以便汲取经验和教训，为以后的岗位分类分级等工作的顺利开展奠定基础。

五、薪酬水平

薪酬水平及其外部竞争性对企业的发展具有极其重要的意义。企业在进行薪酬水平决策时，必须充分考虑影响企业薪酬水平的诸多因素，企业所处的劳动力市场以及企业本身的状况、员工的绩效水平都会对企业的薪酬水平产生较大的影响。下面重点探讨薪酬水平、薪酬水平策略、薪酬水平影响因素以及薪酬调查等相关内容。

(一) 薪酬水平概述

1. 薪酬水平的含义

薪酬水平是指企业支付给不同职位的平均薪酬。薪酬水平有不同层次的划分，它可以是一定时期内一个国家、地区、部门或企业任职人员的平均薪酬水平，也可以是某个特定职业群体的薪酬水平，其中企业员工的薪酬水平主要指以企业为单位计算的员工总体薪酬的平均水平，包括时点的薪酬水平和时期的薪酬水平。测定企业薪酬水平主要有两种方法：其一是企业支付给不同职位的平均薪酬，这是一种绝对量指标；其二是企业薪酬水平在相关劳动力市场中的位置，这是一种相对量指标。

薪酬的外部竞争性是指一家企业的薪酬水平的高低以及由此产生的企业在劳动力市场上的竞争力的大小。薪酬的外部竞争性不是一个笼统的概念，而是一个具体的概念。例如，有甲、乙两个企业，甲企业的平均薪酬水平很高，但是企业内部的薪酬差距很小；乙企业的平均薪酬比甲企业低很多，但乙企业对于重要岗位所支付的薪酬远远高于甲企业，对不重要的岗位支付的薪酬低于甲企业。在为重要岗位雇用劳动者时，乙企业的薪酬竞争力反而比甲企业更强。这就说明，薪酬的外部竞争性应当落实到职位或者职位群上，而不能简单地停留在企业层面。

2. 薪酬水平的作用

(1) 有利于企业吸引和保留员工。美国某调查机构对累积了 20 年的数据进行分析后得出一个结论，管理人员、事务类人员以及小时工都将薪酬看成是第一位重要的就业因素，只有技术人员将薪酬看成是第二位的就业因素，而将技能提高看成是第一位的就业因素。如果企业的薪酬水平比较高，则一方面企业在招募人员时可以很方便地吸引到自己所需要的人员；另一方面也有利于降低员工流失率。

(2) 有利于企业控制劳动力成本。薪酬水平的高低和企业的总成本支出密切相关，尤其是在劳动密集型行业和以低成本作为竞争手段的企业。随着市场竞争的日益激烈，大多数商品和劳务处于供过于求的状态，消费者对于产品的价格比较敏感，在这样的情况下，劳动力成本控制对于企业来说就显得非常重要。

(3) 有利于塑造企业形象。薪酬水平对于企业形象本身的意义也很大，它不仅直接体现了企业在特定劳动力市场上的相应定位，同时也显示了企业的支付能力以及对于人力资源的态度。

（二） 薪酬水平策略

企业薪酬水平策略主要有四种，分别是领先型策略、跟随型策略、滞后型策略和综合型策略。

1. 领先型策略

领先型策略是指支付高于市场平均薪酬水平的策略，采用这种薪酬策略的企业往往具备以下特征：其大部分职位所需人才在劳动力市场上供给不足；多为资本密集型产业，产品投资回报率较高；市场竞争对手较少等。惠普就是采用这种薪酬策略的公司。领先型薪酬策略给薪酬管理提出很高的要求，如果企业不能将人力资源的高投入转化为高产出，高薪酬就是一项高成本和高风险的投资策略。

2. 跟随型策略

跟随型策略是指根据市场平均水平来确定本企业的薪酬定位，即通常所说的支付市场工资水平。跟随型策略是古典经济理论比较推崇的一种模式，也是最常采用的一种薪酬策略，尤其是在一个成熟的产业中。采用该策略的企业在人才吸引和保留上没有明显的优势，但也不会遭遇高薪酬用人风险。采用跟随型薪酬策略的理由包括薪酬水平低于竞争对手会引起员工的不满；薪酬水平低会限制招聘能力；支付市场工资水平是管理者的责任；跟随型政策略的采纳者通常将薪酬水平定位在直接对手的薪酬成本上，同时使本企业吸引员工的能力与对手接近；这种策略主要考虑避免企业在产品定价或保留员工上处于劣势，而不是企业在劳动力市场上处于优势。

3. 滞后型策略

滞后型策略是指企业大多数岗位的薪酬水平低于市场平均水平。滞后型策略有被动运用和主动运用之分。被动运用是指企业正处于衰退期或者陷入了财务困境而不得不采用滞后型薪酬策略；主动运用是指企业为了获取成本控制优势，在其他方面领先时，诸如挑战性工作、拥有理想的工作场所或和谐的人际关系、将来能够有诸如期权类的较高收入等，而采用的低于市场水平的滞后型薪酬策略。

4. 综合型策略

综合型策略是指以总薪酬管理理念为指导，统筹考虑所有薪酬形式的特点，综合制定薪酬策略。企业传统的薪酬实践比较强调基本薪酬的功能，对奖金、短期激励、长期激励以及工作保障、晋升机会等其他总薪酬因素不够重视。事实证明，薪酬水平策略只有以总薪酬为基础，才有利于管理目的的实现。例如，IBM、微软等公司的基本薪酬滞后于市场水平，可变薪酬与市场薪酬水平持平，但他们重视培训、员工援助计划等其他激励手段的运用，在吸引和留住人才方面也收到了很好的效果。

（三）影响薪酬水平的主要因素

影响薪酬水平的因素很多，见表 7－19。

表 7－19　影响薪酬水平的因素

影响企业整体薪酬水平的因素	影响员工个人薪酬水平的因素
企业的经营战略、发展阶段、薪酬策略	劳动绩效
企业工资支付能力	职务或岗位
生活费用与物价水平	综合素质与技能
地区和行业工资水平	工作条件
劳动力市场供求情况	年龄与工龄
产品的需求弹性	
工会的力量	

（四）薪酬调查

薪酬调查是指收集同地区或同行业其他企业的薪酬信息，从而确定市场薪酬水平的过程。根据薪酬调查的结果，结合岗位评价的结果和企业自身的薪酬策略，就可以确定企业各岗位具体的薪酬水平。

薪酬市场调查一般包括以下四个环节：确定调查目的、确定调查范围、确定调查方式、统计分析调查数据，见表 7－20。

表 7－20　　薪酬调查的环节

环节	每个环节包括的详细内容
确定调查目的	整体薪酬水平的调整 薪酬差距的调整 薪酬晋升策略的调整 具体岗位薪酬水平的调整
确定调查范围	确定调查的企业 确定调查的岗位 确定调查的数据 确定调查的时间段
确定调查方式	企业之间相互调查 委托调查 收集公开的信息 问卷调查
统计分析调查数据	数据排列法 频率分析法 趋中趋势分析法 离散分析法 回归分析法 图表分析法

1. 确定调查目的

在实施薪酬调查时，首先应清楚调查的目的和调查结果的用途，再开展调查。一般而言，调查的结果可以为以下工作提供参考和依据：整体薪酬水平的调整、薪酬差距的调整、薪酬晋升策略的调整、具体岗位薪酬水平的调整等。

2. 确定调查范围

（1）确定调查的企业。在选择要调查的企业时，应本着与本企业薪酬管理有可比性的原则，选择其雇用的劳动力与本企业具有可比性的企业。一般来说，可供选择的调查企业有五类：同行业中同类型的其他企业；其他行业中有相似岗位或工作的企业；与本企业雇用同一类劳动力，可构成人力资源竞争对象的企业；本地区在同一劳动力市场上招聘员工的企业；经营策略、信誉、报酬水平和工作环境均合乎一般标准的企业。调查企业的数量可根据企业的人力、物力、财力、时间及目的而不同，但通常应调查10家以上的企业。

（2）确定调查的岗位。确定调查岗位时，也应遵循可比性原则，选择其工作责权、重要程度、复杂程度与本企业需要调查岗位有可比性的岗位。我国还没有建立起规范的岗位名称，因此即使是岗位名称相同，在不同的企业也有可能有不同的工作责权和重要程度。所以，在进行薪酬调查时，首先应确认要调查岗位的工作责权、重要程度与复杂程度，然后再调查其薪酬状况。为了节约调查成本，调查时一般只选择企业的主要岗位（一般占企业所有岗位数量的20%以上）进行调查。

（3）确定调查的数据。调查的数据要全面，要调查薪酬结构的所有项目，既要调查货币性薪酬，如工资、奖金、津贴、补贴、股票期权等；也要调查非货币性薪酬，如为员工提供的住房、培训、社会保险和商业保险等；还要调查薪酬政策等方面的信息，如被调查企业加薪时的百分比、公司的加班与工作轮班方面的政策、试用期长短、新就业学生的起薪点、员工异地调配时的薪酬处理以及兼职员工的薪酬管理等。

（4）确定调查的时间段。调查要明确收集薪酬数据的开始时间和截止时间。

3. 确定调查方式

常用的调查方式有企业之间相互调查、委托调查、收集公开的信息、问卷调查。

（1）企业之间相互调查。有良好的对外关系的企业比较适合采用这种方式，因为它们与同行之间有较为紧密的合作关系，能够较为轻松地获得所需的薪酬信息。

（2）委托调查。委托调查是指委托商业性的专业咨询公司进行调查。尤其当企业需要确定薪酬水平的岗位难以在类似企业中找到对等的岗位时，或者企业属于新兴行业，确定薪酬水平存在困难时，可以考虑选择咨询公司搜集所需要的信息。但这种方式所花的费用会比企业之间相互调查多。

（3）收集公开的信息。公开的信息是指政府公布的信息、有关的专业协会或学术团体提供的数据以及报纸、杂志、网络上的数据等，但是这些数据的特点是针对性不强，比如政府所做的薪酬调查侧重于宏观信息的收集和调查，侧重的是面而不是点；专业协会或学术团体对薪酬的调查也不可能面面俱到，不能完全满足企业的需要。这些信息只能用于对宏观的把握与参考。另外，企业对政府或协会、团体薪酬调查的数据不能免费使用，不过使用这些数据的费用相对委托调查较为便宜。

（4）问卷调查。前三种简单的薪酬调查方法对于数量少、规范的岗位是切实可行的，但是对于数量大、复杂的岗位则是不可行的。事实上，20%～25%的企业是通过正式的问卷调查来实现薪酬调查的目标的。表7-21是一份薪酬调查问卷示例。

表 7-21　　**薪酬调查问卷示例**

(1) 基本情况

姓名		年龄		性别		工作年限	
所在部门		职务		学历		来企业的时间	

(2) 您现在的年总薪酬收入为（　　）元。在您的年总收入中，由哪几部分组成？它们占薪酬收入的比例各是多少？

总薪酬组成	占总薪酬的比例（%）

(3) 目前的薪酬水平和您的付出成正比吗？

□ 差不多　□ 付出更多　□ 薪酬更多

(4) 非货币收入占您年总收入的比例是多少？

□ 60%　□ 50%　□ 40%　□ 30%　□ 20%　□ 10%　□ 其他

(5) 您享受企业提供的哪些福利？(多选，知道具体数额的请在最后一列填写大致数额)

社会养老保险	每月（　　）元	车辆补贴	每月（　　）元
社会医疗保险	每月（　　）元	在职培训	每月（　　）元
失业保险	每月（　　）元	劳动保护用品	每月（　　）元
补充医疗保险	每月（　　）元	加班补贴	每月（　　）元
其他商业保险	每月（　　）元	企业组织活动	每月（　　）元
住房公积金	每月（　　）元	其他（情况说明）______	
报销通信费	每月（　　）元		

(6) 您上次提薪是在什么时候？

□ 2 年前　□ 1 年前　□ 半年前　□ 3 个月前　□ 1 个月前　□ 其他

(7) 您认为贵企业的薪酬在同行业中属于何种水平？

□ 高收入　　□ 中等收入　　□ 低收入

设计薪酬调查问卷时应注意几个事项。在设计调查问卷时，应将实现目标所需要的所有信息设置在其中，然后请有关人员试填，以发现并解决调查表中存在的问题。一些调查者为了控制成本，希望通过一次调查获取所有的信息资料。如果调查问卷设计得过长过繁，会引起填写人的反感，反而难以收集到全面准确的信息。一般而言，填写问卷的时间不应超过 2 小时。设计薪酬调查问卷的具体要求是：明确薪酬调查问卷要调查的内容，再设计问卷；保证问卷满足其使用目的；确保问卷中的每个调查项目都是必要的，经过必要的审核剔除不必要的调查项目，以提高调查问卷的有效性和实用性。请一位同事填写问卷样本，倾听反馈意见，了解问卷设计是否合理。要求语言标准，问题简单明确。把相关的问题放在一起，例如姓名、年龄、岗位名称、所属部门等。尽量采用选择判断式提问，尽可能减少所需文字书写量。保证留有足够的填写空间。使用简单的打印样式以确保易于阅读，当然也可以采用电子问卷，以便于统计分析软件处理。如果觉得有帮助，可注明填写须知。充分考虑信息处理的简便性与正确性。如果需要将问卷中的调查结果转录到其他文件中，就应按照同样的顺序排列提问答案的选项，以便减少抄录时可能发生的错误。如果在多种场合需要该信息，可考虑配备复写纸，以免多次填写。如果收集的数据使用OCR（光学字符阅读）和OMR（光学符号阅读）处理，表格则需要非常仔细地设计，保证准确地完成数据处理。

4. 统计分析调查数据

在对调查数据进行整理汇总、统计分析时，可根据实际情况选取以下方法。

（1）数据排列法。先将调查的同一类数据由高至低排列，再计算出数据排列中的中间数据，即25%点处、50%点处和75%点处。工资水平高的企业应注意75%点处，甚至90%点处的工资水平；工资水平低的企业应注意25%点处的工资水平；一般的企业应注意50%点处工资水平，表7-22是办公室文员工资的调查数据。

表7-22　办公室文员工资调查数据

企业名称	平均月工资（元）	排列	
A	2 550	1	
B	2 200	2	90%点处=2 200元
C	2 200	3	
D	1 900	4	
E	1 700	5	
F	1 650	6	
G	1 650	7	
H	1 650	8	50%点处=1 650元
I	1 600	9	
J	1 600	10	
K	1 550	11	
L	1 500	12	25%点处=1 500元
M	1 500	13	
N	1 500	14	
O	1 350	15	

（2）频率分析法。如果被调查单位没有给出某类岗位的完整工资数据，只能采集到某类岗位的平均工资数据，在进行工资调查数据分析时，可以采取频率分析法，记录在各工资额度区间内各类岗位的平均工资水平出现的频率，从而了解某类岗位人员工资的一般水平。从表7-23中很容易看出，该类岗位人员工资主要浮动范围为1 600～2 200元，这也是大部分企业为该类岗位人员支付的工资范围。

表7-23　办公室文员岗的工资频数分析

工资额度区间（元）	出现频数
2 400～2 599	1
2 200～2 399	2
2 000～2 199	3
1 800～1 999	4
1 600～1 799	3
1 400～1 599	2
1 200～1 399	1

（3）趋中趋势分析法。趋中趋势分析法是统计数据处理分析的重要方法之一，具体包括以下几种方法。

① 简单平均法。简单平均法是对某类岗位薪酬调查的数据求平均数，作为确定本企业同类岗位人员工资的基本依据。这种方法使用起来比较简单，但异常值有可能会影响结果的准确性，因此采用简单平均法时，应当首先剔除异常值，然后再进行计算。

② 加权平均法。采用本方法时，不同企业的工资数据将会被赋予不同的权重，而权重的大小则取决于每一家企业在同类岗位上工作的员工人数。也就是说，当某企业中从事某类岗位工作的人数越多，则该企业提供的工资数据，对于最终平均值的影响也就越大。在大多数情况下，规模不同的企业实际支付的工资会对最终调查结果产生不同的影响。因此，采用加权平均法处理分析数据要比简单平均法更具科学性和准确性。在调查结果基本上能够代表行业总体状况的情况下，经过加权的平均数更能接近劳动力市场的真实状况。

③ 中位数法。采用本方法时，首先将收集到的全部统计数据按照大小次序排列，再找出居于中间位置的数值，即中位数，作为确定某类岗位人员工资水平的依据。该方法最大的特点是可以剔除异常值即最大值和最小值对平均值的影响。但该方法准确性明显低于其他方法，它只能显示出当前劳动力市场平均薪酬水平的概况。

（4）离散分析法。离散分析是统计数据处理分析的主要方法之一，具体又包括标准差分析和百分位分析、四分位分析等几种方法。标准差分析可以检验出各种分布值与标准值之间的差距大小，但是在薪酬调查数据分析中并不常用。在薪酬调查分析中，经常使用百分位法和四分位法分析衡量统计数据的离散程度。

① 百分位法。首先将某种岗位的所有薪酬调查数据从低到高排列，划分为 10 组，每组中所包括的样本数分别为企业调查总数的 10%；在百分位中的第五个小组中的最后一个数据是所有数据的中值，可以用它来近似地代表当前市场上的平均薪酬水平。例如，某企业的工资水平处于市场的第 75 个百分位上，这就意味着有 75%的企业的工资水平都比该企业低，只有 25%的企业比它高。在百分位法中，第 50 个百分位是中间值。百分位法主要应用于企业工资水平的战略定位，因为它揭示了一家企业工资水平在劳动力市场上的地位。再如，有些公司将员工现金薪酬总额定位在市场上的第 60 个、第 75 个甚至第 90 个百分位上；而有的公司则将基本工资定位在平均水平第 50 个百分位上，将全部经济性薪酬定位在第 75 个百分位上。

② 四分位法。四分位法与百分位法的方法是类似的，只不过在进行四分位分析时，首先将某种岗位的所有薪酬调查数据从低到高排列，并划分为 4 组，每组中所包括的数量分别为企业调查总数的 1/4，即 25%；处在第二小组中的最后一个数据必然是所有数据的中值，可以用它来近似地代表当前劳动力市场上的平均工资水平。

（5）回归分析法。回归分析法是借用一些数据统计软件，如 SPSS 等所提供的回归分析功能，分析两种或多种数据之间的关系，从而找出影响薪酬水平、薪酬差距或薪酬结构的主要因素以及影响程度，进而对薪酬水平、薪酬差距或薪酬结构的发展趋势进行预测。

以下举例说明回归分析法的应用。

某企业进行岗位评价，并对各个岗位的月工资额进行统计，具体数据见表7－24。请用回归分析法对该企业各岗位的月工资额和岗位评价分值进行分析。

表7－24　　某企业月工资额与岗位评价得分表

序号	月工资额（元）	岗位评价得分	序号	月工资额（元）	岗位评价得分
1	800	200	16	1 650	334
2	820	210	17	1 750	345
3	850	217	18	1 840	356
4	900	228	19	1 950	363
5	930	237	20	2 050	375
6	970	245	21	2 150	385
7	1 000	258	22	2 250	395
8	1 060	265	23	2 350	405
9	1 120	271	24	2 450	413
10	1 180	279	25	2 600	426
11	1 250	291	26	2 800	439
12	1 320	300	27	3 000	455
13	1 400	304	28	3 400	478
14	1 480	315	29	3 900	510
15	1 560	326	30	4 500	550

解：以该企业月工资额为因变量，以岗位评价分值为自变量，运用SPSS 16.0对表7－24的数据进行线性回归分析，分析结果如下：

月工资额与岗位评价分值的直观分析如图7－4所示，月工资额与岗位评价分值基本呈线性关系，可以用一元线性回归方法进行分析。

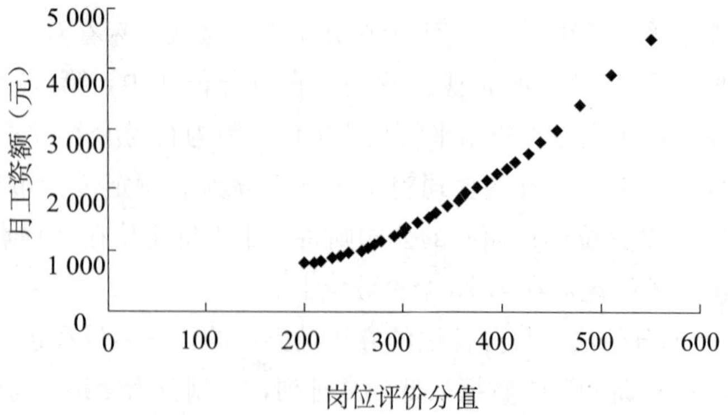

图7－4　月工资额与岗位评价分值的散点图

对月工资额与岗位评价得分做线性回归分析，分析结果为：

$$W=10.085E-1\ 577.986$$

式中，W——月工资额；

E——岗位评价分值。

回归系数显著性 t 检验结果见表 7-25。

表 7-25　　回归系数显著性 t 检验

项目		系数	
		常数项	系数
	非标准化	−1 577.986	10.085
	标准化	0	0.98
回归系数 t 检验	t 值	26.204	−11.673
	P 值	0	0
确定性系数		$R^2=0.961$	
回归方程 F 检验		$F=686.639$，$P=0$	

确定性系数 $R^2=0.961$，趋于 1，说明月工资额与岗位评价分值的线性相关性很强，月工资额能被岗位评价得分解释的部分较多，不能被解释的较少。

回归方程 F 检验的显著度 $P=0$，小于显著水平 0.05，因此整个回归方程线性关系显著，可建立线性模型。

回归系数显著性 t 检验中两个系数的 P 值均为 0，小于显著水平 0.05，可见它们与被解释变量月工资额的关系显著，应保留在回归方程中。

（6）图表分析法。图表分析法是在对调查数据进行统计汇总以及对资料进行整理的基础上，首先按照一定的格式编制统计表，然后制成各种统计图，如直线图、柱状图、饼状图、结构图等，对薪酬调查结果进行对比分析的一种方法。图表分析法具有直观、形象、鲜明、突出和简洁等特点，为很多公司所推崇。

5. 薪酬调查分析报告

薪酬调查分析报告应该包括薪酬调查的组织实施情况分析、薪酬数据分析、薪酬政策分析、趋势分析、企业薪酬状况与市场状况对比分析以及薪酬水平或制度调整的建议等内容。

六、薪酬结构

薪酬结构是对同一组织内部的不同职位或者是技能所应获得的薪酬进行的各种安排，是依据公司的经营战略、经济能力、人力资源配置战略和市场薪酬水平等为公司内价值不同的岗位制定不同的薪酬水平和薪酬要素，并且提供确认员工个人贡献的办法。薪酬结构设计包括纵向等级结构设计和横向要素结构设计两个层面。纵向等级结构设计需要确定薪酬等级的数目、等级区间等；横向要素结构设计需要确定不同薪酬要素之间的比例关系，如基本薪酬、可变薪酬与福利薪酬之间的比例关系等，一般将这种关系称为薪酬组合（compensation mix）。

（一）薪酬结构设计的原则

薪酬结构设计应遵循的基本原则有以下几条：

（1）内部一致性原则。内部一致性也称内部公平性，是指薪酬结构与薪酬层次、职位设计之间形成的对等、协调的关系。

（2）外部竞争性原则。在薪酬管理中，市场工资的变化主要影响企业的薪酬水平，进而影响企业薪酬结构的变化。

（3）动态调整性原则。受企业外部环境和内部条件变化的影响，不同职位或技能对创造企业价值的贡献会发生相应变化。因此，需要定期诊断和调整企业的薪酬结构。

（4）按工作流程支付的原则。当工作任务和流程强调团队合作时，团队中所有成员的薪酬应该尽量缩小差距，避免破坏合作以及因薪酬不公平而产生的矛盾；当工作流程允许围绕个人任务来组织时，可适度拉大个人之间的薪酬差距，并以此作为激励员工绩效的方式。

（5）与组织目标相符的原则。薪酬结构的设计要有助于员工清楚地了解他们的工作与组织之间的关系，促使员工的行为与组织目标相一致。

（二）薪酬的横向要素结构

薪酬的横向要素结构是指组织为员工所付薪酬中包括固定薪酬、绩效薪酬（或叫浮动薪酬）、福利薪酬三部分中的几种，以及各种应占多大权重。

一般情况下，横向要素结构同时包含固定薪酬、绩效薪酬、福利薪酬三种，也可以只包含其中的两种，甚至一种。比如，有的组织实施的是固定工资制，没有绩效薪酬。薪酬全部体现为相对固定的基本薪酬和福利薪酬。比如，我国当前的公务员薪酬基本上就属于这种模式，虽然公务员也有所谓的年终奖，但这种年终奖基本为第 13 个月基本薪酬，与公务员个人的绩效以及地方政府或整个国家的绩效基本上没有关系。有些企业对全部或部分员工采用这种固定工资制。有的组织实施的是绩效工资制，或浮动工资制、奖金制，则没有固定薪酬部分，主要以绩效薪酬和福利薪酬的形式发放。比如，针对销售人员采用的纯粹的佣金制或提成制。

（三）薪酬的纵向等级结构

薪酬的纵向等级结构包括这样几项内容：一是薪酬的等级数量；二是同一薪酬等级内部的薪酬变动范围（最高值、中值以及最低值）；三是薪酬区间的叠幅，见图 7－5。

1. 薪酬的等级数量

薪酬的等级是指根据工作的复杂程度和责任大小，将员工薪酬进行等级划分，不同的等级应体现工作要求的差异。薪酬等级是在工作分析和岗位评价的基础上建立起来的，它将岗位价值相近的岗位归入同一个薪酬等级，并采取一致的管理方法处理该等级内的薪酬管理问题。等级越多，薪酬管理制度和规范的要求就越明确，但也容易导致机械化；等级越少，相应的灵活性也越高，但也容易使薪酬管理失去控制。

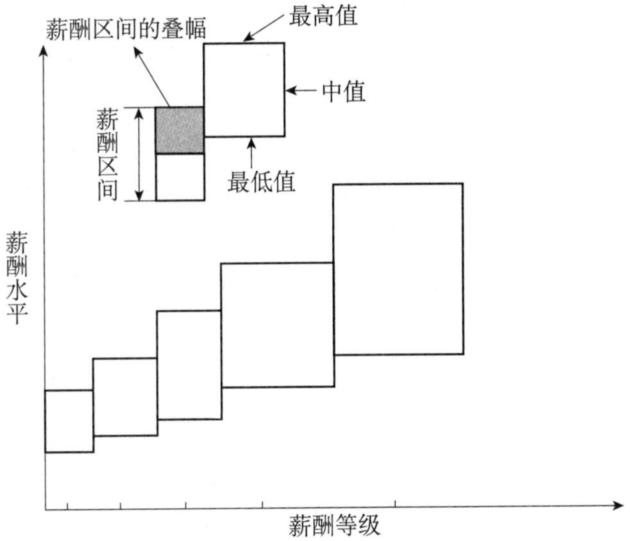

图 7-5 企业薪酬纵向等级结构的基本构成要素

2. 薪酬变动范围

薪酬变动范围又称薪酬区间，是指薪酬标准中同一薪酬等级最高值与最低值之间的跨度。设薪酬区间为 Z，该区间最高值为 max，最低值为 min，则

$$Z=max-min$$

薪酬变动范围与薪酬等级数量有密切关系，通常等级越多，各等级变动幅度越小；等级越少，则各等级变动幅度越大。

3. 薪酬区间的叠幅

从理论上来说，在同一个组织中，相邻的薪酬等级之间的薪酬区间可以设计成有交叉叠幅的，也可以设计成没有交叉叠幅的。如果相邻两个薪酬区间之间没有交叉叠幅或交叉叠幅很少，意味着相邻两个薪酬等级的区间薪酬水平差异过大，当员工获得晋升后，在工作能力没有很大改变的情况下，薪酬水平会比原来高出许多。这样一方面会引起原来与其处于同一薪酬等级的员工的不满；另一方面，会使员工的注意力过多地关注晋升，导致员工间内部竞争加剧。但如果交叉重叠的区间过大，会使不同薪酬等级之间的中值差异减少，削弱不同的薪酬等级反映不同岗位价值的作用。相邻等级间的薪酬区间的重叠程度取决于两个因素：一是薪酬等级内部的区间变动比率；二是薪酬等级的区间中值之差。相邻的薪酬等级的区间中值越是接近，变动比率大，则薪酬区的叠幅就越大；反之，薪酬等级的区间中值差越大，同一个薪酬区间的变动比率越小，薪酬区间的重叠区域就越小。

（四）宽带薪酬

按照美国薪酬协会的定义，宽带薪酬结构是指对多个薪酬等级以及薪酬变动范围进行重新组合，从而变成只有很少的薪酬等级以及相应较宽的薪酬变动范围。一般来说，典型的宽带薪酬结构可能只有不超过 4 个等级的薪酬等，每个薪酬等级的最高值与最低值之间的区间变动比率达到 100％或 100％以上，甚至可能达到 200％～300％，如图 7－6 所示。而在传统薪酬结构中，这种薪酬区间的变动比率通常只有20％～50％。宽带薪酬要求企业人力资源管理体系健全，应有规范、灵活的用工制度和市场化程度较高的薪酬制度。宽带薪酬模式适合技术型、创新型企业，以及技术和管理类员工。

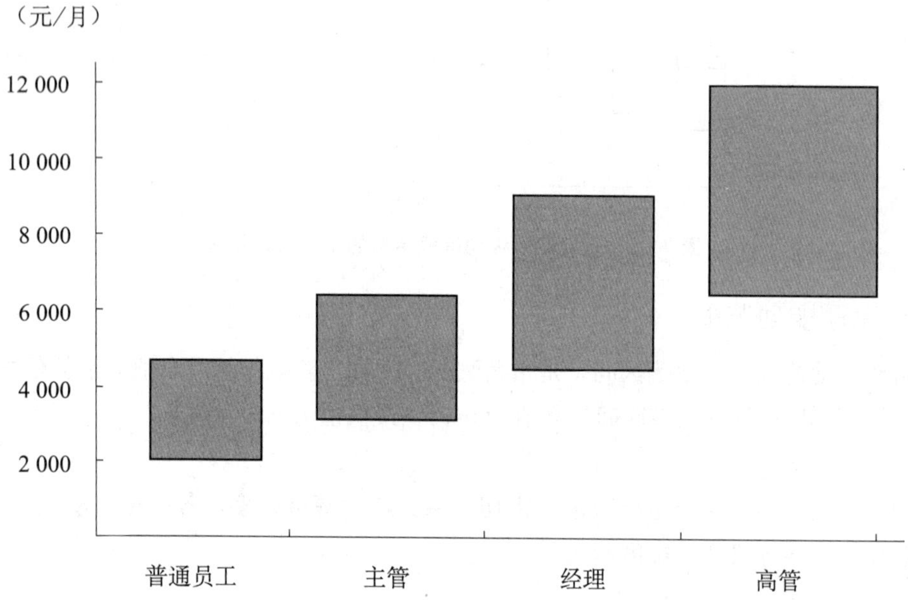

图 7－6　宽带薪酬示意图

宽带薪酬的优点有：支持扁平的组织结构；引导员工重视个人技能的增长和能力的提高；有利于岗位轮换与培育组织的跨职能成长和开发；以市场为导向，注重市场水平；有利于提升企业的核心竞争优势和企业的整体绩效。宽带薪酬的局限性主要体现在以下方面：要求管理者更加注重员工个人发展和培训，对沟通管理要求较高；结构形式过于宽泛，没有明确的岗位界定，因此很难把握确切的薪酬水平，市场薪酬调查技术很难得到应用；难以满足某些员工职位晋升或事业发展的需求；要求宽松的管理，赋予直线经理更大的薪酬决定和管理权限，这样有可能造成人力成本难以控制；加大了绩效管理的难度。

阅读材料

朗讯的薪酬管理

朗讯公司的薪酬结构由两大部分构成，一部分是保障性薪酬，跟员工的业绩关系不大，只跟岗位有关；另一部分薪酬跟业绩紧密挂钩。朗讯公司销售人员的待遇中有一部分是销售业绩奖金，业务部门根据个人的销售业绩每季度发放一次。与同行业其他公司相比，朗讯公司薪酬中浮动部分比较大，这样做是为了将公司每个员工的薪酬与公司的业绩挂钩。

一、业绩比学历更重要

朗讯公司在招聘时比较重视学历，大部分员工拥有研究生以上学历。“对于从大学刚刚毕业的学生，学历是我们的基本要求。”但是，学历在员工到公司之后较短时间就淡化了，无论做市场还是做研发，待遇、晋升和学历的关系慢慢消失。朗讯公司根据工作表现决定薪酬，薪酬基本上跟员工的职位和业绩挂钩。

二、薪酬政策的考虑因素

朗讯公司在执行薪酬制度时，不仅看公司内部的情况，而且将薪酬放到一个系统中考虑。朗讯公司的薪酬政策有两个考虑，一是保持自己的薪酬在市场上有很大的竞争力。为此，朗讯公司每年委托专业的薪酬调查公司进行市场调查，以此来了解人才市场的宏观情形。这是大公司在制定薪酬标准时的通常做法。另一个考虑是人力成本因素。综合这些考虑之后，人力资源部会根据市场情况给公司提出一个薪酬的原则性建议，指导所有的劳资工作。人力资源部将各种调查汇总后会告诉业务部门总体的市场情况，在这个情况下每个部门有一个预算，主管在预算允许的情况下对员工的待遇作出调整决定。

三、加薪策略

朗讯公司在加薪时做到对员工尽可能透明，让每个人知道加薪的原因。加薪时主管会找员工谈话，说明根据今年的业绩员工可以加薪多少。每年的12月1日是加薪日，公司加薪的总体方案出台后，人力资源总监会和各地薪酬经理进行交流，告诉员工当年薪酬的总体情况，市场调查的结果如何？今年的变化是什么？加薪的时间进度是怎样的？公司每年加薪最主要的目的是保证朗讯公司在人才市场的竞争力。

一方面高薪酬能够留住人才，所以每年的加薪必然也能够留住人才；另一方面，薪酬不能随意上涨，必须和人才市场的情况挂钩，如果有人因为薪酬问题提出辞职，大多数情况下是让其走人或者用别的办法留人。

四、薪酬与发展空间

薪酬在任何公司都是一个非常基础的方面。一个企业需要一定竞争能力的薪酬吸引人才，还需要有一定保证力的薪酬留住人才。如果和外界的差异过大，员工肯定会到其他地方找机会。薪酬会在中短期时间内调动员工的注意力，但是薪酬不是万能的，工作环境、管理风格、经理和下属的关系都对员工的去留有影响。员工一般会做长期打算，公司会以不同的方式告诉员工发展方向，让员工看到自己的发展前景。

资料来源：http：//www.chinabaike.com/z/xinxi/guanlizixun_renzheng/225309.html，2011-01-26.

第 2 节 岗位薪酬体系实践案例

一、A 公司薪酬体系改革的背景

A 公司创建于 20 世纪 80 年代中期，目前已经发展成为一家集研发、生产、销售为一体的大型药业集团。近年来，由于企业尚未建立起科学的薪酬体系和制度，员工薪酬无法与公司的发展同步，也无法与工作业绩、态度相联系，导致部分核心员工流失，在职员工的工作积极性不高，执行力较差。具体原因如下：第一，公司薪酬体系缺乏系统思考，未能与公司的发展战略相联系。如在薪酬结构和政策中，未能体现公司的战略和人力资本的合理价值；虽有考评制度，但未与薪酬体系挂钩，没有起到应有的激励作用。第二，现有岗位缺乏科学的分类，难以对不同职类的员工在企业价值创造过程中的作用加以评估。第三，员工的收入既不能合理地反映其为企业创造的价值，也不能反映人才市场的价格；薪酬是基于个体的，而不是基于团队的。

二、A 公司岗位薪酬体系改革

为尽快扭转不利局面，A 公司制定并实施了岗位薪酬体系改革方案。具体内容如下。

（一）薪酬体系改革方案的工作目标

A 公司薪酬体系改革方案的工作目标包括：使薪酬体系设计与公司的战略目标及价值理念相一致，增强其核心竞争力；公司继续采取高于本地区平均工资水平的工资政策，同时参考同行业工资水平，使公司主要岗位的薪酬水平在人才市场上有足够的竞争力；为员工设立多种职业阶梯，提倡能上能下，保证把最重要的职务交给最有责任心和最有才干的人，把职务看作一种责任，把工资作为工作的报酬；薪酬水平要充分拉开差距，向关键岗位、核心人才倾斜；员工的实际薪酬增长率不超过劳动生产率增长率；使公司的薪酬体系成为考核体系的一个直接反映，真正实现二者的有效对接，达到吸引优秀人才、留住关键人才的目的。

（二）薪酬体系方案的选择

1. 薪酬体系的基本政策

人事结合状态是工资决定的依据。确定各岗位在企业目标实现中的“相对价值”（依据岗位等级制度确定），确定员工将所在岗位的价值发挥的程度（依据考评制度确定），把工资当作一种管理手段，通过有效的工资管理过程，展开系统的激励。

2. A 公司薪酬体系的选择

针对 A 公司的组织结构与人员结构，为了充分体现薪酬的有效性、公平性和可实施性，专家组一致认为宜采用以岗位价值为主的薪酬体系并辅以下列方法：对业绩较容易衡量的销售人员采用销售超额提成法；对特殊人员，如总经理或某些稀缺人才，可依据市场行情并结合工作业绩，适时采用年薪制。

3. 薪酬总额预算

年度薪酬总额=上年销售收入×年工资提成率，其中，年工资提成率由总经理或高层管理委员会决定。

（三） 薪酬结构设计

1. 横向结构

这里主要以经济报酬中的直接报酬作为薪酬体系的设计主体，主要包括岗位工资、津贴、奖金。针对业绩的可度量程度，不同人员实行不同的工资制度，见表 7 - 26 和表 7 - 27。

表 7 - 26　　工资组合

代号	A	B	C1	C2	C3
含义	岗位工资	津贴补助	业绩奖金	超额奖金	年薪

表 7 - 27　　各类人员工资组合

员工类型	工资结构	系数值
总部职员	K×A+B+C1	K=1.0
营销人员	K×A+B+C2	K=0.5
要职人员	K×A+B+C3	K=0.5

2. 纵向结构

纵向结构设计，主要是岗位等级设计、同一等级中的岗位档次设计。按照各岗位的任职资格对岗位进行职层、职类、职等、职级划分。任职资格是指承担岗位的资格与能力，包括基本素质，如知识、技能与体能；专业技能，如经验、熟练程度；个人品质，如职业道德、修养。

（1）岗位分层（职层）。按任职资格能力的高低，分出不同层次，是纵向的划分，如高层、中层、基层。

（2）岗位分类（职类）。按照岗位的限制，分为不同内容的资格能力，是横向的划分，如决策类、管理类、专业类、业务类、操作类、事务类等。任职资格职类划分见表7 - 28。

表 7-28 任职资格职类划分表

职类	职称	岗位示例
决策类	董事长	董事长
管理类	高层管理	总经理、副总经理
	中层管理	财务经理、人力资源部经理、生产经理、行政经理、车间主任
	基层管理	财务主管、供应部主管、招聘经理、车间班长
专业类	总工	会计、工程
	高级工程师	
	工程师	
	助理工程师	
	技术员	
业务类	特级业务员	销售
	高级业务员	
	中级业务员	
	初级业务员	
操作类	高级工	生产、维修、调试
	中级工	
	低级工	
事务类	事务员	打字员、后勤、司机、炊事员、门卫、保洁

(3) 岗位等级。岗位等级包括岗等（又称职等)、岗级（又称职级)。根据企业实际情况，可以对每个岗等划分为一到几个岗级。划分岗等通常需要考虑以下因素：承担工作所需要的知识、技能、经验、体能；工作的目标、任务、责任及责任范围；工作的重要性；工作的复杂性；与人接触的差异性；与人接触的难易度；工作的环境等。岗等划分实际上就是为每个岗位类别划分职类区间，即必须分出等级的上限和下限，见表 7-29。下限是其任职资格能力的起点，上限是其任职资格能力的终极目标。岗等区间，可由薪酬管理委员会根据集团不同时期的战略重点的变化，对战略价值上升的职类的岗等区间作出相应的调整。设置岗等区间需要遵循以下原则：预设原则，即区间要涵盖本职层所有岗位的任职资格能力，必须为资格能力的提高预设足够的空间；倾斜原则，各职类岗等区间的设计，特别是上限的确定，必须拉开差距，以体现公司的总体战略、理念和人事政策的导向，即向有利于公司的成长与发展的人倾斜；非歧视原则，拉开差距，并不意味着对某一职类的歧视，而且员工可以在自我开发的基础上，通过职类转化，进入其他职类及相应等级；非对应原则，岗等区间的上限，只意味着本职类的最高任职资格能力要求，员工很少能够直接进入上限，而能否进入上限，取决于其自身能力的提高与考核结果。

表 7-29　　职务等级表

职层	职等	职类					
		决策	管理	专业	业务	操作	事务
高层	十						
	九	总裁					
	八	总经理					
中层	七						
	六			总工程师			
	五		部门经理	高级工程师			
	四		部门主管	工程师	特级业务员		
基层	三			助理工程师	高级业务员	高级工	
	二			技术员	中级业务员	中级工	
	一				初级业务员	初级工	办事员

（四）薪酬体系的内容

1. 岗位等级工资制的基本框架

（1）确定各岗位等级工资薪点数。依据岗位评价的结果，结合岗位的分层、分类、分等，为各个岗位的岗等和岗级确定薪点数，见表 7－30。

表 7-30　　岗位等级工资薪点表

岗级	岗等									
	一	二	三	四	五	六	七	八	九	十
1	700	1 000	1 400	1 900	2 500	3 300	4 250	5 450	6 850	8 650
2	720	1 040	1 460	1 980	2 600	3 430	4 410	5 650	7 090	8 950
3	740	1 080	1 520	2 060	2 700	3 560	4 570	5 850	7 330	9 250
4	760	1 120	1 580	2 140	2 800	3 690	4 730	6 050	7 570	9 550
5	780	1 160	1 640	2 220	2 900	3 820	4 890	6 250	7 810	9 850
6	800	1 200	1 700	2 300	3 000	3 950	5 050	6 450	8 050	10 150
7	820	1 240	1 760	2 380	3 100	4 080	5 210	6 650	8 290	10 450
8	840	1 280	1 820	2 460	3 200	4 210	5 370	6 850	8 530	10 750
9	860	1 320	1 880	2 540	3 300	4 340	5 530	7 050	8 770	11 050
10	880	1 360	1 940	2 620	3 400	4 470	5 690	7 250	9 010	11 350
11	900	1 400	2 000	2 700	3 500	4 600	5 850	7 450	9 250	11 650
12	920	1 440	2 060	2 780	3 600	4 730	6 010	7 650	9 490	11 950

续前表

岗级	岗等									
	一	二	三	四	五	六	七	八	九	十
13	940	1 480	2 120	2 860	3 700	4 860	6 170	7 850	9 730	12 250
14	960	1 520	2 180	2 940	3 800	4 990	6 330	8 050	9 970	12 550
15	980	1 560	2 240	3 020	3 900	5 120	6 490	8 250	10 210	12 850
16	1000	1 600	2 300	3 100	4 000	5 250	6 650	8 450	10 450	13 150
17	1020	1 640	2 360	3 180	4 100	5 380	6 810	8 650	10 690	13 450
18	1040	1 680	2 420	3 260	4 200	5 510	6 970	8 850	10 930	13 750
19	1060	1 720	2 480	3 340	4 300	5 640	7 130	9 050	11 170	14 050
20	1080	1 760	2 540	3 420	4 400	5 770	7 290	9 250	11 410	14 350

（2）确定与考核制度结合的岗位工资的调整。具体操作步骤如下：

首先，换算：将考核结果换成分值，见表 7－31。

表 7－31　　人事考核积分表

评语	极佳	优秀	良好	合格	不合格
考核结果	S	A	B	C	D
分值	5	4	3	2	1

其次，薪级调整：每季度考评一次，半年调整一次，调整的依据是两次得分的累积分值，见表 7－32。

表 7－32　　薪级调整基准

累计分值 K（半年 2 次）	升（降）级
10	+2
9，8	+1
7，6，5	0
4，3	−1
2	−2

再次，薪等调整：每年调整一次薪等或薪级。年终时先按照第三、第四季度的两次考评结果调整薪级，然后再综合第一、二、三、四季度的总得分调整薪等，见表 7－33。

表 7－33　　薪等调整基准

累计分值 K（一年 4 次）	升（降）级
$18 \leqslant K \leqslant 20$	+1
$12 \leqslant K < 18$	0
$8 \leqslant K < 12$	−1
$K < 8$	下岗

调升说明：年末晋等时，若所在等级工资大于高一等的 1 级工资，则晋等；否则在

年末调升两次薪级。调整后，若此时所在等级工资大于高一等的1级工资，则晋等，工资向高靠；否则不晋等。

调降说明：年末降等时，若所在等级工资小于低一等的20级工资，则降等，否则在年末调降两次薪级。调整后，若此时所在等级工资小于低一等的20级工资，则降等，工资向低靠；否则不降等。

补充说明：晋等后，薪级的确定依工资表对应金额上靠；退等后，薪级的确定依工资表对应金额下靠。

自然升等：在某一等中薪级升满20级，若再出现升级情况，则自然过渡到比其高一等对应金额的薪级。

自然退等：在某一等中薪级退至1级，若再出现退级情况，则自然过渡到比其低一等对应金额的薪级。等级关系图，如图7-7所示。

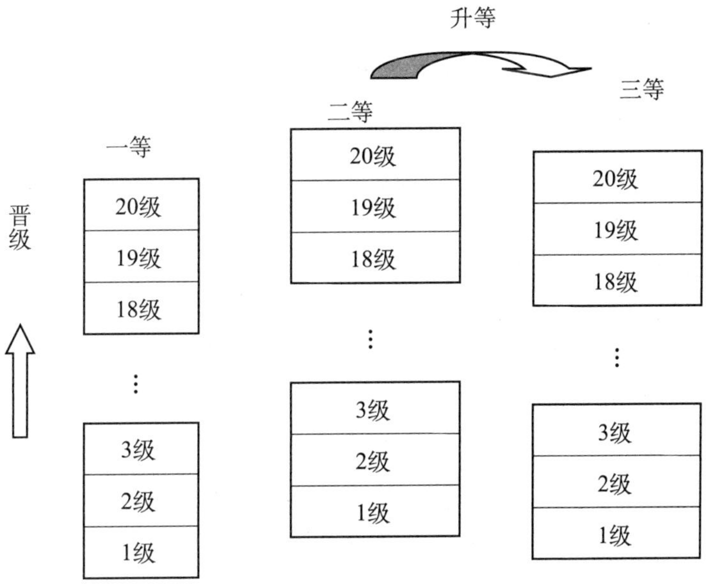

图7-7 薪酬等级关系图

薪点与岗位等级工资结合。岗位等级工资薪点表（见表7-30）中的薪点与人民币的比例关系暂定为1∶1，即1点＝人民币1元。以后随着效益的变化，公司可以每年调整一次薪点与人民币的比例，如明年净利润增长50%，则可定为1点＝人民币1.2元；若明年净利润减少50%，则可定为1点＝人民币0.8元。

2. 津贴

津贴主要包括区域津贴、加班津贴、出差津贴、管理津贴。

（1）区域津贴。发放对象为长期驻守在偏远地区的两个工厂的管理和技术人员；发放标准根据员工在岗位等级工资表中的位置来确定，见表7-34；每月与岗位等级工资一起发放。

表 7-34 区域津贴一览表

所在岗位等级	一～三等	四～七等	八～十等
区域津贴（元/月）	600	800	1 200

（2）加班津贴。加班是指凡规定工作时间以外的出勤，主要指休息日、法定休假日加班以及8小时工作日的延长作业时间。加班时间必须经主管认可。计算标准：按加班者小时职务工资计算，加班以小时计算单位，不足一小时略去，见表7-35。加班津贴每月与岗位等级工资一起发放。

表 7-35 加班津贴计算表

加班类别	延长工作时间	休息日加班	法定休假加班
加班津贴	$1.5\times N\times P/(22\times8)$	$2\times N\times P/(22\times8)$	$3\times N\times P/(22\times8)$

说明：N——加班的小时数；P——月职务工资；8——每个工作日的制度工作时间；22——月制度工作日数，计算方法：$(365-104)\div12=21.75\approx22$。

（3）出差津贴。发放对象为凡离开工作所在地到外地出差者（培训除外）。发放标准根据员工在岗位等级工资表中的位置来确定，具体见表7-36。

表 7-36 出差津贴支付表

职务等级	一～三等	四～七等	八～十等
出差津贴（元/天）	40	80	150

（4）管理津贴。发放对象为参与决策的各等管理职务担当者。发放标准根据员工在岗位等级工资表中的位置来确定，具体见表7-37。

表 7-37 出差津贴支付表

职等	五等	六等	七等	八等	九等	十等
管理津贴（元/月）	200	300	400	500	700	1 000

3. 奖金

奖金主要包括业绩奖金、超额提成奖、年薪。

（1）业绩奖金。发放对象为全体员工。年终一次发清，发放依据为一年4次的考核结果，具体见表7-38。

表 7-38 出差津贴支付表

累计分值 K（一年4次）	奖金额
20，19，18	3×月工资额
17，16，15	2×月工资额
14，13，12	1×月工资额
其他	0

说明：表中的“月工资额”指年终考核结果出来后调整完岗等和岗级后的月工资额。

(2) 超额提成奖。销售部门或个人在完成本年年度销售目标的基础上，超额完成的部分按照销售收入的一定百分比提取奖金，奖金提取率由公司在每年年初制定。

(3) 年薪。发放对象为要职要员。随着公司的成长，可以考虑对公司的要职要员实行贡献年薪制。年薪的额度根据岗位工资等级以及考核结果确定。年终以奖金形式发放，具体见表7-39。

表7-39 **贡献年薪额度基准表** 单位：万元

岗位等级	考核结果		
	S	A	B
十	30	15	8
九	20	10	5
八	10	5	3
七	5	3	1

年薪制要与岗位工资制相结合，岗位等级工资是确定各项报酬的基础，因此，无论进入年薪制系列与否，都必须逐年依据考核结果对所有员工的工资等级进行调整，以便推出年薪制后顺利进入岗位等级工资体系。

第3节 福 利

一、福利的概念

福利是指企业以组织成员的身份为依据，而不是以员工的劳动情况为依据支付给员工的间接薪酬。对员工来说，福利可以起到增加员工收入、保障员工家庭生活及退休后生活质量、满足员工平等和归属的需要的作用。对企业来说，福利可以起到吸引和保留员工、营造和谐企业文化、享受国家优惠税收政策等作用。福利可以分为法定福利和企业自主福利。法定福利具有强制性，任何企业都必须执行。法定福利为员工提供了工作和生活的基本保障，主要有“五险一金”，即基本养老保险、基本医疗保险、失业保险、工伤保险、生育保险和住房公积金。企业自主福利指企业自愿向员工提供的其他福利项目，自主福利不具有强制性，具体的项目也没有一定的标准，企业可以根据自身的情况灵活决定。企业自主福利的类型很多，包括免费工作餐、交通服务或交通补贴、住房福利、购车福利、企业年金（补充养老保险）、寿险、意外险、财产险、带薪假期、牙齿保健、文娱体育设施、教育福利、子女教育辅助计划、退休前咨询、休闲旅游、员工持股计划（ESOP）等。

二、社会保险

社会保险包括基本养老保险、基本医疗保险、工伤保险、失业保险和生育保险，即

“五险”。

1. 基本养老保险

基本养老保险是国家依据相关法律法规，为解决劳动者在达到国家规定的解除劳动义务的劳动年龄界限或因年老丧失劳动能力退出劳动岗位后的基本生活而建立的一种社会保险制度。

被保险人只有同时满足以下两个条件，方可按月领取基本养老金及丧葬补助费等：达到国家规定的退休条件，已办理相关手续；按规定缴纳基本养老保险费累计缴费年限满 15 年的。经劳动保障行政部门核准后次月起开始领取。

基本养老保险由企业和被保险人按不同缴费比例共同缴纳。缴费比例分为以企业参保和以个体劳动者参保两类。以企业参保的，企业按职工缴费工资总额的 20%缴费，职工按个人缴费基数的 8%缴费。个体劳动者包括个体工商户和自由职业者按缴费基数的 20%缴费，全部由自己负担。例如，2010 年 4 月陕西省公布的 2009 年度全省社会平均工资为 30 293 元，因此 2010 年缴费金额＝30 293×20%＝6 058.6 元。职工缴费工资高于所在省上年度社会平均工资 300%的，以所在上年度社会平均工资的 300%为缴费基数；职工缴费工资低于所在省上年度社会平均工资 60%的，以所在省上年度社会平均工资的 60%为缴费基数。以个人身份参加养老保险的以当地上年度在岗职工社会平均工资的一定比例作为个人缴费基数，可选择的档级为 60%，80%，100%，基于如今社会平均工资逐年提高，考虑到个人承受能力，部分省市增加了 40%的档级。

2. 基本医疗保险

基本医疗保险是指通过国家立法，按照强制性社会保险原则，及“以收定支，收支平衡，略有结余”的筹资原则，运用医疗资金，保证人们公平地获得适当的医疗服务的社会保险制度。换言之，基本医疗保险就是当劳动者生病或受到伤害后，由国家或社会提供医疗服务或经济补偿的一种社会保障制度。基本医疗保险费应由用人单位和职工个人按时足额缴纳。不按时足额缴纳的，不计个人账户，基本医疗保险统筹基金不予支付其医疗费用。以北京市基本医疗保险为例，用人单位每月按照其缴费总基数的 10%缴纳，职工按照本人工资的 2%＋3 元的大病统筹缴纳。

3. 工伤保险

工伤保险，又称职业伤害保险，是指劳动者在工作中或在规定的特殊情况下，遭受意外伤害或患职业病导致暂时或永久丧失劳动能力以及死亡时，劳动者或其遗属从国家和社会获得物质帮助的一种社会保险制度。工伤保险是通过社会统筹的办法，集中用人单位缴纳的工伤保险费，建立工伤保险基金，对劳动者在生产经营活动中遭受意外伤害或职业病，并由此造成死亡、暂时或永久丧失劳动能力时，给予劳动者医疗救治以及必要的经济补偿的一种社会保障制度。这种补偿既包括医疗、康复所需费用，也包括保障基本生活的费用。

(1) 工伤保险的特点。工伤保险对象的范围是在生产劳动过程中的劳动者。职业危害无所不在，无时不在，任何人都不能完全避免职业伤害。工伤保险作为抵御职业危害的保险制度适用于所有职工，任何职工发生工伤事故或遭受职业疾病，都应毫无例外地获得工伤保险待遇。工伤保险的责任具有赔偿性，也就是说当劳动者的生命健康权、生存权和劳动权受到影响、损害甚至被剥夺时，工伤保险是基于对工伤职工的赔偿责任而设立的一种社会保险制度，而其他社会保险是基于对职工生活困难的帮助和补偿责任而设立的。工伤保险实行无过错责任原则，无论工伤事故的责任归用人单位还是职工个人或第三者，用人单位均应承担保险责任。工伤保险不同于养老保险等险种，劳动者不缴纳保险费，全部费用由用人单位负担，即工伤保险的投保人为用人单位。工伤保险作为社会福利，其保障内容比商业意外保险要丰富。除了在工作时的意外伤害，也包括职业病的报销、急性病猝死保险金、丧葬补助。

(2) 适用范围。根据《工伤保险条例》的规定，工伤保险的适用范围包括中华人民共和国境内的企业、事业单位、社会团体、民办非企业单位、基金会、律师事务所、会计师事务所等组织和有雇工的个体工商户。公务员和参照公务员法管理的事业单位、社会团体的工作人员因工作遭受事故伤害或者患职业病的，由所在单位支付费用。具体办法由国务院社会保险行政部门会同国务院财政部门规定。

(3) 工伤范围。工伤是指职工在工作过程中因工作原因受到事故伤害或者患职业病。根据《工伤保险条例》第十四条的规定，职工有下列情形之一的，应当认定为工伤：在工作时间和工作场所内，因工作原因受到事故伤害的；工作时间前后在工作场所内，从事与工作有关的预备性或者收尾性工作受到事故伤害的；在工作时间和工作场所内，因履行工作职责受到暴力等意外伤害的；患职业病的；因工外出期间，由于工作原因受到伤害或者发生事故下落不明的；在上下班途中，受到非本人主要责任的交通事故或者城市轨道交通、客运轮渡、火车事故伤害的；法律、行政法规规定应当认定为工伤的其他情形。同时，根据该条例第十五条的规定，职工有下列情形之一的，视同工伤：在工作时间和工作岗位，突发疾病死亡或者在 48 小时之内经抢救无效死亡的；在抢险救灾等维护国家利益、公共利益活动中受到伤害的；职工原在军队服役，因战、因公负伤致残，已取得革命伤残军人证，到用人单位后旧伤复发的。

职工在发生工伤后，经治疗伤情相对稳定后存在残疾、影响劳动能力的，应当依法进行劳动功能障碍程度和生活自理障碍程度的等级鉴定，及劳动能力鉴定。其中劳动功能障碍分为 10 个伤残等级，最重的为一级，最轻的为十级。生活自理障碍分为 3 个等级：生活完全不能自理、生活大部分不能自理和生活部分不能自理。工伤职工应依照劳动能力鉴定部门出具的伤残鉴定，享受不同等级的工伤待遇。

4. 失业保险

失业保险是为遭遇失业风险、收入暂时中断的失业者设置的一道安全网。它的覆盖范围通常包括社会经济活动中的所有劳动者。我国于 1999 年 1 月 22 日颁布的《失业保险条例》规定，企事业单位按本单位工资总额的 2%缴纳失业保险费，职工按本人工资的 1%缴纳失业保险费，政府提供财政补贴、失业保险基金的利息和依法纳入失业保险基金的其他资金。

失业保险的开支范围包括：失业保险金、领取失业保险金期间的医疗补助金、丧葬补助金、抚恤金；领取失业保险金期间接受的职业培训补贴和职业介绍补贴，国务院规定或批准的与失业保险有关的其他费用。享受失业保险待遇的条件为：所在单位和本人按规定履行缴费义务满 1 年，非本人意愿中断就业，已办理失业登记并有求职要求。同时具备以上三个条件者才有申请资格。

关于失业保险金给付期限，具体的规定是，最长为 24 个月，最短为 12 个月。其中累计缴费时间满 1 年不足 5 年的，给付期最长为 12 个月；满 5 年不满 10 年的，给付期最长为 18 个月；10 年以上的，给付期最长为 24 个月。对连续工作满 1 年的农民合同工，根据其工作时间长短支付一次性生活补助。

5. 生育保险

生育保险是通过国家立法，在职妇女因生育子女而暂时中断劳动时，由国家和社会及时给予生活保障和物质帮助的一项社会保险制度。《社会保险法》规定，只要与用人单位签订劳动合同或形成事实劳动关系，不分男女，均应参加生育保险。生育保险基金作为社会保险统筹基金的一部分，强制所有符合参保规定的企业必须为与之建立劳动关系的职工（不分男女）参保，费用全部由企业负担，个人不缴费。此外，《社会保险法》在生育保险方面还有一大突破，即规定职工未就业配偶按照国家规定享受生育医疗费用待遇，从而改变了过去全职太太生孩子后有关费用不能报销的状况。这也意味着，只要丈夫买了生育保险，全职太太生孩子的医疗费将由生育保险基金支出，只是不能享受生育津贴。男职工参保生育保险是为了将女职工的生育费用分担到全社会，减轻女职工占多数的单位的负担，避免用人单位不愿雇佣育龄妇女的现象。在享受晚育奖励假期间也可以领取生育津贴（但晚育奖励假只能由夫妻双方的一方享受，妻子享受了丈夫就不能享受）。

男职工享受生育保险需满足以下条件：配偶是城镇户口的，须提交失业证或居住地居委会的无工作单位证明和经办机构规定的相关资料；是农村户口的，须提交其居住地村委会出具的无工作证明和规定的相关资料。女职工生育时或男职工配偶生育时，生育保险连续缴费满 6 个月，还要符合国家和省人口与计划生育法律、法规、规章规定。连续参保缴费的用人单位因依法关闭、破产、撤销等原因与职工解除劳动关系或劳动合同终止的，其职工在劳动关系解除或合同终止后 10 个月内发生生育的，享受生育保险待遇。

例 7-1

某市基本养老保险企业缴费费率为 19%，个人为 7%；医疗保险企业缴费费率为 10%，个人为 2%+3 元；失业保险企业缴费费率为 1.5%，个人为 0.5%。某企业现有员工 10 人，每月工资分布情况为 1 名 5 000 元、3 名 3 000 元、4 名 2 000 元、2 名 1 000 元。

问题：（1）企业每月三项保险费共需缴纳多少保险费？（2）月薪 5 000 元的员工每月需要缴纳多少保险费？

解：（1）企业缴费计算结果如下：

企业工资总额：5 000+3 000×3+2 000×4+1 000×2=24 000(元/月)

企业所缴纳的养老保险：24 000×19%=4 560(元)

企业所缴纳的医疗保险：24 000×10%=2 400(元)

企业所缴纳的失业保险：24 000×1.5%=360(元)

企业每月所缴纳的三项保险费总和：4 560+2 400+360=7 320(元)

(2) 月薪 5 000 元的员工每月需缴纳的保险费计算如下：

养老保险：5 000×7%=350(元)

医疗保险：5 000×2%+3=103(元)

失业保险：5 000×0.5%=25(元)

三、企业年金

（一）企业年金的概念和内容

1. 企业年金的概念

企业年金是指企业及其员工在依法参加基本养老保险的基础上，自愿建立的补充养老保险制度。国务院《关于同意辽宁省完善城镇社会保障体系试点实施方案的批复》（国函〔2001〕79 号）指出："有条件的企业可为员工建立企业年金，并实行市场化运营与管理。企业建立企业年金应具备 3 个条件：一是依法参加基本养老保险并按时足额缴费；二是生产经营比较稳定，经济效益较好；三是企业内部管理制度健全。企业年金实行基金完全积累，采用个人账户方式进行管理，费用由企业和职工个人缴纳，企业缴纳在工资总额 4%以内的部分，可从成本列支。"

为建立多层次的养老保险制度，更好地保障企业员工退休后的生活，完善社会保障体系，2004 年 1 月 6 日国家劳动和社会保障部公布了《企业年金试行办法》，于 2004 年 5 月 1 日起施行。

2. 企业年金的适用范围

符合下列条件的企业，可以建立企业年金：依法参加基本养老保险并履行缴费义务；具有相应的经济负担能力；已建立集体协商机制。

3. 企业年金方案的内容

企业年金方案的建立应当由企业与员工代表或工会协商完成，国有及国有控股企业的企业年金方案草案应当提交员工大会或者员工代表大会讨论通过。

企业年金方案的主要内容包括参加人员范围、资金筹集方式、员工企业年金个人账户管理方式、基金管理方式、计发办法和支付方式、支付企业年金待遇的条件、组织管理和监督方式、终止缴费的条件、双方约定的其他事项。

企业年金适用于企业试用期满的员工。

4. 企业年金计划的申报和备案

企业在完成年金计划设计方案后，应该向所在地区的县级以上地方政府的劳动保障行政部门上报年金计划，中央所属大型企业的企业年金方案，应当报送劳动和社会保障部。劳动保障行政部门自收到企业年金方案文本之日起 15 日内未提出异议的，企业年金方案即行生效。

（二）企业年金设计程序

第一步，确定补充养老金的来源。可行的来源方式有两种：一种是完全由企业负担，员工退休时，企业按规定支付员工养老金；另一种是由企业和员工共同负担，员工从工资或储蓄、奖金、分红中拿出一部分上缴企业，企业按工资总额的一定百分比提取一定的金额，共同作为补充养老保险基金。

第二步，确定每个员工和企业的缴费比例。员工个人的缴费比例可以依据员工的工龄或者工资水平而定；企业的缴费比例根据企业支付能力和企业员工的年龄结构确定。

第三步，确定养老金支付的额度。首先，确定养老金的计算基础额。基础额可以是员工在职期间的月基本工资，或者是基本工资加其他一些工资项目或者是全部工资。基础额的多少取决于企业的支付能力。其次，确定养老金的支付率。支付率可以根据员工的工龄不同确定不同的支付率，工龄越长，支付率越高。

第四步，确定养老金的支付形式。可以有 3 种形式：一次性支付；定期支付；一次性支付与定期支付结合。

第五步，确定实行补充养老保险的时间。最好是选择在工资调整时实施，这样员工不会感到负担加重而难以承受。

第六步，确定养老基金管理办法。

（三）企业年金的管理与监督

建立企业年金的企业，应当确定企业年金受托人，受托管理企业年金。受托人可以是企业成立的企业年金理事会，也可以是符合国家规定的法人受托机构。

1. 建立企业年金理事会

企业年金理事会由企业和员工代表组成，也可以聘请企业以外的专业人员参加，其中员工代表应不少于 1/3。企业年金理事会除管理本企业的企业年金事务外，不得从事其他任何形式的营业性活动。

2. 确定受托人

受托人可以委托具有资格的企业年金账户管理机构作为账户管理人，负责管理企业年金账户。可以委托具有资格的投资机构作为投资管理人，负责企业年金基金的投资运营。

受托人应当选择具有资格的商业银行或专业托管机构作为托管人，负责托管企业年金基金。受托人与账户管理人、投资管理人和托管人确定委托关系，应当签订书面合同。

企业年金基金必须与受托人、账户管理人、投资管理人和托管人的自有资产或其他资产分开管理，不得挪作他用。

3. 企业年金基金管理

企业年金基金管理应当符合国家有关规定。

企业年金所需要的费用由企业和员工个人共同缴纳。企业缴费的列支渠道按国家有关规定执行；员工个人的缴费可以由企业从员工个人工资中代扣。企业缴费每年不超过企业上年度员工工资总额的 1/12，企业和员工个人缴费合计一般不超过本企业上年度员工的工资总额。

企业年金基金由企业缴费、员工个人缴费、企业年金基金投资运营收益等项组成。

企业年金基金按完全积累，采用个人账户方式进行管理。企业年金基金可以按照国家规定投资运营，投资运营的收益并入企业年金基金。企业缴费应当按照企业年金方案规定比例计算的数额计入员工企业年金个人账户；员工个人缴费额计入本人企业年金个人账户。企业年金基金投资运营收益，按净收益率计入企业年金个人账户。

（四） 企业年金的支付方式

1. 企业年金的领取

员工在达到国家规定的退休年龄时，可以从本人企业年金个人账户中一次性或定期领取企业年金。员工未达到国家规定的退休年龄的，不得从个人账户中提前提取。员工或退休人员死亡后，其企业年金个人账户余额由其指定的受益人或法定继承人一次性领取。出境定居人员的企业年金个人账户资金，可根据本人的要求一次性支付给本人。

2. 个人账户转移

实行企业年金制度的企业，其员工在变动工作单位时，企业年金个人账户资金可以随同转移。员工升学、参军、失业期间或新就业单位没有实行企业年金制度的，其企业年金个人账户可由原管理机构继续管理。

四、福利管理的发展趋势

（一）弹性福利

从 20 世纪 90 年代开始，弹性福利（flexible benefits）模式逐渐兴起，成为福利管理发展的一个趋势。弹性福利，也称自助式福利，是由员工自行选择除法定福利外的其他福利项目。从目前实践来看，发达国家企业实行的弹性福利主要有以下五种类型。

1. 附加型弹性福利

附加型弹性福利是在现有的福利计划外，再提供一些福利项目或提高原有的福利水准，由员工选择。例如，原来的福利计划包括住房补贴、交通补助、免费午餐等，实行附加型弹性福利后，可以在执行上述福利的基础上额外提供附加福利，如补充养老保险等。

2. 核心加选择型弹性福利

核心加选择型弹性福利是由核心福利项目和选择福利项目组成福利计划，核心福利是所有员工都有的基本福利，不能随意选择；选择福利项目包括所有可以自由选择的项目，并附有购买价格，每个员工都有一个福利限额，如果总值超过了所拥有的限额，差额就要折成现金由员工支付。福利限额一般是未实施弹性福利时所拥有的福利水平。

3. 弹性支出账户

弹性支出账户是指员工每年可以从其税前收入中拨出一定数额的款项作为自己的支出账户，并以此账户去选购各种福利项目的福利计划。由于拨入该账户的金额不必缴纳所得税，因此对员工具有吸引力。为了保证专款专用，一般都规定账户中的金额如果本年度没有用完，不能在未来使用，也不能以现金形式发放，而且已经确定的认购福利款项也不得挪作他用。

4. 福利套餐

福利套餐是由企业提供多种固定的福利项目组合，员工只能自由地选择某种福利组合，而不能自由组合。

5. 选择型弹性福利

选择型弹性福利是在原有的固定福利的基础上，提供几种项目不等、程度不同的福利组合供员工选择。这些福利组合的价值，有些比原有的固定福利高，有些则比原有的固定福利低。如果员工选择比原有的固定福利价值低的组合，就会得到其中的差额，但是员工必须对所得的差额纳税。如果员工选择了价值较高的福利组合，就要扣除一部分直接薪酬作为补偿。

（二）福利管理的社会化

福利管理的社会化是指企业将自己的福利委托给社会上的专门机构进行管理，这样企业的人力资源管理部门就可以摆脱这些琐碎的事务，集中精力来从事那些附加值高的工作；此外，由于这些机构是专门从事这项工作的，因此提供的福利管理也更加专业。但是，这种方式也存在一个问题，即由于外部机构对企业的情况不太了解，因此企业需要与其进行大量的沟通，否则提供的福利就会失去针对性。

（三）福利管理的货币化

福利管理的货币化是指企业将本应提供给员工的福利折合成货币，并以货币的形式发放给员工。这种方式可以大大降低福利管理的复杂程度，减轻企业的管理负担。但是，以货币形式发放福利就改变了福利原有的性质，从而削弱了福利应有的作用。而且，由于不再集中购买，就会失去规模效益，这样在企业付出相同成本的条件下，员工实际的福利水平是下降的，在一定程度上会影响员工的满意度。

选择题（有一个或几个选项是正确的）

1. 薪酬水平一般的企业应注意市场薪酬的（　　）点处。

A. 25%　　B. 50%　　C. 75%　　D. 90%

2. 为了保持企业产品的市场竞争力，应进行成本与收益的比较，通过了解（　　）的人工成本状况，决定本企业的薪酬水平。

A. 统计年鉴　　B. 国家机关　　C. 外资企业　　D. 竞争对手

3. 适当拉开员工之间的薪酬差距体现了（　　）原则。

A. 对外具有竞争性　　B. 对内具有公正性

C. 对员工具有激励性　　D. 对成本具有控制性

4. 法定休假日安排劳动者工作的，应支付不低于工资（　　）的工资报酬。

A. 100%　　B. 200%　　C. 300%　　D. 400%

5. 岗位评价的结果可以是分值形式、等级形式，也可以是排序形式，但是企业进行岗位评价时往往最关心的是（　　）。

A. 岗位与职务的相关度　　B. 岗位的等级高低

C. 岗位与薪酬的对应关系　　D. 岗位与绩效的对应关系

6. 岗位评价方法中成本相对较低的是（　　）。

A. 排序法　　B. 归类法　　C. 因素比较法　　D. 要素计点法

7. 工作岗位评价的目的在于明确每个岗位的（　　）。

A. 绝对价值　　B. 相对价值　　C. 排列顺序　　D. 实际价值

8. 薪酬水平低的企业应注意市场薪酬的（　　）点处。

A. 50%　　B. 25%　　C. 90%　　D. 75%

9. 销售提成工资属于（　　）的形式。

A. 岗位工资制　　B. 技能工资制

C. 组合工资制　　D. 绩效工资制

10. （　　）是企业薪酬制度设计的基本依据和前提。

A. 岗位分析和评价　　B. 岗位调查与分类

C. 绩效考评的实施　　D. 薪酬的市场调查

11. （　　）可以建立企业年金。

A. 依法参加基本养老保险并履行缴费义务的企业

B. 具有相应的经济负担能力的企业

C. 已建立起集体协商机制的企业

D. 符合上述三个条件的企业

12. 从主持薪酬调查的主体来看，薪酬调查可以分为（　　）。

A. 政府的调查　　B. 专业协会的调查　　C. 行业的调查　　D. 咨询公司的调查

E. 企业家联合会的调查

13. 薪酬调查的作用包括（　　）。

A. 为企业调整员工的薪酬水平提供依据

B. 为企业调整员工的薪酬制度奠定基础

C. 有助于掌握薪酬管理的新变化与新趋势

D. 有利于控制劳动力成本，增强企业竞争力

E. 有利于绩效管理活动的开展

14. 薪酬调查的方式包括（　　）。

A. 企业之间相互调查　　B. 通信调查

C. 委托调查　　D. 问卷调查

E. 收集公开的信息

15. 岗位工资制的特点包括（　　）。

A. 根据业绩支付工资　　B. 客观性较强　　C. 以岗位分析为基础　　D. 主观性较强

E. 根据岗位支付工资

16. 下列计入工资总额的是（　　）。

A. 计时工资　　B. 计件工资

C. 奖金　　D. 津贴和补贴

17. 薪酬管理的基本原则包括（　　）。

A. 对外具有竞争力原则　　B. 对内具有公正性原则

C. 合理性原则　　D. 对员工具有激励性原则

E. 对成本具有控制性原则

18. 社会保险包括（　　）。

A. 养老保险　　B. 医疗保险

C. 工伤保险　　D. 失业保险

E. 生育保险

19. 岗位评价经常使用的方法有（　　）。

A. 排序法　　B. 归类法

C. 因素比较法　　D. 要素计点法

E. 解析法

20. 岗位评价与薪酬比例如图7-8所示，曲线A和曲线B的关系为（　　）。

A. E比F的岗位之间的薪酬差距小

B. E比F的岗位之间的薪酬差距大

C. E的激励作用小

D. F的激励作用小

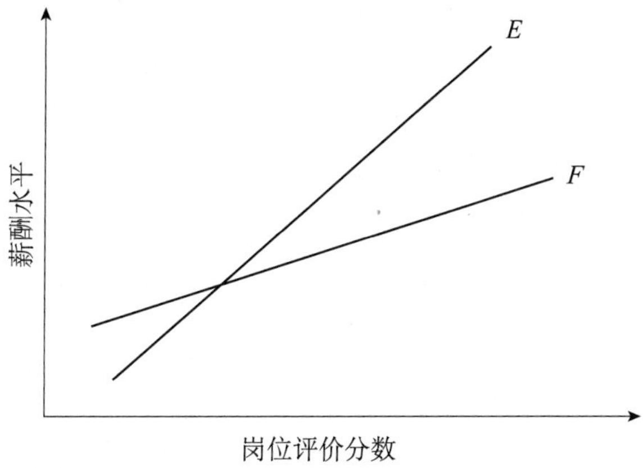

图7-8　岗位评价与薪酬比例

综合分析题

1. 某企业对生产工人的岗位进行了薪酬市场调查，结果见表7-40。

表7-40　生产岗位薪酬调查数据

企业名称	平均月工资（元）	企业名称	平均月工资（元）
A	3 000	G	1 800
B	1 800	H	1 500
C	2 000	I	2 500
D	2 000	J	2 500
E	1 200	K	2 200
F	1 800		

思考题：

该企业处于初始创业阶段，企业管理工作的基础十分薄弱，财力不足，请分析该企业生产人员的岗位工资水平应定位何处，其月平均工资为多少元？

2. 某企业本月共有A、B、C、D、E五名员工，其中D为本月新调入的员工，E为本月新参加工作的员工，A、B、C三名员工上一年度的月平均工资分别为1 500元、1 800元和2 000元，D本月的工资为2 000元，E本月的工资为1 200元。

思考题：

(1) 计算该公司每位员工本月个人应缴存的住房公积金金额（该企业所在城市员工个人住房公积金的缴存比例为8%）。

(2) 员工在哪些情况下可提取住房公积金账户内的余额？

3. 长新皮鞋厂是一家民营企业。企业创立之初，规模不大，是典型的直线制企业。总经理聘请了自己的几个亲友负责管理生产、销售、技术及后勤，几名管理人员的分工并不明确，但都非常敬业，忠诚度很高，在企业的发展初期起了很大的作用。目前生产线的员工实行的是计件工资制；销售人员只有提成工资；其他员工实行的是固定底薪，到年底按企业当年的效益发奖金，奖金的多少由总经理决定。企业的经济实力和业务规模在近几年有了很大突破，但也遇到很多发展中的问题，如企业的管理工作日趋繁重，员工反映管理人员方法生硬；产品缺乏创新，部分固定客户流失；一些生产和销售的骨干被同行高薪挖走；人才的引进工作也不顺利，好不容易招聘到的几个技术人才不到半年就纷纷离开了。

为了改变困境，企业进行了一系列的改革，如将企业的组织结构调整为直线职能制，明确了各部门的职责；在原有基础上对所有岗位的薪资按比例进行了调整；为了避嫌，免除了原有管理人员的职位，对这些人员在工作安排和薪酬发放上与一般员工一视同仁；为了提高管理水平，面向社会进行了重新招聘，并规定应聘人员的学历一律不能低于大学本科。

思考题：

(1) 企业改革之前存在哪些问题？

(2) 请对企业采取的改革措施作出评价。

(3) 请对企业的薪酬制度提出改革建议。

4. YT公司是一家大型电子企业。2006年，该公司实行了企业工资与档案工资脱钩，与岗位、技能、贡献和效益挂钩的“一脱四挂钩”工资、奖金分配制度。一是以实现劳动价值为依据，确定岗位等级和分配标准，岗位等级和分配标准经职代会通过形成。公司将全部岗位划分为科研、管理和生产三大类，每类又划分出10多个等级，每个等级都有相应的工资和奖金分配标准。科研人员实行职称工资，管理人员实行职务工资，工人实行岗位技术工资。科研岗位的平均工资是管理岗位的2倍，是生产岗位的4倍。二是以岗位性质和任务完成情况为依据，确定奖金分配数额。每年对科研、管理和生产工作中有突出贡献的人员给予重奖，最高的达到8万元。总体上看，该公司加大了奖金分配的力度，进一步拉开了薪酬差距。YT公司注重公平竞争，以此作为拉开薪酬差距的前提。如对科研人员实行职称聘任制，每年一聘。这样既稳定了科研人员队伍，又鼓励优秀人员脱颖而出，为企业长远发展提供源源不断的智力支持。

思考题：

(1) YT公司薪酬体系的优势主要体现在哪些方面？

(2) 你对完善YT公司薪酬体系有何建议？

5. A公司近年来产销两旺，但仍有不少员工辞职。公司人力资源部认为导致员工离职的主要原因可能是薪酬不合理，为此，人力资源部将在员工中进行一次薪酬满意度调查。

思考题：

请你为A公司人力资源部设计一份员工薪酬满意度调查表。

6. A公司是一家制药公司，销售业绩一直不好，为了提高销售量，销售人员的薪酬水平是公司里级别最高的。但是，销售人员的高工资并没有带来好的销售业绩，其他部门的员工意见很大。因此，公司决策层提出要对薪酬进行调整，使薪酬体系更有激励性。

思考题：

如果你是A公司的人力资源部经理，承担了进行薪酬体系调整的重任，那么如何操作才能够使A公司达到薪酬调整的目标并走出困境？

7. 图7-9是某公司的薪酬等级图，该公司处于发展成熟阶段，A是各等级典型岗位的市场薪酬曲线，B是该公司各等级的平均薪酬曲线。

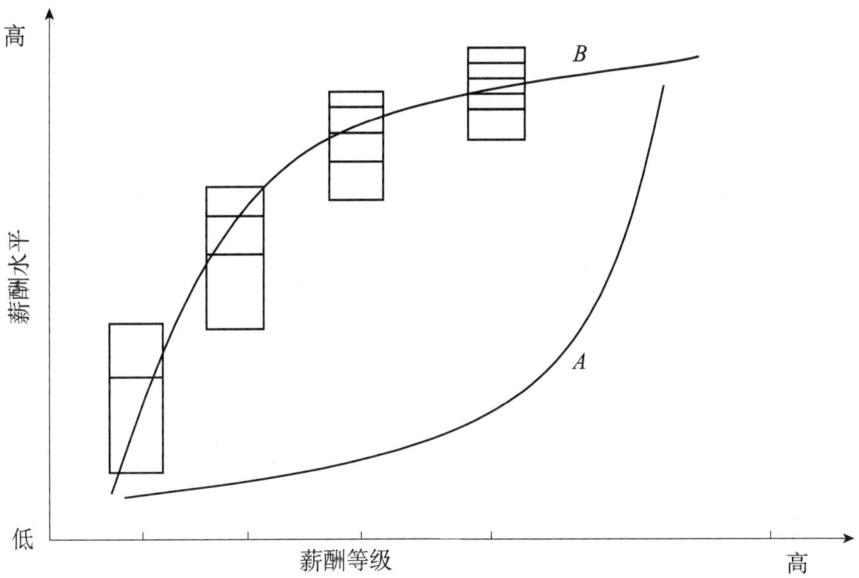

图7-9　薪酬等级图

思考题：

(1) 该公司的薪酬曲线B有什么特点？会导致什么后果？

(2) 该公司应当保持怎样的薪酬水平？

(3) 如果要对该公司的员工薪酬制度进行调整，应从哪些方面入手？

案例分析

一次失败的调薪

蓝宇公司是深圳市的高新技术企业，公司的员工虽不是很多但却发展迅速，其主打产品LED高科技显示屏逐步占领了国内的大型商场、广场、超市、车站等，取得了良好的经济效益和社会效益。然而，随着企业的进一步发展，一些深层次问题也开始显现，并制约了公司的发展，如人员知识结构问题、薪资问题、企业文化问题等。

为了推动公司快速发展，去年上半年，公司高薪聘请了一位具有大型外企管理经验和实操能力的王先生担任公司的CEO。王总大刀阔斧地烧了"三把火"。第一把火是推动公司流程改造。第二把火是推行一套全新的公司制度，将他以前服务过的公司的规章制度全部照搬过来，作为范本发给各相关部门，经过各部门的修订、培训，接着推动、执行。第三把火是调整公司的薪资制度。

王总来公司的第二个月开始策划调整薪资，他先找财务经理要来了员工工资表，然后进行测算，并对工资结构进行调整，使之更加合理，同时设计了一套薪资方案。在薪资调整前，他没有向各部门经理、主管征求意见，了解每个员工工作表现和技术水准，就直接按一定比例进行"普调"了。人力部门和每位员工面谈并签订工资协议书的时候，由于措施得当还是比较顺利的。然而，几天之后，此次工资调整的不良影响就显现出来。先是几个部门经理来咨询，他手下几个平时表现很好的员工为什么工资反而比几个表现一般的还少？王总只好解释说此次是普调，以前底薪低，调整后也是低。几个经理说，这几个表现好的员工尽管进入公司的时间不是很长，但综合水平比那几个老员工要好很多，本来想通过这次调薪把员工薪资的差距缩小一些，没想到反而更大了，表现好的增幅反而少。接着，又有几个主管来反映情况，说我们同样都是主管职级，为什么有的主管要比我们高1 000～2 000元，如果因为某项工作技术含量高而适当高几百元也能接受，但一下子差距这么大，就表示难以接受。事情到了这里还远没有结束，一场员工"地震"又开始了。接连几天，王总不停地收到主管、经理、业务骨干的辞职报告，他们说目前同行业同职位的工资已达到一个较高的月薪水平，他们还在拿几年前的工资，此次调薪几乎没有增加一分钱，他们不干了。

王总带着雄心壮志来到蓝宇公司，然而"调薪门"事件给了他当头一棒，也让他十分苦恼，他不明白为什么给员工加工资还加出这么多事情。他百思不解，公司每年增加近200万元的工资成本，却造成员工矛盾很多，管理人员纷纷离职。情急之下，他就辩白说，员工姓名对于我只是一个符号，公司里也没有我一个亲戚、熟人，我绝不会徇私情的。其实王总也真的没有徇私情，也的确想通过调薪达到增强公司凝聚力、战斗力的效果，但他毕竟不是专业的HR人员，由于没有专业知识作支撑，只靠雄心壮志和美好愿望不可能结出他所希望的果实。

其实任何一家公司在调薪时都要考虑到薪酬的内部和外部均衡，内部平衡就是内部员工之间的工资要和他们的贡献呈正比，外部均衡就是要和同行业达成一致，或者略高于平均水平，这样的薪酬水平才能起到稳定员工的作用。而王总在制定调薪方案时，既没有考虑到外部同行业间的均衡，也没有考虑公司内部每个员工的能力和表现，出现这种矛盾和反弹也就不难理解了。王总在制定薪资时还忽略了一个事实，他只是按照底薪按比例进行调整，那么就会产生一个结果，底薪高的会越来越高，低的会越来越低，工资差距会越来越大。普调工资的一般方法是将同一职级的底薪求出平均值，以此为标准进行调整，这样同职级的差距就会逐渐缩小。当然，对于有特殊贡献者，连升几级也没有问题，只要薪水与付出和贡献相符就可以了。另外，王总在调薪时，只是片面地考虑了“合理”，一线员工和部分技术岗位增加较多，而一些主要管理人员几乎没有调整，许多主管、经理离职也就不难理解了。

王总作为公司CEO的资格不可谓不老，经验不可谓不丰富，但由此而产生的教训却令人深思。要做好一家企业，不仅需要创业的激情，更需要冷静的思考，对于自己不擅长的领域可以群策群力。试想在设计员工薪酬时征求一下各级主管的意见，或者倾听一下HR的建议，而不是自己一手炮制，可能效果会好很多。

资料来源：http：//bschool.hexun.com/2011-01-20/126920596.html，2011-01-22.

思考题：

蓝宇公司王总所推行的这次调薪失败的原因有哪些?

第 8 章
员工关系管理

第 1 节　员工关系与劳动关系

一、员工关系的含义

员工关系是指企业中各主体，包括企业所有者、企业管理者、员工和员工代言人等之间围绕雇佣和利益关系形成的权利义务关系。

劳动者的权利包括劳动者有平等就业的权利；劳动者有选择职业的权利；劳动者有休息休假的权利；劳动者有获得劳动安全卫生保护的权利；劳动者有享有社会保险和福利的权利；劳动者有提请劳动争议处理的权利等。劳动者的义务包括劳动者应当完成劳动任务，提高职业技能，执行劳动安全卫生规程，遵守劳动纪律和职业道德。

用人单位的主要权利包括依法录用、调动和辞退职工；决定企业的机构设置；任免企业的行政干部；制定薪酬与激励方案；依法奖惩职工。用人单位的主要义务包括依法录用、分配、安排职工；保障工会和职代会行使其职权；按照职工的劳动数量、质量支付劳动报酬；加强对职工思想、文化和业务的教育、培训；改善劳动条件，搞好劳动关系和环境保护。

员工关系的改善对企业盈利和长久发展具有重要意义；有利于促进员工身心健康的发展；有助于增进员工对企业的理解与信任。

二、员工关系管理

员工关系管理就是企业采用各种管理手段和管理行为，调节企业与员工、员工与员工之间的相互关系，使其良性循环和发展，以实现组织目标的过程。按照程延园的观点，员工关系管理工作的重点是人际关系管理、劳动关系管理、沟通与交流管理、民主参与、企业文化和企业精神管理等几个方面。从人力资源管理职能的角度看，员工关系管理的内容主要包括劳动关系管理，涉及劳动合同管理、劳动纪律及奖惩、劳动争议处理等方面；劳动保护，涉及劳动时间、职业安全与员工健康、压力管理、员工援助计划等方面的内容。

三、劳动关系的含义

劳动关系（labor relations）指雇员（劳动者）与雇主（我国称用人单位）之间在劳动过程中形成的社会经济关系的统称。雇员是指劳动力的提供者，有时也称为劳工、工人、劳动者、受雇者等。劳动关系在不同国家或不同体制下，又称为劳资关系、劳工关系、劳使关系、产业关系、雇员关系等。

劳动关系是指国家机关、企事业单位、社会团体、个人经济组织和民办非企业单位（可以统称为用人单位）与劳动者之间依照法律签订劳动合同，劳动者接受用人单位的管理，从事用人单位合理安排的工作，成为用人单位的一名成员，从用人单位领取劳动报酬，受劳动保护所产生的一种法律关系。

劳动关系的本质是冲突和合作。冲突主要表现在两个方面，对劳动者来说，有罢工、旷工、怠工、抵制、辞职；对管理方而言，有关闭工厂、惩罚和解雇等。合作主要表现在劳动者通过提供劳动获得一定的报酬和福利、体面、尊严、归属感、成就感和满足；企业了解员工的需求和发展愿望，并尽量予以满足。

四、劳动合同

（一）劳动合同的概念

劳动合同是劳动者与用人单位确定劳动关系、明确双方权利和义务的协议。劳动合同应该具备以下条款：用人单位的名称、住所和法定代表人或者主要负责人；劳动者的姓名、住址和居民身份证或其他有效身份证号码；劳动合同期限；工作内容和工作地点；工作时间和休息休假；劳动报酬；社会保险；劳动保护、劳动条件和职业危害防护；法律法规规定应该纳入劳动合同的其他事项。除了上述条款外，用人单位与劳动者可以约定试用期、培训、保守秘密、补充保险和福利待遇等其他事项。

阅读材料

大学生就业协议不能替代劳动合同

2008年4月，即将大学毕业的赵丽与学校及甲公司签订了一份《毕业生就业协议书》，协议约定，赵丽毕业后必须在甲公司服务5年，否则要赔偿公司1万元。2008年8月赵丽到公司工作后又与该公司签订了3年期限的劳动合同，约定试用期为4个月，在试用期内可以提前书面通知甲公司解除本合同并在工作交接完毕后离开公司。3个月后，赵丽认为自己不适应这份工作，按劳动合同要求向公司提出了书面辞职，而甲公司以未缴纳违约金为由不予办理解除劳动合同的有关手续。赵丽向北京市劳动争议仲裁委员会申请仲裁，要求解除与被告签订的劳动合同被驳回。赵丽遂向法院提起诉讼。法院经审理认为，《劳动法》第十六条规定，劳动合同是劳动者与用人单位确立劳动关系、明确双方权利和义务的协议。建立劳动关系应当订立劳动合同。根据上述规定，毕业生与用人单位在签订就业协议时，双方尚未形成劳动关系，所签订的就业协议不是劳动合同。就业协议的功能在于确保协议的一方当事人按照协议到约定地点工作，工作后应该签订劳动合同。就业协议条款没有得到劳动合同的确认，与劳动合同相冲突时，应以劳动合同为准。劳动合同中已对试用期内双方的权利义务作出了明确的约定，该试用期条款合法有效。赵丽的诉讼请求，应予以支持。甲公司应该为赵丽办理解除劳动合同的各项手续，赵丽不必支付违约金。

资料来源：http：//lygdro. blog. 163. com/blog/static/13055812520091112111237199/，2009－04－24.

阅读材料

劳动合同不同于劳务合同

劳务合同是民事合同，是当事人各方在平等协商的情况下达成的，就某一项劳务以及劳务成果所达成的协议，通常意义上是指雇佣合同。劳务合同是作为独立经济实体的单位之间、公民之间以及它们相互之间就有关提供和使用劳动力问题而订立的协议。劳务合同不属于劳动合同，从法律适用看，劳务合同受合同法以及民法通则和其他民事法律调整，而劳动合同受劳动法以及相关行政法规调整。

劳动合同与劳务合同的区别主要有：

1. 法律保护不同。劳动合同受劳动法规保护，劳务合同只受合同法保护。首先，劳动合同涉及法律强制的社会保险、工伤、加班、经济补偿金等，而劳务合同只受民事法律规范如合同法保护。其次，法律后果不同。用人单位违反劳动合同可能承担行政责任、民事责任甚至刑事责任。比如用人单位侮辱、体罚、殴打、非法搜查和拘禁劳动者的，由公安机关对责任人员处以15日以下拘留、罚款或者警告；构成犯罪的依法追究刑事责任。违反劳务合同一般只承担民事赔偿服务，而不涉及行政和刑事责任。

2. 内容不同。劳动合同规定的内容是劳动者作为用人单位的一个成员，承担一定的工种或职务工作，并遵守用人单位的内部劳动规则和其他规章制度；用人单位负责分配工作或工种，按照劳动者劳动的数量和质量支付劳动报酬，并根据劳动法律、法规和双方协议约定提供各种劳动条件、社会保障和福利待遇。根据《劳动法》的规定，劳动合同应当具备以下条款：劳动合同期限、工作内容、劳动保护和劳动条件、劳动报酬、劳动纪律、劳动合同终止条件、违反劳动合同的责任等必备条款。而劳务合同的内容规定的是一方提供劳务另一方给付报酬，是在意思自治的原则下，当事人在法律规定的范围内平等约定的，法律未作强制性规定。

3. 法律关系、地位不同。劳动合同中的劳动者在签订劳动合同时，遵循平等自愿、协商一致的原则，双方的法律地位平等。在劳动合同的履行过程中，劳动者必须参加到用人单位的劳动组织中去，担任一定的职务或工种，服从用人单位的行政领导和指挥，遵守劳动纪律，双方存在隶属关系。而劳务合同在订立和履行的过程中必须遵循民事主体地位平等的原则。

4. 劳动合同与劳务合同签订的客观要求不同。凡档案在人才中心或街道的，用人单位都应该与之签订劳动合同；反之，由双方协商选择签订。职工有单位，属于借调或派遣至某单位工作的，应该签订一次性劳务（派遣）合同。如果在工作中出现危险，属于劳动关系的（与原借调或派遣单位），由原借调或派遣用人单位承担；单纯签订劳务关系的，则由个人承担。劳务输出、停薪留职要签劳务合同。劳动合同与劳务合同的签订不因时间长短而定。

5. 适用法律和争议解决方式不同。劳务合同属于民事合同的一种，受民法及合同法调整，故因劳务合同发生的争议由人民法院审理；而劳动合同纠纷属于劳动法调整，要求采用仲裁前置程序。

资料来源：http：//zhinan. sogou. com/guide/detail/？ id=1610041460，2016 - 12 - 02.

（二）劳动合同管理

1. 建立面向不同类型劳动合同的分类管理体系

企业与不同类型的员工群体往往会签订不同类型的劳动合同，对这些劳动合同，也应根据不同的类型进行分类管理。同时，针对不同类型劳动合同的特点，制定不同的管理方案与措施，以保证企业实现通过劳动合同管理优化员工关系管理的目的。例如建立全日制劳动合同与非全日制劳动合同的分类管理体系、建立个人劳动合同与集体劳动合同的分类管理系统。

2. 严格遵守签订劳动合同的规范

签订劳动合同的目的在于约束劳动力买卖双方的行为，在员工与企业中合理地分配各种收益，其宗旨是为了同时保护企业与员工双方的利益不受非法行为的侵害。因此企业在进行劳动合同的管理时，应该严格遵守相关的法律法规，建立起一整套劳动关系管理的规范化程序。

3. 劳动合同管理程序

劳动合同的管理包括订立、履行、变更、解除、终止和续订等流程。劳动合同作为国家法律规定的内容，其每一步都必须符合国家法律的要求。

(1) 劳动合同的订立。劳动者与用人单位在订立劳动合同时，应遵循一定的手续和步骤。根据《中华人民共和国劳动法》(以下简称《劳动法》) 的有关规定以及订立劳动合同的时间，订立劳动合同的程序一般为提议、协商和签约。

(2) 劳动合同的履行。劳动合同的履行是指劳动合同在依法订立生效后，双方当事人按照劳动合同中约定的条款执行，完成各自应该履行的义务，享受各自依法可以获得的权利。

(3) 劳动合同的变更。《中华人民共和国合同法》(以下简称《合同法》) 第五章规定，合同的变更是指合同内容的变更，而合同主体的变更则是合同的转让。据此，可以认为劳动合同的变更是指劳动合同尚未开始履行或已经开始履行但尚未完全履行之前，双方当事人按照法律规定的条件与程序，对原合同中的某些条款进行修改、补充等法律行为。劳动合同变更存在以下几种情况：①订立劳动合同时所依据的法律、法规、规章发生变化时，应该依法变更劳动合同的相关内容，如 2008 年新的《中华人民共和国劳动合同法》(以下简称《劳动合同法》) 实行时，很多企业都面临修改劳动合同的问题。②订立劳动合同时所依据的客观情况发生重大变化，致使劳动合同无法继续履行，当事人一方要求变更相关内容的，经双方协商同意后，按照法定程序可以变更劳动合同。③用人单位发生合并或分立，原劳动合同继续有效，劳动合同由继承权利、义务的单位继续履行；用人单位变换名称的，应该变更劳动合同的用人单位名称。劳动合同的变更也要遵循一定的法律程序，依次经过要约、协商、拟定书面协议、签约几个步骤。

(4) 劳动合同的解除。是指劳动合同有效成立后，在一定条件下通过当事人的单方行为或者双方合意终止合同效力或者溯及地消灭合同关系的行为。劳动合同的解除可以分为单方解除和双方协议解除两种类型。单方解除，即享有合同解除权的一方当事人通过行使解除权解除合同，劳动者本人和用人单位都有权提出解除劳动合同。但是，解除权不能滥用，它受到法律规定的约束。我国新的《劳动合同法》施行后，极大地保护了劳动者的权益，它规定劳动者提前 30 日以书面形式通知用人单位，可以解除劳动合同，在试用期内，提前 3 日通知用人单位，可以解除劳动合同。用人单位有以下情形之一的，劳动者可以解除劳动合同：未按照劳动合同约定提供劳动保护或劳动条件的；未及时支付劳动报酬的；未依法为劳动者缴纳社会保险费的；用人单位的规章制度违反法律、法规规定，损害劳动者权益的，以及法律、法规规定的一些其他劳动者可以解除合同的情形。另外，如果是用人单位单方面提出解除劳动合同，则需要满足以下情形之一：劳动者在试用期被证明不符合录用条件的；劳动者严重违反用人单位规章制度的；劳动者严重失职，营私舞弊，给用人单位造成重大损失的；劳动者同时与其他用人单位建立劳动关系，对完成本单位工作任务造成严重影响，或者经用人单位提出，拒不改正的；劳动者被依法追究刑事责任等情形。

（5）劳动合同的终止。劳动合同的终止即基于一定法律事实的发生，劳动合同中所设定的权利义务关系即行消灭的法律行为。符合下列情形之一的，劳动合同终止：劳动合同期满的；劳动者开始享受基本养老保险待遇的；劳动者死亡的，或者被人民法院宣告死亡或者宣告失踪的；用人单位被依法宣布破产的；用人单位被吊销营业执照、责令关闭、撤销或者用人单位决定提前解散的；法律、行政法规规定的其他情形。对于某些非因期满终止劳动合同的情况，国家为了保障劳动者的权益，规定用人单位应当向劳动者支付经济补偿。

（6）劳动合同的续订。劳动合同的续订是指劳动合同期限届满，经双方协商一致，可以续订劳动合同。续订劳动合同包括下列情形：双方协商续订劳动合同；从事接触职业病危害作业的劳动者未进行离岗前职业健康检查，或者疑似职业病病人在诊断或者医学观察期间的；在本单位患职业病或者因公负伤并被确认丧失或者部分丧失劳动能力的；患病或者非因公负伤，在规定的医疗期内的；女职工在孕期、产期、哺乳期的；在本单位连续工作满 15 年，且距法定退休年龄不足 5 年的；法律、行政法规规定的其他情形。

阅读材料

用工未订劳动合同，用工单位被判支付双倍工资

张某于 2008 年 2 月 17 日起到龙岩市某发展公司上班，岗位为司炉工，双方未订立书面劳动合同，口头约定工资按计件形式计算。2009 年 1 月 15 日，张某上班时，该公司的锅炉发生意外事故，公司认为系张某违反操作规程所致，不付给张某应兑现的工资，张某离开公司未再在该公司上班。3 月中旬，张某向龙岩市劳动争议仲裁委员会申请仲裁，要求该公司支付其被克扣拖欠的工资 2 490 元，并支付其 2008 年 2 月至 2009 年 1 月公司违反劳动合同法规定未签订劳动合同应支付双倍工资 9 600 元。4 月 8 日，该仲裁委裁决，公司应支付张某被欠工资 2 490 元，应支付张某 2 倍工资 8 800 元。公司不服该仲裁裁决诉至法院。

新罗区法院认为，被告张某到原告龙岩市某发展公司上班，为公司提供劳动，公司也发给被告张某劳动报酬，双方已建立起明确的劳动关系。龙岩市某发展公司依法应支付被告张某自 2008 年 3 月 18 日起至 2009 年 1 月 15 日止的 2 倍工资。同时，用人单位应当按照劳动合同约定和国家规定，向劳动者及时足额支付劳动报酬。法院遂判决，龙岩某发展公司应支付被告张某被拖欠工资 2 490 元，并支付被告张某 2 倍工资，即自 2008 年 3 月 18 日起至 2009 年 1 月 15 日止，按月工资 800 元计算。

资料来源：http：//www.lawtime.cn/info/laodong/ldanlildbc/2010071238522.html，2010－07－12.

五、集体合同

集体合同是指用人单位根据法律、法规、规章的规定，与本单位职工就劳动报酬、工作时间、休息休假、劳动安全卫生、职业培训、保险福利等事项，通过集体协商签订的书面协议。根据劳动法规定，集体合同由工会（或员工推举出的代表）与企业签订。集体合同均为定期合同，我国《劳动法》规定，集体合同的期限为1～3年。集体合同签署后，需要报送到县级以上政府的劳动行政部门审查，劳动行政部门在收到集体合同后的15日内未提出异议的，集体合同即行生效；如果审核认定存在无效条款或部分无效条款的，签约双方应对其修改，并在15日内重新报送审核。

集体合同与劳动合同有几点不同：

（1）主体不同。集体合同由工会或者员工代表与企业签订，而劳动合同则是企业与劳动者个人签订。

（2）内容不同。集体合同的内容是关于企业的一般劳动条件标准的约定，以全体劳动者共同的权利和义务作为内容。劳动合同的内容只涉及单个劳动者的权利义务。

（3）功能不同。集体合同的目的是规定企业的一般劳动条件，为劳动关系的各个方面设定具体标准，并作为单个劳动合同的基础和指导原则；劳动合同的目的是确立劳动者和企业的劳动关系。

（4）法律效力不同。集体合同规定企业的最低劳动标准，凡劳动合同约定的标准低于集体合同标准的一律无效，集体合同的法律效力高于劳动合同的法律效力。

六、劳动争议

（一）劳动争议概述

劳动争议，是指劳动关系当事人之间关于劳动权利和劳动义务发生的争执和纠纷。劳动争议通常基于劳动合同，是具体围绕劳动者与用人单位之间在劳动关系的产生、变更、解除、终止和续订等问题上的纠纷。

1. 劳动争议的范围

《中华人民共和国企业劳动争议处理条例》规定了我国劳动争议的范围：因开除、除名、辞退职工和职工辞职、自动离职发生的争议；因执行国家有关工资、保险、福利、培训、劳动保护的规定发生的争议；因履行劳动合同发生的争议；法律、法规规定依照本条例处理的其他劳动争议。

2. 劳动争议的特征

劳动争议的特征包括：劳动争议的当事人是特定的，劳动争议的主体是雇主和雇员；劳动争议的内容是限定的，主要围绕劳动权利和义务；劳动争议的影响较大，如罢工等突发事件，不仅给生产带来损失，还会影响社会安定。

（二）劳动争议调整的目的和方法

1. 劳动争议调整的目的

市场经济条件下，劳动关系双方出现纠纷是不可避免的。所以，劳动争议调整的目的主要是，妥善处理劳动争议，保障用人单位和劳动者的合法权益；维护正常的生产经营秩序，发展和谐的劳动关系；促进改革开放的顺利发展。

2. 劳动争议的一般调整方法

劳动争议的一般调整方法有：协商、斡旋、调解、仲裁和审判。

（1）协商是劳动争议双方采取自治的方法解决纠纷。

（2）斡旋是在劳动争议双方主体自我协商失败的情况下，由第三方或中间人介入，帮助主体双方互递信息和意思表示，促成其和解。斡旋中间人可以是个人，也可以是机构。斡旋分为自愿斡旋和强制斡旋。斡旋适用于调整个人争议和集体争议，权利争议和利益争议等。有些国家的政府曾使用强制斡旋手段介入劳动纠纷，预防罢工和关闭工厂事件的发生。

（3）调解是第三方介入争议处理过程，并可以提出自己的建议，供双方参考，促使双方达成和解协议。与斡旋相比，调解人的角色更加独立，在处理劳动争议过程中具有独立主张权，在和解协议中也比斡旋人更加重要。

（4）仲裁是第三方介入劳动争议处理过程，并可以做出处理争议的决定。仲裁人具有仲裁决定权，仲裁裁决具有约束力。实践中有自愿仲裁和强制仲裁两种。自愿仲裁是当事人双方在劳动争议发生后或争议未达成和解协议时，自愿将争议提交仲裁机构处理，并服从仲裁裁决。强制仲裁是根据法律规定，双方必须将争议提交仲裁机构处理，或由仲裁机构主动介入争议处理。从法律法规的规定看，我国目前实行的是强制仲裁制度。

（5）审判是指人民法院根据司法程序对劳动争议进行审理和判决，是劳动争议处理的最终程序。

（三）劳动争议的处理原则

劳动争议在工作场合中难以避免。劳动纠纷的发生，不仅使正常的劳动关系得不到维护，还会使劳动者的合法利益受到损害，同时也会给企业带来不稳定因素，所以处理好劳动争议对员工关系管理意义重大。劳动争议处理的原则有依法处理、查清事实、着重调解、及时处理、适用法律一律平等。

七、离职管理

离职是指企业员工流出企业的过程。离职包括三种情况，即自愿离职、非自愿离职与自然离职。自愿离职是指由于员工个人意愿而离开企业的人员流出；非自愿离职是指由于企业的原因或其他原因而非出于员工意愿所产生的企业人员流出；自然离职是指由于退休、工伤、死亡等不可避免的人力资源损耗导致的企业员工流出。

（1）自愿离职的管理。对自愿离职员工的管理分为四个步骤：分析员工自愿离职的原因并进行归类提炼；查找导致员工离职原因产生的组织制度因素；进行旨在减少自愿离职员工数量的政策改进；评估变革实施的结果并加以修正。员工提前 30 日以书面形式通知用人单位，可以解除劳动合同；试用期内，提前 3 日通知用人单位，可以解除劳动合同。

（2）裁员管理。裁员是非自愿离职的典型形态，企业的裁员分为如下几个步骤：制定裁员计划、裁员筛选、裁员实施、裁员评估。

员工正式离职前，人力资源管理人员应该再次与员工进行深度沟通，询问其对公司的看法和意见。由于不再牵涉自身利益，离职员工一般会真实地表达自己的看法，同时也能够说出很多在职员工中普遍存在的不满和问题。人力资源管理人员应该深入了解这些问题和员工的心声，在未来工作中采取措施加以解决。

阅读材料

亚实公司聪明对待离职员工——“终生交往”让人才流而不失

对于离职的员工，亚实科技有限责任公司采取的态度是人走茶不凉，与员工保持“终生交往”，使离职员工“流而不失”。离职员工仍被看作公司的人力资源，公司会对这部分特殊的人力资源实施高效管理。这种管理制度让离职员工可以向公司传递市场信息，提供合作机会，介绍现供职机构的经验教训，帮助公司改进工作；而且他们在新岗位上的出色表现，折射出公司企业文化的光彩。

为了和离职员工保持密切的联系，确保其“流而不失”，有效的人力资源离职管理从员工决定离职的那一刻起就开始了。在该公司，不管是工作多年的老员工，还是发现不适应提出要走的新员工，在他们提出离开时，一般都会得到公司的挽留，但同时他们的选择也会得到尊重。公司规定在每个员工离职前必须做一次面谈，提出自己对公司的看法和离职的原因，如果是公司管理方面的问题，公司会充分重视，并努力去改善。值得一提的是，公司还十分关心他们今后的发展和去向，甚至会帮助他们寻找更适合的单位。从另一个角度讲，离开公司的员工里，有很多是非常优秀、有能力的人，和这些员工保持交往，会为公司带来新的资源。

公司的人力资源部有一个职位叫“旧雇员关系主管”。这名主管的工作，就是建设和管理离职人员人事档案，跟踪离职员工的职业生涯变化情况，甚至包括结婚生子之类的细节。一旦发生变化，公司会在 24 小时内对档案做出更改。只要是曾在公司效力过的前雇员，都会定期收到内部通讯，并受邀参加公司的聚会活动。

公司还摒弃了“好马不吃回头草”的观念，欢迎跳槽的优秀人才重返公司效力。“有的人认为如果让那些所谓的‘叛徒’回来，或者还与他们保持长期的交往，就难以面对留下来的人。而经验告诉我，事实恰恰相反，这么做是对现有人员最大的尊重，会让他们感觉到温暖和被信任，而且对于企业文化的建立和企业品牌的树立有着深刻的影响。”公司人力资源部经理强调了这个观点。同时指出，聘用“回头好马”既可以降低公司成本，又有利于提高员工忠诚度。

对于备受人才流失困扰的企业来说，管理者往往想尽办法以留住优秀的员工。而亚实公司面对日益激烈的商业竞争，摒弃了“终生员工”的概念，更愿意和员工保持“终生交往”，以崭新的态度来看待人才流失和留住的问题，他们不但不竭力阻止优秀人才走出公司的大门，甚至还“鼓励”人才的离开。

鼓励人才流动的机制非但没有造成大量人才流失，相反，公司人才越留越多。对于其中的奥妙，公司刘总一语道破天机：“公司培养的科技人员在离职后对企业有一种情结，这种情结会在他们心里留下终生不褪的烙印，他们会以各种方式回报公司。”

资料来源：http：//www.chinahrd.net/blog/264/142582/263805.html，2012－01－04.

第 2 节 劳务派遣制度

一、劳务派遣的发展演变

劳务派遣（service dispatching）又称员工租赁（staff leasing）、雇员租赁（employee leasing），是指劳务派遣单位与劳动者签订劳动合同，与用工单位签订劳务派遣协议，将劳动者派遣至用工单位从事约定的生产劳动的一种用工形式。与劳动关系不同，它涉及派遣机构、劳动者和接受单位（实际用工单位）三方之间的关系。在劳务派遣中，劳动者与劳务派遣机构存在劳动关系，与用工单位不存在劳动关系。派遣机构与劳动者订立劳动合同后，依据与用工单位订立的劳务派遣协议，将劳动者派遣到用工单位工作。对用工单位来说，劳务派遣是人力资源外包的一种重要形式，其最大特点是劳动力的法律雇用和使用相分离。劳动者与派遣单位之间签订劳动合同，形成劳动关系，但并不发生劳动力给付的事实；派遣单位与用工单位之间签订劳务派遣协议，形成劳务派遣关系；劳动力给付的事实发生在劳动者与用工单位之间，双方形成劳务关系。

劳务派遣起源于 20 世纪五六十年代的美国，发展于欧洲、日本，后被世界各国越来越多地采用。在经济全球化和企业竞争日趋激烈的背景下，使用包括劳务派遣形式在内的新的雇佣形式，降低用人成本和风险，保证用工灵活性，成为许多国家企业用工制度的一种选择。在我国，劳务派遣在 20 世纪 90 年代之后如雨后春笋般发展起来，通过劳务派遣方式就业的劳动者数量也以惊人的速度增长。企业通过采用劳务派遣方式，可以较灵活地调整员工形式，完善富余人力资源的退出机制，有效地降低人力成本，化解因体制、政策原因而产生的用人障碍，对企业提升自身管理能力、专注核心人力资源的管理发挥了重要作用。但由于缺乏明确的法律规范，劳务派遣员工与正式员工在劳动关系的归属、解雇保护、社会保险缴纳、福利待遇、同工同酬等方面存在差异，劳务派遣各方一旦出现纠纷，屡屡出现互相推诿、侵害劳动者权益的情形，因而规范劳务派遣关系成为一个令人关注的问题。

为规范劳务派遣人员的聘用和管理，明确用工单位、劳务派遣机构和被派遣劳动者三方的权利和义务，保证劳务用工制度的规范执行，《劳动合同法》用专节对劳务派遣用工方式首次作出规定，明确规定了劳务派遣三方的权利义务，以保障劳务派遣的规范运行。

阅读材料

劳务外包与劳务派遣的区别

劳务外包不是用工形式，其在法律中的定义叫“承揽”，外包承揽是属法律定义的一种经营形式，劳务派遣仅仅是劳动合同法明确的一种用工形式，两者有着本质上的区别。基于此，两者不能混在一起考虑。

劳务外包是指企业将公司内的部分业务或职能工作内容发包给相关的机构，由其自行安排人员按照企业的要求完成相应的业务或职能工作内容。

劳务派遣是指用工单位与劳务派遣单位签订劳务派遣协议，劳务派遣单位派遣人员到用工单位从事用工单位安排的工作内容的一种用工形式。

劳务外包与劳务派遣的共同之处是，用工单位或发包单位都不与劳动者签订劳动合同。

它们的区别在于：

1. 适用的法律不同。劳务派遣适用《劳动合同法》，劳务外包适用《合同法》。

2. 劳务承包单位可以是个人，也可以是法人或其他实体。劳务派遣单位必须是严格按照《劳动合同法》规定的依照《公司法》的有关规定设立、注册资本不少于五十万元的法人实体；劳动者完成的工作都是企业的业务或职能活动。

3. 劳动者管理的责任主体不同。这是两者最主要的区别。发包企业对劳务承包单位的员工不进行直接管理，其工作组织形式和工作时间安排由劳务承包单位自己确定；劳务派遣单位的员工必须按照用工单位确定的工作组织形式和工作时间安排进行劳动。

4. 劳务外包一般按照事先确定的劳务单价根据劳务承包单位完成的工作量结算，其合同标的一般是“事”；劳务派遣一般是按照派遣的时间和费用标准，根据约定派遣的人数结算费用，其合同标的一般是“人”。

5. 违法的后果不同。劳务发包单位对劳务承担单位的员工不承担任何责任。劳务外包适用《合同法》，违约人除承担合同约定的违约责任外，适用民事赔偿责任。劳务派遣中，给被派遣劳动者造成损害的，劳务派遣单位与用工单位按劳动合同法承担连带赔偿责任。

在实际操作中，在签订劳务外包合同和劳务派遣合同方面，企业应该注意以下事项：

1. 合同名称上必须明确说明是劳务外包合同还是劳务派遣合同。

2. 明确合同的标的以及结算方式，合同的标的是“事”还是“人”，费用结算方式是工作量还是服务时间。

3. 明确对劳动者的管理责任主体。劳务外包合同可以要求劳务承包单位遵守发包单位的安全管理以及规章制度；但是要说明劳动者的工作时间以及工作内容安排由承包单位自己负责。

劳务派遣合同中，用工单位要求劳务派遣单位必须与劳动者签订劳动合同。在派遣协议中，按照《劳动合同法》的要求，应当约定派遣岗位和人员数量、派遣期限、劳动报酬和社会保险费的数额与支付方式以及违反协议的责任，明确劳务派遣单位应当将劳务派遣协议的内容告知被派遣劳动者。

4. 约定税收财务处理。在劳务外包合同中，说明劳务费用税收的处理，可以约定企业支付的费用是含税价，要求承包单位提供发票。劳务派遣合同中说明，劳动者的工资税收由劳动者自己负担，与企业派遣费用的结算可以约定税收及发票处理。

需要提醒的是，根据《劳动合同法》第九十四条的规定，个人承包经营违反本法规定招用劳动者，给劳动者造成损害的，发包的组织与个人承包经营者承担连带赔偿责任。因此企业劳务外包最好是找法人实体作为承包单位，以减少风险。

资料来源：http：//www.rl114.com/ZyYw/LtWb_qb.htm，2016-12-16。

二、劳务派遣单位的义务

（一）劳务派遣单位须具有合法资质

劳务派遣机构，有的是劳动行政机关下属的职业介绍中心、再就业服务中心转制而成，有的是一些机构、团体、事业单位、企业以及个人投资设立的私立劳务公司，还有的是街道办事处、职业学校、培训中心、工会或妇联等直接从事劳务派遣业务。由于劳务派遣主体比较混乱和复杂，经济实力良莠不齐，一些派遣机构无力承受劳务派遣过程中的各种风险。因此，通过规范注册资本金制度提高劳务派遣的门槛，规范劳务派遣从业资格具有重要意义。《劳动合同法》规定：劳务派遣单位应当依照公司法的有关规定设立，注册资本不得少于二百万元。这一规定明确了劳务派遣单位的资质。劳务派遣单位具备合法资质是保障劳务派遣规范运作的基础。

（二）明确劳务派遣单位的地位和角色

《劳动合同法》第五十八条规定：“劳务派遣单位是本法所称用人单位，应当履行用人单位对劳动者的义务。劳务派遣单位与被派遣劳动者订立的劳动合同，除应当载明本法第十七条规定的事项外，还应当载明被派遣劳动者的用工单位以及派遣期限、工作岗位等情况。劳务派遣单位应当与被派遣劳动者订立两年以上的固定期限劳动合同，按月支付劳动报酬；被派遣劳动者在无工作期间，劳务派遣单位应当按照所在地人民政府规定的最低工资标准，向其按月支付报酬。”这一规定明确了劳务派遣单位在劳务派遣中的地位和角色。

1. 劳务派遣单位是“用人单位”，应依法与被派遣劳动者订立劳动合同

劳务派遣单位的角色属于劳动关系中的用人单位，应当与被派遣的劳动者签订劳动合同，履行所有用人单位应当履行的义务。劳务派遣单位虽然不实际、直接使用劳动者，但却直接招录劳动者，作为劳动合同的相对方。《劳动合同法》明确劳务派遣单位是劳动关系中所称的用人单位，应当履行用人单位对劳动者所应承担的义务，包括订立劳动合同、及时足额支付劳动报酬、缴纳社会保险费用、办理档案转移手续等义务。

劳务派遣单位作为用人单位，应当与被派遣的劳动者签订劳动合同，建立劳动关系，并依法派遣到用工单位（即实际用人单位）工作。劳务派遣单位与劳动者签订的劳动合同的内容包括两部分：一是《劳动合同法》第十七条规定的劳动合同的法定条款和约定条款；二是劳务派遣中的特殊内容，即被派遣劳动者的用工单位、派遣期限以及工作岗位等情况。派遣单位应当告知被派遣劳动者用工单位的上述情况。

2. 劳务派遣中的劳动合同期限不低于两年

按照《劳动合同法》，用人单位与劳动者订立的劳动合同的期限分为固定期限、无固定期限和以完成一定工作为期限三种。为了保护被派遣劳动者的利益，《劳动合同法》规定劳务派遣单位与被派遣劳动者订立的劳动合同只能是固定期限劳动合同，且期限不得少于两年。劳务派遣单位应当按月向劳动者支付劳动报酬，在劳动者无工作期间以不得低于劳务派遣单位所在地人民政府规定的最低工资标准向与其有劳动关系的劳动者支付劳动报酬。这些规定加大了派遣单位的法律责任，要求派遣单位与被派遣劳动者之间形成相对稳定的劳动关系，并保障劳动者在劳务派遣期间的最低报酬。它对规范劳务派遣用工形式，强化派遣单位的责任，严格控制劳务派遣的数量和质量具有重要意义。

3. 派遣单位不得以非全日制用工形式招用被派遣劳动者

《劳动合同法》第五十八条规定了劳务派遣单位应当与被派遣劳动者订立两年以上的固定期限劳动合同，但对于是否能够签订非全日制劳动合同这一问题，并没有作出明确的回答。对此，《中华人民共和国劳动合同法实施条例》（以下简称《实施条例》）第三十条规定：“劳务派遣单位不得以非全日制用工形式招用被派遣劳动者。”这一规定明确了劳务派遣单位和被派遣劳动者之间只能订立两年以上的固定期限全日制劳动合同，禁止签订非全日制劳动合同。这是因为非全日制劳动合同属于一种灵活用工形式，劳动关系可以随时终止，而且终止劳动关系用人单位无须支付经济补偿。另外，我国法律规定，非全日制用工劳动者的社会保险的缴纳也与全日制不同：非全日制用工，可以由劳动者个人缴纳社会保险费，工伤保险除外。因此，如果允许劳务派遣单位与被派遣劳动者订立非全日制劳动合同，就意味着劳务派遣单位可以不给被派遣劳动者缴纳社会保

险，劳动合同解除与终止时也没有经济补偿，这显然会侵犯被派遣劳动者的合法权益，同时也与立法规范劳务派遣的初衷相悖。为防止劳务派遣被滥用，《实施条例》规定劳务派遣单位不得与被派遣劳动者订立非全日制劳动合同。因此，劳务派遣单位在与劳动者建立劳动关系时，一定要建立全日制劳动关系。用工单位在招用劳务派遣工时，一定要注意审查被派遣劳动者的劳动关系是否正当合法，如果因劳务派遣单位的违法行为给被派遣劳动者造成了损失，根据《劳动合同法》相关规定，用工单位要与劳务派遣公司负连带责任。

（三） 劳务派遣单位应履行如实告知义务，不得克扣劳动报酬

《劳动合同法》第六十条规定，劳务派遣单位应当将劳务派遣协议的内容告知被派遣劳动者。劳务派遣单位不得克扣用工单位按照劳务派遣协议支付给被派遣劳动者的劳动报酬。劳务派遣单位和用工单位不得向被派遣劳动者收取费用。这一规定明确了劳务派遣单位在履行合同中的义务。

劳务派遣单位与劳动者签订了劳动合同之后，劳动者就与劳务派遣单位形成了正式的劳动关系。劳务派遣单位对劳动者应承担的义务包括：

（1）告知义务。劳务派遣单位应当将派遣协议的相关内容告知被派遣劳动者。派遣协议包括很多内容，涉及被派遣劳动者的劳动报酬、社会保险、劳动条件和劳动保护等。

（2）不得克扣劳动报酬。被派遣劳动者有权按照自己提供劳动的数量和质量获得劳动报酬，有权获得最低工资保障、工资支付保障和实际工资保障。由于用工单位不直接支付劳动报酬给被派遣的劳动者，而是由劳务派遣单位转支付，现实生活中被派遣的劳动者获取劳动报酬的权利往往得不到切实的保障。因此，《劳动合同法》明确规定，劳务派遣单位不得克扣用工单位按照劳务派遣协议支付给被派遣劳动者的劳动报酬。

（3）不得向劳动者收取费用。劳务派遣单位与被派遣劳动者订立劳动合同，劳务派遣单位与用工单位订立劳务派遣协议，劳动者通过自己的劳动取得合法的报酬，劳务派遣单位通过管理活动获取相应的报酬，劳务派遣单位和用工单位不能以介绍费、中介费等为名向劳动者收取任何费用，也不得按一定比例扣除用工单位支付给劳动者的劳动报酬作为劳务费用的补充。用工单位支付给劳务派遣单位的管理费用应当单独列支，并明确约定。

三、用工单位在劳务派遣中的义务

（一） 用工单位应当严格执行劳动标准和条件

《劳动合同法》第六十二条规定：“用工单位应当履行下列义务：（一）执行国家劳动标准，提供相应的劳动条件和劳动保护；（二）告知被派遣劳动者的工作要求和劳动

报酬；（三）支付加班费、绩效奖金，提供与工作岗位相关的福利待遇；（四）对在岗被派遣劳动者进行工作岗位所必需的培训；（五）连续用工的，实行正常的工资调整机制。用工单位不得将被派遣劳动者再派遣到其他用人单位。”

这一规定明确了用工单位对被派遣劳动者的法定义务。被派遣的劳动者直接为用工单位提供劳动，双方虽然没有签订劳动合同，但用工单位应当履行对被派遣劳动者的义务。派遣单位承担用人单位义务的基础是实际用工单位须承担法定的义务和责任。《劳动合同法》明确规定用工单位的义务，避免被派遣劳动者权益受到侵犯时，用工单位和派遣单位相互推诿现象。

《实施条例》第二十九条对用工单位所需履行的相关义务进行了再次强调：“用工单位应当履行劳动合同法第六十二条规定的义务，维护被派遣劳动者的合法权益。”用工单位在使用被派遣劳动者时，必须切实履行法定义务，维护被派遣劳动者的合法权益。

（二）用工单位不得自设劳务派遣单位进行自我派遣

《劳动合同法》第六十七条规定：“用人单位不得设立劳务派遣单位向本单位或者所属单位派遣劳动者。”劳务派遣的典型特征是通过第三方派遣单位的介入，使劳动力的使用与管理相分离。派遣单位作为专门的人力资源服务机构，负责被派遣劳动者的监督、管理，并按约定承办有关劳动和社会保障事务，为用工单位提供专业的人力资源服务；用工单位则按约定支付劳务报酬。由于劳务派遣单位是依法设立、专门经营劳务派遣业务的独立经济组织，符合劳动关系主体的资格，劳动者可以依法与劳务派遣单位确立劳动关系，这样就能够避免实际用工单位不具备劳动关系主体资格的问题，也可以规避一部分法律风险，促进劳动关系的规范化。

实践中，一些用人单位自设派遣公司，把一些员工重新纳入被派遣劳动者行列。有的企业为了降低用工成本，将一些原来的正式职工以改制名义，分流到本企业设立的劳务派遣公司，然后又以劳务派遣公司的名义派遣到原岗位。有的企业将内设的劳动管理机构又挂一个劳务派遣公司的牌子，将招用的员工以劳务派遣公司的名义派遣到所属企业，损害劳动者的利益。如果对这种现象不加限制，将导致更多的用人单位为了降低用工成本、节省开支而滥用劳务派遣，不仅一些临时性的岗位可能全部采用劳务派遣的形式，直接与用人单位签订劳动合同的员工也有可能被转为被派遣劳动者，这将极大影响劳动关系的稳定。因此，《劳动合同法》对用人单位自设劳务派遣单位进行派遣作了禁止性规定。

《劳动合同法》明确禁止用人单位设立劳务派遣单位进行自我派遣，但在实践中究竟怎样才算符合“用人单位自行设立”这一条件仍然没有定论。对此，《实施条例》第二十八条规定：“用人单位或者其所属单位出资或者合伙设立的劳务派遣单位，向本单位或者所属单位派遣劳动者的，属于劳动合同法第六十七条规定的不得设立的劳务派遣单位。”这一规定从形式、主体两方面界定了“自行设立”。在劳务派遣单位设立方式上，凡是与用人单位有资本关联的，如出资、参股或者合作等，均属自行设立劳务派遣单位。在设立主体方面，凡是劳务派遣单位向用人单位、用人单位的所属单位以及用人单位的上级单位派遣劳动者，均属于向本单位或者所属单位派遣劳动者。对于出资、参股、合伙设立等资本关联行为的定义，具体见《公司法》有关规定。

（三）跨地区劳务派遣的劳动者的劳动报酬和劳动条件的规定

《劳动合同法》第六十一条规定："劳务派遣单位跨地区派遣劳动者的，被派遣劳动者享有的劳动报酬和劳动条件，按照用工单位所在地的标准执行。"其中所提到的"地区"，既包括省、自治区、直辖市，也包括省会所在市、较大的市、设区的市。如果市级行政区域有相应的标准，应当按照设区市的标准执行；如果市级行政区域没有相应的标准，应当按照设区市的标准执行；如果市级行政区域没有相应的标准，就按照省、自治区、直辖市的标准执行。

实践中，可能也会存在经济发达地区的劳动者被派往经济不发达地区工作的情况，出现劳务派遣单位的有关劳动标准高于用工单位所在地标准的情形，这时是否要按用工单位所在地标准执行？根据《实施条例》第十四条规定，有关劳动者的最低工资标准、劳动保护、劳动条件、职业危害防护和本地区上年度职工月平均工资标准等事项，原则上按照用工单位所在地的有关规定执行。如果劳务派遣单位的有关劳动标准高于用工单位所在地的有关标准，劳务派遣单位与劳动者约定按照劳务派遣单位有关标准执行的，从其约定。也就是说，双方可以按照"就高不就低"的原则，约定按照劳动标准较高的劳务派遣单位所在地的有关标准执行。

四、被派遣劳动者在劳务派遣中的权利

（一）享有同工同酬的权利

《劳动合同法》第六十三条规定："被派遣劳动者享有与用工单位的劳动者同工同酬的权利。用工单位无同类岗位劳动者的，参照用工单位所在地相同或者相近岗位劳动者的劳动报酬确定。"这一规定确认了被派遣的劳动者与用工单位劳动者享有同工同酬的权利，具体体现了《劳动合同法》的公平原则。

同工同酬，是指相同岗位的劳动者不论性别、年龄、种族、用工形式等差异，在从事同等价值的工作，取得相同工作绩效的前提下，所获得的报酬也应当相同。被派遣劳动者与用工单位同类岗位的其他劳动者，如果从事相同工作，取得相同的工作绩效，其所获得的报酬也应该相同。用工单位不能简单因为其身份不同而实行差别对待。实行同工同酬是实现社会公平、构建和谐社会的要求。

在用工单位无同类岗位劳动者的情况下，被派遣劳动者的劳动报酬参照用工单位所在地相同或者相近岗位劳动者的劳动报酬确定。这样规定具备公正、公平、合理性，同时可以防止用工单位借机压低被派遣劳动者的劳动报酬。

（二）有权依法参加或者组织工会

《劳动合同法》第六十四条规定："被派遣劳动者有权在劳务派遣单位或者用工单位依法参加或者组织工会，维护自身的合法权益。"

《中华人民共和国工会法》第三条规定，在中国境内的企业、事业单位、机关中以工资收入为主要生活来源的体力劳动者和脑力劳动者，不分民族、种族、性别、职业、宗教信仰、教育程度，都有依法参加和组织工会的权利。任何组织和个人不得阻挠和限制。《劳动法》第七条规定，劳动者有权依法参加和组织工会。工会代表和维护劳动者的合法权益，依法独立自主地开展活动。被派遣劳动者应享有同其他劳动者一样参加或者组织工会的权利。由于被派遣劳动者多被派往不同的用工单位，工作场所分散，劳动关系不稳定，多数劳务派遣单位未组建工会，或者即使组建工会，也难以对会员进行直接管理，用工单位的工会也不愿吸纳派遣的劳动者。加之多数用人单位与劳务派遣单位之间没有就工会经费拨缴问题作出规定，被派遣劳动者与用工单位之间只是一种劳务关系，工资总额并没有涵盖被派遣劳动者，因此职工工资总额2%的工会经费无法提取。针对劳务派遣员工组建和参加工会活动问题，《劳动合同法》第一次在法律层面明确规定了被派遣劳动者有加入劳务派遣单位或者用工单位工会的权利。依法参加或者组织工会是法律赋予劳动者的合法权利，用工方式的改变不影响劳动者行使这一权利，无论是被派遣劳动者还是正式员工，在组织和参加工会活动上是平等的。因而，法律赋予被派遣劳动者在两个单位参加或组织工会的选择权，可以是派遣单位，也可以是用工单位。这一规定不仅为劳动者权利提供了有力保障，也为工会下一步工作的开展提供了法律支持。

（三）依法享有解除合同的权利

《劳动合同法》第六十五条规定："被派遣劳动者可以依照本法第三十六条、第三十八条的规定与劳务派遣单位解除劳动合同。被派遣劳动者有本法第三十九条和第四十条第一项、第二项规定情形的，用工单位可以将劳动者退回劳务派遣单位，劳务派遣单位依照本法有关规定，可以与劳动者解除劳动合同。"这一规定明确了被派遣劳动者与劳务派遣单位解除劳动合同的规定。

1. 协商解除合同的权利

《劳动合同法》第三十六条规定，用人单位与劳动者协商一致，可以解除劳动合同。劳务派遣单位与劳动者之间建立的是劳动关系，《劳动合同法》规定的劳动者可解除劳动合同的情形同样适用于被派遣劳动者与劳务派遣单位。

2. 单方解除劳动合同的权利

被派遣劳动者依法享有单方面解除合同的权利。《劳动合同法》第三十八条规定，用人单位有下列情形之一的，劳动者享有单方解除合同的权利：未按照劳动合同约定提供劳动保护或者劳动条件的；未及时足额支付劳动报酬的；未依法缴纳社会保险费的；规章制度违反法律、法规的规定，损害劳动者权益的；因本法第二十六条第一款规定的情形致使劳动合同无效的；法律、行政法规规定劳动者可以解除劳动合同的其他情形；用人单位以暴力、威胁或者非法限制人身自由的手段强迫劳动者劳动的，或者用人单位违章指挥、强令冒险作业危及劳动者人身安全的。在用人单位出现上述情形之一时，被派遣劳动者不仅享有单方面解除劳动合同的权利，而且有权要求劳务派遣单位向其支付经济赔偿金。

五、劳务派遣的一般性规定

（一）规定劳务派遣工作岗位的范围

《劳动合同法》第六十六条规定："劳务派遣只能在临时性、辅助性或者替代性的工作岗位上实施。"这一规定对劳务派遣工作岗位的范围做了原则规定。

我国劳务派遣产生于20世纪70年代末，起源于北京外企人力资源服务公司向外国使领馆及外国公司驻华代表处派遣中方雇员。这种新型用工的方式对于用人单位来说，可以减少人员储备，有效避免招聘、培训、解雇等引发的人力资源管理成本。对于劳动者而言，利用劳务派遣机构在信息和联络上的优势，他们相对较容易实现了就业，缩短了找工作的周期。因此，劳务派遣适用范围越来越宽，派遣人数急剧增长。为适应市场需要，劳务派遣公司应运而生，并得到迅速发展。实践中，大量用人单位开始大量使用劳务派遣劳动者，在某些行业和地区，劳务派遣已成为一种常态、一种主流的用工形式，甚至一些长期性、固定性工作岗位也开始使用被派遣劳动者，一些用人单位将原本劳动关系的劳动者改为劳务派遣制员工，实行"逆向派遣"。劳务派遣用工形式的无限制扩大严重挑战了劳动关系的存在基础。如何防止、规范劳务派遣被滥用带来的负面效果，成为劳动合同立法的重要问题之一。《劳动合同法》对劳务派遣的范围进行了原则性限制，规定劳务派遣只能在临时性、辅助性或者替代性的岗位上使用，但对什么是临时性、辅助性或者替代性的岗位并没有具体规定。

（二）派遣单位与用工单位应当订立劳务派遣协议

《劳动合同法》第五十九条规定："劳务派遣单位派遣劳动者应当与接受以劳务派遣形式用工的单位（以下称用工单位）订立劳务派遣协议。劳务派遣协议应当约定派遣岗位和人员数量、派遣期限、劳动报酬和社会保险费的数额与支付方式以及违反协议的责任。用工单位应当根据工作岗位的实际需要与劳务派遣单位确定派遣期限，不得将连续用工期限分割订立数个短期劳务派遣协议。"这一规定明确了派遣单位与用工单位应当通过劳务派遣协议明确相互权利义务。

劳务派遣涉及劳务派遣单位、接受以劳务派遣形式的用工单位和被派遣的劳动者三方的劳动法律关系。劳务派遣机构不仅要与劳动者签订劳动合同，还要与用工单位订立劳务派遣协议，明确双方在劳务派遣中各自的权利义务，保护劳动者合法权益，避免发生争议时责任不清、互相推诿。

劳务派遣协议是劳务派遣单位与用工单位在平等自愿、协商一致的基础上订立的书面法律文件。其内容包括：

（1）派遣岗位和人员数量。派遣岗位，即劳动者到用工单位从事被派遣工作的劳动岗位和任务。人员数量，即用人单位派遣到用工单位从事派遣工作的劳动者的数量。

（2）派遣期限。即用人单位和用工单位约定的劳动者在派遣岗位工作的期间。派遣期限的起算日期可以由用人单位和用工单位约定，一般从劳动者实际开始在派遣岗位工作的时间起算。

（3）劳动报酬，包括劳动报酬的形式、构成、标准、支付方式等。

（4）社会保险的数额与支付方式。

（5）违反劳务派遣协议的责任，即用人单位和用工单位违反劳务派遣协议各自应如何承担责任的条款。

这些约定对于规范劳务派遣行为，明确各方权利义务，保障劳务派遣员工利益至关重要。签订派遣协议是劳务派遣中一个不可或缺的环节，应该引起重视。不少劳务派遣纠纷就是双方没有签订书面派遣协议，或者某些关键协议条款没有明确规定而引起的。

派遣期限是用人单位和用工单位约定的劳动者在派遣岗位工作的期间。用工单位应当根据工作岗位的实际需要与劳务派遣单位确定派遣期限，不得将连续用工期限分割订立数个短期劳务派遣协议。

（三）劳务派遣单位与用工单位承担连带赔偿责任

为了规范劳务派遣活动，保护劳动者的合法权益，明确劳务派遣单位与实际用工单位的权利义务，《劳动合同法》第九十二条规定，劳务派遣单位违反本法规定的，由劳动行政部门责令限期改正；情节严重的，以每人 5 000 元以上 10 000 元以下的标准处以罚款，对劳务派遣单位，吊销其劳务派遣业务经营许可证。用工单位给被派遣劳动者造成损害的，劳务派遣单位与用工单位承担连带赔偿责任。

连带责任是我国立法中的一项重要民事责任制度，是一种加重责任。《民法通则》规定，连带债务人都有义务向债权人清偿债务，债权人可同时或先后要求连带债务人全体或部分或一人履行全部或部分义务，被请求之债务人不得以超出自己应付份额为由，提出抗辩。只要债务没有全部清偿完毕，每个连带债务人不论他是否应债权人请求清偿过债务，对没有清偿的债务部分，都有清偿的义务。《劳动合同法》明确了劳务派遣单位与用工单位对被派遣的劳动者承担连带责任。当劳动者合法权益受到侵害时，可将劳务派遣单位和用工单位作为共同被诉人，向劳动争议仲裁委员会申请劳动仲裁，要求其承担连带责任。劳务派遣单位与用工单位都负有赔偿责任。

（四）解除、终止劳务派遣劳动合同的经济补偿和赔偿

劳务派遣单位与被派遣劳动者之间劳动合同期限届满，自然终止。劳务派遣单位与被派遣劳动者依法解除或终止劳动合同，劳动者能否获得经济补偿，《劳动合同法》并未明确规定。《实施条例》规定，劳务派遣单位与被派遣劳动者依法解除或者终止劳动合同，依照法律的规定执行。也就是说，劳务派遣单位与被派遣劳动者之间依法解除或终止劳动合同的经济补偿，与用人单位和劳动者之间解除或终止合同的经济补偿的条件完全一样，没有任何差别。经济补偿的支付标准参照《劳动合同法》有关规定执行。

对于劳务派遣单位违法解除、终止被派遣劳动者劳动合同的，《实施条例》也明确规定，劳务派遣单位违法解除或者终止被派遣劳动者的劳动合同的，依照《劳动合同法》的规定执行，即劳务派遣单位违法解除或终止劳动合同，劳动者要求继续履行合同的，派遣单位应当继续履行；如果劳动者不要求继续履行合同或者劳动合同已经无法继续履行的，用人单位依照《劳动合同法》规定的经济补偿标准的两倍向劳动者支付赔偿金。也就是说，如果劳务派遣单位是依法解除或终止劳动合同，只需依法支付经济补偿；如果是违法解除和终止合同，则需支付经济补偿标准两倍的赔偿金。

第 3 节 劳动保护

一、劳动保护的含义

劳动保护是提升劳动安全的重要手段，是指企业针对员工在劳动过程中存在的许多不安全、不卫生的因素采取的各种技术措施和组织措施的总称。劳动保护所要解决的问题是针对生产活动中一切有可能危害劳动者的因素，采取有效措施加以消除或控制，创造合乎安全生产要求的劳动条件，防止伤亡事故、职业病的发生。劳动保护的基本任务是保证安全生产、实现劳逸结合、对特殊劳动群体的保护、规定工作时间和休假制度、组织工伤救护以及做好职业病的防治等。

劳动保护的内容包括四个部分，即劳动时间的规定、安全生产技术、职业卫生、对特殊劳动群体的保护。其中，劳动时间的规定是指企业所实行的员工工作的时间必须符合国家有关法律的相关规定，并且应该有利于员工的健康发展；安全生产技术是指为了消除生产过程中的不安全因素，保障员工人身安全，预防人身事故而采取的各种技术、物质措施的总称；职业卫生是为了消除由于职业特点而形成的对于劳动者健康的不利影响，从工作安排、技术组织管理等方面采取各种措施，建立合乎科学的劳动环境，保证劳动者的身体与心理健康；对特殊劳动群体的保护主要指对女员工、年长员工等具有特殊生理特点的员工应实行有针对性的劳动保护措施，例如，禁止女性员工从事一些禁忌从事的、强度过大的工作，以及女性员工在怀孕期、产期、哺乳期的特殊保护等。

劳动者有下列情形之一的，应当认定为工伤。在工作时间和工作场所内，因工作原因受到事故伤害的；工作时间前后在工作场所内，从事与工作有关的预备性或者收尾性工作受到事故伤害的；在工作时间和工作场所内，因履行工作职责受到暴力等意外伤害的；患职业病的，如职业中毒、尘肺、物理因素职业病、职业性传染病、职业性皮肤病、职业性肿瘤等；因公外出期间，由于工作原因受到伤害或者发生事故下落不明的；在上下班途中，受到机动车事故伤害的；法律、行政法规规定应当认定为工伤的其他情形。

劳动者有下列情形之一的，视同工伤：在工作时间和工作岗位，突发疾病死亡或者在 48 小时之内经抢救无效死亡的；在抢险救灾等危害国家利益、公共利益活动中受到伤害的；劳动者原在军队服役，因战、因公负伤致残，已取得革命伤残军人证，到用人单位后旧伤复发的。

二、工作时间

（一）工作时间立法

工作时间是法律规定的，劳动者在工作场所为履行劳动义务而消耗的时间，即劳动者每天工作的时数或每周工作的天数。作为法律范畴，工作时间既包括劳动者实际完成工作的时间，也包括劳动者从事生产或工作所必需的准备和结束的时间、从事连续性有害健康的工作的间歇时间、工艺中断时间、女职工哺乳未满一周岁婴儿的哺乳时间以及因公外出等法律规定限度内消耗的其他时间。工作时间可以依小时、日、周、月、季和年来计算，用人单位必须按规定支付劳动者的劳动报酬。

工作时间的规定是工作场所的重要规则，也是现代劳动立法率先规范的领域。1919 年国际劳工组织大会通过了《工业工作时间每日限为八小时及每周限为四十八小时公约》，1921 年通过了《工业企业中实行每周休息公约》，1935 年又通过了《每周工作时间减至四十小时公约》。我国《劳动法》及有关法律规定，劳动者每日工作 8 小时，每周工作 40 小时，实行统一标准。

工作时间是最重要的劳动条件之一，工作时间制度是否优良，不仅影响劳动者工作权益的保障，也高度影响企业的日常经营活动，甚至企业的竞争力。全球化时代的来临、高新技术的普遍应用，以及知识经济的发展，对落实劳动者权益的保障提出了新的要求，工时制度弹性化的调整是国际发展潮流，也是主要发达国家工时制度的发展趋势。

（二）工作时间的种类

（1）标准工作日。标准工作日是国家统一规定的，在一般情况下，是劳动者从事工作或劳动的时间。我国的标准工作日为劳动者每日工作 8 小时，每周工作 40 小时。标准工作日是计算其他种类工作日的依据，如实行综合计算工作时间的用人单位，其平均日工作时间和平均周工作时间应与法定标准工作时间基本相同。对实行计件工作的劳动者，用人单位应当根据标准工作日制度，合理地确定其劳动定额和计件报酬标准。

（2）缩短工作日。缩短工作日是指法律规定少于标准工作日时数的工作日，即每日工作时间少于8小时，或者每周工作时间少于40小时。我国实行缩短工作日的情况主要有：从事矿山井下、高温、有毒有害、特别繁重体力劳动的劳动者；夜班工作；哺乳期工作的女职工。

（3）不定时工作日。不定时工作日是指无固定工作时数限制的工时制度，主要适用于因工作性质和工作职责限制，不能实行标准工作日的劳动者。主要包括：企业的高级管理人员、外勤人员、推销人员、部分值班人员和其他工作无法按标准工作时间衡量的职工；企业中的长途运输人员、出租汽车司机和铁路、港口、仓库的部分装卸人员以及因工作性质特殊需机动作业的职工；其他因生产特点、工作特殊需要或职责范围的关系，适合实行不定时工作制的劳动者。

实行不定时工作制，应履行审批手续。经批准实行不定时工作制的劳动者，不受《劳动法》规定的日延长工作时间和月延长工作时间标准的限制，其工作日长度超过标准工作日的，不算做延长工作时间，也不享受超时劳动的加班报酬，但企业可以安排适当补休。对于实行不定时工作制的劳动者，企业应根据《劳动法》的有关规定，在保障劳动者身体健康并充分听取劳动者意见的基础上，采取集中工作、集中休息、轮休调休、弹性工作时间等适当方式，确保劳动者的休息休假权利和生产、工作任务的完成。

（4）综合计算工作日。综合计算工作日是指用人单位根据生产和工作特点，分别采取以周、月、季、年等为周期综合计算劳动者工作时间的一种工时形式，一般适用于从事受自然条件或技术条件限制的劳动，主要包括：交通、铁路、邮电、水运、航空、渔业等行业中因工作性质特殊需连续作业的职工；地质及资源勘探、建筑、制盐、制糖、旅游等受季节和自然条件限制的行业的部分职工；其他适合实际综合计算工时工作制的职工。

实行综合计算工时工作制，应履行审批手续。经劳动行政部门批准执行综合计算工时工作制的，其工作时间可分别以月、季、年为周期，综合计算工作时间，但其平均日工作时间和平均周工作时间应与法定标准工作时间基本相同，超过法定标准工作日部分，应作为延长工作时间计算，并应按规定支付职工延长工作时间的工资报酬。在法定节日工作的，用人单位应按规定支付法定节日工作的工资报酬。实行综合计算工时制，企业要按劳动行政部门审批的相应的周期时间安排劳动者工作和休息，无权随意安排劳动者的工作时间。无论实行何种工时制度，都要做到保护劳动者的身心健康，不能以实行综合计算工时制或其他工时制为借口侵犯劳动者的休息权。

（5）计件工作时间。计件工作时间是指以劳动者完成一定劳动定额为标准的工作时间。《劳动法》规定，对实行计件工作的劳动者，用人单位应当根据标准工时制度合理地确定其劳动定额和计件报酬标准。实行计件工作的用人单位必须以劳动者在一个标准工作日或一个标准工作周的工作时间内能够完成的计件数量为标准，合理地确定劳动者每日或每周的劳动定额。

（6）弹性工作时间。弹性工作时间是指在标准工作时间的基础上，每周的总工作时间不变，每天的工作时间在保证核心时间的前提下可以调节。弹性工作时间制度是 20 世纪 60 年代末在德国率先发展起来的，目前发达国家已普遍实行，我国在个别地区和行业试行。

（三）加班加点

1. 加班加点的概念

加班加点，即延长劳动时间，是指劳动者的工作时数超过法律规定的标准工作时间。加班，是指劳动者在法定节日或公休日从事生产或工作。加点，是指劳动者在标准工作日以外继续从事劳动或工作。劳动者的工作权和休息权是宪法赋予的基本权利，为维护劳动者的身体健康和合法权益，国家法律、法规规定：劳动者每日工作时间不超过 8 小时、平均每周工作时间不超过 40 小时，并严格限制加班加点。《劳动法》第四十三条规定："用人单位不得违反本法规定延长劳动者的工作时间。"《劳动法》严格限制加班加点，规定了企业在生产需要的情况下，实施加班加点的条件、时间限度和补偿方式。

2. 加班加点的条件和限制

（1）一般条件。用人单位由于生产经营需要，可以延长工作时间。《劳动法》第四十一条规定："用人单位由于生产经营需要，经与工会和劳动者协商后可以延长工作时间，一般每日不得超过一小时；因特殊原因需要延长工作时间的，在保障劳动者身体健康的条件下延长工作时间每日不得超过三小时，但是每月不得超过三十六小时。"这一规定明确了加班加点的条件：其一，符合法定条件。即必须是生产经营需要，必须与工会协商，必须与劳动者协商，征得劳动者同意，不得强迫劳动。其二，不得超过法定时数。即每日不得超过一小时，特殊原因需要延长工作时间的，每日不得超过三小时，但每月不得超过三十六小时。《劳动法》第九十条规定："用人单位违反本法规定，延长劳动者工作时间的，由劳动行政部门给予警告，责令改正，并可以处以罚款。"

（2）特殊条件。当出现特殊情况或紧急事件时，如救灾、抢险或威胁公共利益时，用人单位延长工作时间不受《劳动法》第四十一条的限制，即不受一般情况下延长工作时间的条件和法定时数的限制，既不需要审批，也不必与工会和劳动者协商。《劳动法》第四十二条规定："有下列情形之一的，延长工作时间不受本法第四十一条的限制：其一，发生自然灾害、事故或者因其他原因，威胁劳动者生命健康和财产安全，需要紧急处理的；其二，生产设备、交通运输线路、公共设施发生故障，影响生产和公众利益，必须及时抢修的；其三，法律、行政法规规定的其他情形。"所谓其他情形，是指：在法定节日和公休日内工作不能间断，必须连续生产、运输或者营业的；必须利用法定节日和公休假日的停产期间进行设备检修、保养的；为完成国防紧急任务的；为完成国家下达的其他紧急生产任务的。

3. 延长工作时间的工资支付

《劳动合同法》第三十一条规定，用人单位应当严格执行劳动定额标准，不得强迫或者变相强迫劳动者加班。用人单位安排加班的，应当按照国家有关规定向劳动者支付加班费。

劳动定额，是指在一定的生产技术组织条件下，对生产单位合格产品或者完成一定任务的劳动消耗预先规定的标准。劳动定额包括时间定额（工时定额）、产量定额、看管定额、服务定额等。工时定额，是生产单位产品或完成一定工作量所规定的时间消耗量。产量定额，则是在单位时间内（如小时、工作日、班次或航次）规定的应生产产品的数量或应完成的工作量。劳动定额标准，是指在典型的技术条件下通过技术测定，制定的典型劳动作业或代表性产品的工时消耗产量标准的数据。根据劳动定额标准所确定的劳动消耗水平应当是在正常的技术组织条件下，多数人可以达到或接近的水平。劳动定额标准一经批准发布，即具有法律效力。用人单位制定劳动定额，应当以劳动定额标准为依据和参考。我国《劳动法》明确规定，国家实行劳动者每日工作时间不超过 8 小时，平均每周工作时间不超过 40 小时的工时制度，并规定实行计件工作的劳动者，用人单位应当根据每日工作时间不超过 8 小时，平均每周工作时间不超过 40 小时的工时制度，合理确定其劳动定额。如果劳动者进行了超过劳动定额标准的工作，就是延长了工作时间，即进行了加班。用人单位不得通过压低计件工资单价等方法，变相强迫劳动者加班。

对于加班费的具体支付数额，根据法律法规规定，用人单位在劳动者完成劳动定额或规定的工作任务后，根据实际需要安排劳动者在法定标准工作时间以外工作的，应按以下标准支付工资：用人单位依法安排劳动者在日法定标准工作时间以外延长工作时间的，按照不低于劳动合同规定的劳动者本人小时工资标准的 150%支付劳动者工资；用人单位依法安排劳动者在休息日工作，而又不能安排补休的，按照不低于劳动合同规定的劳动者本人日或小时工资标准的 200%支付劳动者工资；用人单位依法安排劳动者在法定休假节日工作的，按照不低于劳动合同规定的劳动者本人或小时工资标准的 300%支付劳动者工资。

实行计件工资的劳动者，在完成计件定额任务后，由用人单位安排延长工作时间的，应根据上述规定的原则，分别按照不低于其本人法定工作时间计件单价的 150%，200%，300%支付其工资。

经劳动行政部门批准实行综合计算工时工作制的，其综合计算工作时间超过法定标准工作时间的部分，应视为延长工作时间，并应按规定支付劳动者延长工作时间的工资。

关于劳动者日工资的折算，《劳动法》第五十一条规定，法定节假日用人单位应当依法支付工资，即折算日工资、小时工资时不剔除国家规定的 11 天法定假日。据此，日工资、小时工资的折算为：

日工资＝月工资收入÷月计薪天数

小时工资＝月工资收入÷(月计薪天数×8小时)

月计薪天数＝(365天－104天) ÷12月＝21.75天

（四）休息休假

休息休假，是指劳动者在国家规定的法定工作时间以外自行支配的时间。休息休假的规定是劳动者休息权的体现。世界各国普遍在宪法或劳动法中明文规定了休息权。我国《宪法》第四十三条规定："中华人民共和国劳动者有休息的权利。国家发展劳动者休息和休养的设施，规定职工的工作时间和休假制度。"

根据劳动法律法规，劳动者的休息时间主要包括：

（1）工作日内的间歇时间，即一个工作日内给予劳动者休息和用餐的时间。

（2）两个工作日之间的休息时间，即一个工作日结束后至下一个工作日开始前的休息时间。

（3）公休假日，工作满一个工作周以后的休息时间。我国劳动者的公休假日为两天，一般安排在周六和周日。

（4）法定休假日，即国家法律统一规定的用于开展庆祝、纪念活动的休息时间。我国法律规定属于全体劳动者的法定休假日共11天。根据《国务院关于修改〈全国年节及纪念日放假办法〉的决定》，具体包括新年（1月1日）1天，春节（农历正月初一、初二、初三）3天，清明节（农历清明当日）1天，劳动节（5月1日）1天，端午节（农历端午当日）1天，中秋节（农历中秋当日）1天，国庆节（10月1日、2日、3日）3天。

（5）年休假，即法律规定的劳动者工作满一定年限后，每年享有的保留工作带薪休假。《劳动法》第四十五条规定："国家实行带薪年休假制度。劳动者连续工作一年以上的，享受带薪年休假。具体办法由国务院规定。"2008年1月1日实施的《职工带薪年休假条例》对年休假制度作出了具体规定。

（6）探亲假，即劳动者享有的探望与自己分居两地的配偶和父母的休息时间。探望配偶的，每年给予一方探亲假一次，假期30天。未婚职工探望父母的，原则上每年给假一次，假期20天；两年探亲一次的，假期45天。已婚职工探望父母的，每四年给假一次，假期20天。

三、对特殊劳动群体的保护

（一）未成年工保护标准

未成年工，指年满16周岁未满18周岁的劳动者。对未成年工，《国际劳工公约》最早是根据不同行业的就业年龄分别制定不同的标准，涉及的公约有近20个。1984年，我国政府批准了国际劳工组织《确定准许使用儿童于工业工作的最低年龄公约》。

我国劳动法律对未成年工的特殊保护做了专门规定，主要内容包括：（1）最低就业年龄的规定。禁止用人单位招用未满16周岁的未成年人，文艺、体育部门需招收未满16周岁的未成年人的，必须严格依据法律规定办理。禁止任何单位使用童工或为未满16周岁的少年、儿童介绍职业。（2）禁止未成年工从事有害健康的工作。不得安排未成年工从事矿山井下、有毒有害、国家规定的第Ⅳ级体力劳动强度的劳动和其他禁忌从事的劳动。（3）定期体检。用人单位应当对未成年工定期进行健康检查。（4）实行登记制度。用人单位招收使用未成年工，除符合一般用工要求外，还需向所在地的县级以上劳动行政部门办理登记。

（二）女工保护标准

根据女性生理特点，对女性劳动者在劳动过程和劳动市场中实施特殊保护，是保证人类健康繁衍生存和劳动力再生产质量的大事。国际劳工组织先后制定了对女职工进行特殊保护的公约和建议书。如1919年的第4号建议书、1921年的第13号公约、1935年的第45号公约、1960年的第114号建议书、1967年的第172号公约等。我国也制定了一系列关于女职工特殊保护的法律法规，如1992年4月全国人民代表大会通过的《中华人民共和国妇女权益保障法》、2012年4月国务院发布的《女职工劳动保护特别规定》、1990年原劳动部颁布的《女职工禁忌劳动范围的规定》以及1980年批准签署的联合国《消除对妇女一切形式歧视公约》等。

1. 就业权利的保障

我国劳动法律规定，妇女享有同男子平等的就业权利。《中华人民共和国就业促进法》第二十七条规定，用人单位招用人员，除国家规定的不适合妇女的工种或者岗位外，不得以性别为由拒绝录用妇女或者提高对妇女的录用标准。用人单位录用女职工，不得在劳动合同中规定限制女职工结婚、生育的内容。法律的主要规定有：（1）凡适合妇女从事劳动的工作，不得以性别为由拒绝录用妇女或者提高对妇女的录用标准；（2）不得以结婚、怀孕、生育、哺乳等为由辞退女职工或者单方面解除劳动合同；（3）男女同工同酬，同等劳动应领取同等报酬，不得因女工怀孕、生育、哺乳而降低其基本工资。女职工生育期间，享受法律规定的产假和医疗待遇，产假期间应由所在单位按法律规定支付工资。

2. 女职工禁忌从事的劳动

禁止女职工从事不利于身体健康的工作。《劳动法》第五十九条规定："禁止安排女职工从事矿山井下、国家规定的第Ⅳ级体力劳动强度的劳动和其他禁忌从事的劳动。"《女职工禁忌劳动范围的规定》明确了女职工禁忌从事以下范围的劳动：（1）矿山井下作业；（2）森林业伐木、归楞及流放作业；（3）《体力劳动强度分级》标准中第Ⅳ级体力劳动强度的作业；（4）建筑业脚手架的组装和拆除作业，以及电力、电信行业的高处架线作业；（5）连续负重每次超过20公斤，间断负重每次超过25公斤的作业。

3. 四期保护

针对女职工生理机能的变化，劳动纪律、法规对女职工经期、孕期、产期和哺乳期规定了特殊保护：(1) 经期保护。不得安排女职工在经期从事高处、低温、冰水作业和国家规定的第Ⅲ级体力劳动强度的劳动。(2) 孕期保护。不得安排女职工在怀孕期间从事国家规定的第Ⅲ级体力劳动强度的劳动和孕期禁忌从事的劳动。对怀孕 7 个月以上的女职工，不得安排其延长工作时间和夜班劳动。(3) 产期保护。女职工生育享受不少于 90 天的产假。难产的增加产假 15 天。多胞胎生育的，每多生育一个婴儿，增加产假 15 天。女职工怀孕流产的，也应给予一定时间的产假。(4) 哺乳期保护。不得安排女职工在哺乳未满一周岁的婴儿期间从事国家规定的第Ⅲ级体力劳动强度的劳动和哺乳期禁忌从事的其他劳动，不得安排其延长工作时间和夜班劳动。对有不满一周岁婴儿的女职工，其所在单位应当在每班劳动时间内给予其两次哺乳（含人工喂养）时间，每次 30 分钟。女职工每班劳动时间内的两次哺乳时间可以合并使用，哺乳时间和本单位内哺乳往返中的时间，算作劳动时间。

4. 保护设施和保健措施

女职工较多的单位，应当逐步建立卫生室、浴室、哺乳室等设施。女职工保健的内容包括月经期保健、婚前保健、孕前保健、孕期保健、产后保健、哺乳期保健、更年期保健等。女职工保健以预防为主，注意女性生理和职业特点，认真执行国家有关法规。

选择题（有一个或几个选项是正确的）

1. 以下关于劳动合同的表述错误的是（　　）。

A. 劳动合同是劳动者与用人单位确立劳动关系，明确双方权利义务关系的协议

B. 劳动合同订立的目的是在劳动者和用人单位之间建立劳动法律关系

C. 劳动合同履行中，劳动者必须参加到用人单位的劳动组织中去，担任一定的职务

D. 劳动合同是劳动关系当事人自愿制定的，只要双方自主自愿就可以，不以法律为依据

2.（　　）是用人单位与本单位职工根据法律、法规、规章的规定，就劳动报酬、工作时间、休息休假、劳动安全卫生、职业培训等事项，通过集体协商签订的书面协议。

A. 劳动合同　　B. 专项协议　　C. 集体协议　　D. 集体合同

3. 企业违反集体合同，应当（　　）。

A. 承担法律责任　　B. 承担道义上的责任

C. 直接按照劳动合同的规定承担责任　　D. 重新签订集体合同

4. 依法订立的集体合同（　　）。

A. 仅对企业有约束力，企业职工受到了合同约束

B. 仅对企业职工有约束力，企业受劳动合同约束

C. 对企业和企业全体职工都具有约束力

D. 对企业和企业全体职工都不具有约束力，他们受劳动合同的约束

计算题

某员工的月度标准工资为 2 400 元，5 月的加班为："五一"劳动节期间加班 1.5 天，休息日加班 1 天，其他时间加班 2 天。那么如果不考虑个人所得税和各项保险，其 5 月实发的工资是多少？

综合题

1. 刘某是 B 软件公司的员工，公司按照规定给每位员工都缴纳了基本医疗保险。2013 年 11 月，刘某突然感觉难受并去定点医院就诊，经诊断为胃炎，刘某住院治疗花费了 1 300 元。病愈后，刘某找单位人事部报销。但人事部负责人认为，当地的医疗费起付线为 2 000 元，刘某的花费未达统一标准，不能报销。

思考题：

（1）刘某的医疗费能否报销？

（2）职工的社会保险项目包含哪些？

2. 2009 年 2 月起，杜某采取包工不包料的方式承包安居百公司的建筑工程，每项工程待安居百公司验收合格后将工程款划给杜某，再由杜某按工作日并扣除 5%劳心费后分配给每个民工，民工的日工资为 75 元。杜某所组建的建筑务工队已有 4 年时间，务工队伍经常保持在十几人。务工队既无营业执照，又未依法登记，属非法用工。王刚 2009 年 2 月 18 日参加杜某的务工队，在拆除一个旧厂棚时，不幸从房顶摔下受伤。县劳动和社会保障局确认王刚和杜某的建筑务工队之间存在劳动关系，认定王刚为工伤。县级劳动仲裁委员会裁决由杜某一次性赔偿王刚各种损失共计 83 253 元，在杜某无力赔偿时，由安居百公司承担。

思考题：

（1）王刚和杜某的建筑务工队之间是否存在劳动关系？

（2）县劳动仲裁委员会的裁决是否合理？

3. 2013 年 10 月 11 日 A 公司与公司工会推选出的代表经过集体协商，签订了一份集体合同草案。双方代表签字后，该草案经 4/5 的职工代表通过。其中，关于工资和劳动时间条款规定，公司员工每月的工资不低于 1 600 元，每个工作日工作 8 小时。同年 10 月 16 日，A 公司将集体合同文本及说明材料报送当地劳动和社会保障局登记、审查、备案，劳动和社会保障局在 15 日内未提出异议。所以，2013 年 11 月 1 日，该集体合同自行生效。同时，A 公司和公司工会以适当的方式向各自代表的成员公布。

2014 年 1 月，王某应聘 A 公司，因符合公司条件而被录用。当月，公司与王某签

订了为期2年的劳动合同，合同规定王某的月工资为1 200元，每个工作日工作4小时。2月份王某在一次与同事聊天时得知，公司与工会签订了集体合同，约定员工每月工资不低于1 600元，王某于是向公司提出给自己加工资的要求，即每月按1 600元支付工资。公司不同意，并向王某陈述理由：一方面，集体合同是在王某来公司之前签订的，跟王某没有关系；另外集体合同约定的工作时间是每个工作日工作8小时，享受最低月工资1 600元，而王某每个工作日工作4小时，且公司与王某的劳动合同中明确约定王某的月工资是1 200元。

王某和A公司协商未果，去当地劳动争议仲裁委员会提请仲裁。

思考题：

王某会胜诉吗？为什么？

4. 张某于2014年3月10日入职A广告公司担任外景摄影师，但未与公司签订劳动合同，A公司按4 200元/月给张某发放工资。2015年5月，张某因病入院，住院费用总计12 335.4元。张某出院后要求A公司报销全部医疗费用，A公司认为张某的工作时间不固定，考勤记录显示，张某外出摄影的日平均工作时间不足4小时，并且张某在公司无固定办公场所、无工位、无个人名片，公司和张某之间也只是口头约定了用工关系，张某属于非全日制用工人员，公司不需要为张某缴纳社会保险，也不应承担其医疗费用。张某则认为，虽然日均外出拍摄时间不足4小时，但拍摄前期准备、后期工作都应计入工作时间，并且周末常应公司要求临时加班，算下来日均工作时间已超过6小时，张某认为自己与公司之间存在事实劳动关系，故应该报销医疗费用。

思考题：

请根据我国现行劳动法律法规，对本案例做出评析。

（本题为2016年人力资源管理师一级考试题，分值20分。）

5. 王先生于2015年4月1日与A电器公司签订了直接业务员聘任合同，有效期至2016年3月31日，合同约定，乙方（王先生）代表甲方（A电器公司）和最终顾客洽谈销售业务，销售甲方产品，甲方向乙方收取企业信誉保证金3 000元，乙方的工作报酬为销售价与产品出厂价的差额，甲方不负担乙方销售活动的任何费用；乙方销售产品向甲方付清出厂价全款，双方概不拖欠。2016年3月31日合同到期后，双方同意续延合同一年，同时A电器公司向王先生颁发上岗资格证，2016年4月9日，王先生与B公司洽谈了一份产品销售合同，从A电器公司提取三套产品销售至B公司。4月12日A电器公司绕过了王先生与B公司直接签订了产品销售合同，并为B公司开具四套产品共计160 000元销售发票一张，4月15日，王先生向A电器公司索要工作报酬，遭到公司拒绝，王先生又到总经理办公室提出工作报酬诉求，再一次遭到拒绝，双方有言语冲突，4月17日A电器公司向王先生发出通报，该通报称“销售人员王先生2016年4月15日上午在公司内无理取闹，严重干扰了公司正常的生产秩序，经公司研究决定，取消王先生的销售资格，其从今往后的所有行为与本公司无关”。

王先生遂向当地劳动争议仲裁委员会提请仲裁，并提出以下申请请求：(1) A电器公司按照双方签订的直接业务员聘任合同规定，向王先生支付应得的提成款 4 800 元；(2) 退还信誉保证金 3 000 元；(3) 撤销公司的除名决定，恢复劳动关系；(4) 按照月工资 5 000 元计算，支付 2016 年 4 月 17 日起至裁决之日止的工资及补偿金；(5) 补办劳动合同存续期间的社会保险手续并缴纳社会保险费。

调查事实如下：(1) 直接业务员聘任合同约定：乙方（王先生）代表甲方与最终顾客洽谈销售业务，销售甲方产品；乙方的工作报酬为销售价与产品出厂价的差额，每笔业务结清后即可领取差价。(2) 甲方不承担为乙方办理社会保险。(3) 上岗资格证是履行直接业务员聘任合同的资格条件证明，并要求直销人员负有保守 A 电器公司商业秘密、维护公司形象等义务。

思考题：

请结合本案例论述劳动争议冲裁的受理过程、结果及其具体理由。

（本题为 2016 年人力资源管理师二级考试题，分值 20 分。）

选择题参考答案

第 1 章　概　论

1. D　2. ABCD　3. ABC

第 2 章　工作分析

1. A　2. A　3. AB　4. BCD

第 3 章　人力资源规划

1. B　2. B　3. ABC　4. BCD　5. AB

6. ABCD　7. ABCD　8. ABCD　9. BC

第 4 章　员工招聘

1. D　2. ABC　3. C　4. ABCD　5. BCD

6. C　7. BCD　8. ABCD　9. B　10. BC

11. ACD　12. ABCD　13. ABCD

第 5 章　培训与开发

1. ABCD　2. AB　3. ABD　4. BC　5. ABCD

6. ABCD　7. ABCD　8. ACD　9. ABCD　10. ABCD

11. ABCD　12. ABCD　13. ABCD　14. ABCD　15. ABCD

16. ABC　17. ABCD　18. ABCD

第 6 章　绩效管理

1. A　2. D　3. B　4. C　5. A

6. D　7. C　8. ACDE　9. BCE　10. ABCD

11. ABCDE　12. ACE　13. A　14. ACE　15. ABDE

16. ABDE　17. ACE

第 7 章　薪酬管理

1. B　2. D　3. C　4. C　5. C

6. A　7. B　8. B　9. D　10. A

11. D　12. ABCDE　13. ABCD　14. ABCDE　15. BCE

16. ABCD　17. ABDE　18. ABCDE　19. ABCD　20. BD

第 8 章　员工关系管理

1. D　2. D　3. A　4. C

参考文献

［1］丹尼尔·A. 雷恩，阿瑟·G. 贝德安. 管理思想史：第 6 版. 北京：中国人民大学出版社，2014.

［2］哈罗德·孔茨，海因茨·韦里克. 管理学：第 9 版. 北京：中国人民大学出版社，2014.

［3］斯蒂芬·P. 罗宾斯，玛丽·库尔特. 管理学：第 11 版. 北京：中国人民大学出版社，2012.

［4］迈克尔·A. 希特，R. 杜安·爱尔兰，罗伯特·E. 霍斯基森. 战略管理：概念与案例：第 10 版. 北京：中国人民大学出版社，2012.

［5］斯蒂芬·P. 罗宾斯，蒂莫西·A. 贾奇. 组织行为学：第 14 版. 北京：中国人民大学出版社，2012。

［6］彼得·德鲁克. 卓有成效的管理者. 北京：机械工业出版社，2009.

［7］迈克尔·波特. 竞争优势. 北京：华夏出版社，1997.

［8］加里·哈梅尔，C. K. 普拉哈拉德. 竞争大未来. 北京：昆仑出版社，1998.

［9］史蒂芬·柯维. 高效能人士的七个习惯：第 9 版. 北京：中国青年出版社，2010.

［10］陈春花，曹洲涛，曾昊，等. 企业文化. 北京：机械工业出版社，2010.

［11］吴志明，孙健敏，武欣，等. 人事测评理论与实证研究. 北京：机械工业出版社，2009.

［12］萧鸣政. 人员测评与选拔. 3 版. 上海：复旦大学出版社，2015.

［13］桑德拉·黑贝尔斯，里查德·威沃尔. 有效沟通：第 5 版. 北京：华夏出版社，2002.

［14］阿普里尔·奥康奈尔，文森特·奥康奈尔，洛伊斯·孔茨. 心理学与我：第 7 版. 北京：中国人民大学出版社，2011.

［15］阿德勒. 超越自卑. 北京：国际文化出版公司，2005.

［16］陈曦. 孙子兵法. 北京：中华书局，2011.

［17］刘光弼. 老子试读. 合肥：安徽人民出版社，2012.

［18］R. 韦恩·蒙迪，朱迪·B. 蒙迪. 人力资源管理：第 11 版. 北京：机械工业出版社，2011.

［19］彼德·F. 德鲁克. 管理：任务、责任、实践. 北京：中国社会科学出版社，1987.

［20］陈俊梁，陈瑜. 工作分析理论与实务. 北京：中国人民大学出版社，2017.

［21］加里·德斯勒. 人力资源管理：第 14 版. 北京：中国人民大学出版

社，2017.

[22] 赵曙明. 人力资源战略与规划 .4 版. 北京：中国人民大学出版社，2017.

[23] 林新奇. 绩效管理. 2 版. 北京：中国人民大学出版社，2016.

[24] 程延园. 劳动关系. 4 版. 北京：中国人民大学出版社，2016.

[25] 雷蒙德·诺伊. 雇员培训与开发：第 6 版. 北京：中国人民大学出版社，2015.

教师教学服务说明

中国人民大学出版社管理分社以出版经典、高品质的工商管理、统计、市场营销、人力资源管理、运营管理、物流管理、旅游管理等领域的各层次教材为宗旨。

为了更好地为一线教师服务，近年来管理分社着力建设了一批数字化、立体化的网络教学资源。教师可以通过以下方式获得免费下载教学资源的权限：

在中国人民大学出版社网站 www.crup.com.cn 进行注册，注册后进入“会员中心”，在左侧点击“我的教师认证”，填写相关信息，提交后等待审核。我们将在一个工作日内为您开通相关资源的下载权限。

如您急需教学资源或需要其他帮助，请在工作时间与我们联络：

中国人民大学出版社　管理分社

联系电话：010－82501048，62515782，62515735

电子邮箱：glcbfs@crup.com.cn

通讯地址：北京市海淀区中关村大街甲 59 号文化大厦 1501 室（100872）